愛を育てる「境界線」

恋愛で成長する人、傷つく人

Boundaries in Dating

Henry Cloud and John Townsend

ヘンリー・クラウド、ジョン・タウンゼント【共著】

中村佐知、結城絵美子【共訳】

いのちのことば社

Boundaries in Dating **by Henry Cloud and John Townsend**

Published by arrangement with HarperCollins Christian Publishing, Inc.
through Tuttle-Mori Agency, Inc., Tokyo.

目次

はじめに　なぜ男女交際をするのか？

数年前、中西部で独身者向けのセミナーをしていた時のことです。参加者から「クラウド博士、男女交際についての聖書の立場はどういうものですか？」という質問を受けました。私は聞き間違えたのかと思い、その女性にもう一度言ってくれるよう頼みました。彼女は同じ質問を繰り返しました。

「『聖書の立場』とはどういう意味ですか？」私は聞き返しました。

「つまり、男女交際は聖書的なことか、ということです」と、その女性は説明しました。

それを聞いた時、私は彼女が冗談を言っているのかと思いましたが、そうではないとすぐに気がつきました。死刑や安楽死について聖書の立場を尋ねる人はいますが、男女交際についてのそれを尋ねる人に会ったのは初めてでした。

「聖書は、男女交際についての『立場』を示しているとは思いません。男女交際は人が行う活動であり、聖書はその是非について述べていません。聖書で触れられていないことがほかにもたくさんあるのと同じです。聖書が語っているのは、『何をするときでも、愛に満ち、正直で、成長する人であれ』ということです。ですから、男女交際に関する聖書の立場は、交際するかしないかの問題というより、あなたがどんな人であり、どんな人になりつつあるかに大きく関係しているということではないでしょうか。つまり、聖書の男女交際に対する立場は、『聖なる方法で交際せよ』だと言えるでしょう」。私はそう言ってさらに続けました。

「実際、神は人生におけるさまざまな活動を通して人を成長させるように、交際関係を通しても人を成長させるのです。問題は、あなたが交際するかどうかではありません。『交際関係の中でのあなたはどういう人で、どういう人になっていくのか』ということです。あなたの交際は、あなたやあなたの交際相手にどのような実をもたらしているでしょうか？　あなたは交際相手にどのように接していますか？　あなたは何を学んでいますか？　聖書が非常に明確にしている事柄はほかにもたくさんあります。それらはもっぱら、あなたの人格の成長と、あなたが人々にどう接するかに関することです」

「では、交際してもいいと思いますか？」彼女は確認するように尋ねました。

「もちろんです。ただし、聖書のガイドラインの範囲内での交際に限ります。でもそれは、決して負担にはなりません。聖書のガイドラインはあなたの人生を守り、最終的にふさわしい人と結婚できるよう助けてくれるでしょう」

交際についての質問はこの時が最初で最後だろうと思ったのですが、その後も、どこへ行っても、独身者を相手に話をするたびに同じ質問が出てきました。「男女交際はしてもいいのか、いけないのか」と何度も聞かれたのです。私はなぜみんな同じ質問をするのか、不思議に思っていました。

そこである日、なぜこの質問をするのかと聞いてみました。すると、ジョシュア・ハリスが書いた『聖書が教える恋愛講座』（ホームスクーリング・ビジョン、原題 I Kissed Dating Goodbye）という本がきっかけで、あるムーブメントが起きているとのことでした（訳注・九〇年代から二〇〇〇年代にかけてアメリカの福音派クリスチャンの間で盛んになった、結婚までは純潔を守るために交際を控えるという運動。後年、ハリスはこの本における自身の主張を撤回・謝罪し、この本よりも本書『恋愛で成長する人、傷つく人 ― 愛を育てる「境界線」』を読むようにと勧めている）。この本の前提は男女交際はよくないというもので、多くの人が交際することを放棄したのです。さらに調べていくと、この本よりさらに進んだ動きもあることがわかりました。多くのクリスチャンが男女交際をすること自体が罪であると言い、そこまでは言わない人でも、男女交際をするようなクリスチャンは、しない人に比べて霊的に劣っているかのように感じていました。男女交際を控えることが「クリスチャンらしい」選択と見なされていたのです。最初はどうせ一部の人たちだけの話だろうと思っていたのですが、全国各地を回れば回るほど、至るところでそのような話を聞きました。

そこで、私たち（クラウドとタウンゼント）も『聖書が教える恋愛講座』を読んでみました。この章では、それに対する私たちの意見を述べます。私たちは、いくつかの理由で、男女交際をすべきではないという考えには強く反対します。しかし詳細に入る前に、この運動の背景にある理由は正当なものであると私たちも認めていることはお断りしておきます。

そもそも、正当な理由なしに男女交際に反対する人などいないでしょう。人が男女交際はしないと決心する理由には、苦痛、幻滅、信仰生活への有害な影響、といったものがあるようです。つまり男女交際は、彼らが成長し、将来の伴侶を見つけ、より霊的な人になるために役立っていないのです。だとしたら、男女交際と訣別するのは理にかなっています。

そして、その痛みには私たちも共感します。長年にわたって多くの独身者と接してきて、また私たち自身の長い独身期間を通して（私たちは二人とも三十代半ばで結婚しました）、交際によって多くの傷や苦しみが生じる可能性があるのはよく知っているからです。多くの人がその過程で幻滅し、どのように交際すればいいのかわからなくなります。失恋を経験し、繰り返し「間違ったタイプ」の相手を選び、「正しいタイプ」を見つけることができず、たとえ見つけても、「間違ったタイプ」ほど好きではない、と感じます。そして、男女交際を信仰生活に統合させることに困難を覚え、身体的な魅力を感じるとき、道徳的にはどこまで許されるのか、また、気軽な交際からより真剣な関係へと移行するのはいつなのか、と疑問に思っているのです。

男女交際の痛みと苦しみに耐えられなくなった大勢の人が、ほかの方法はないかと探しています。そしてそのような動機を考えたとき、男女交際禁止運動の提唱者とその支持者の主張はもっともだと思います。交際がもたらす苦痛は、それが良いものを生まないのであれば無意味です。ハリス氏がこの本を書いたのは、無理もないことだったでしょう。

しかし、私たちは彼の結論には賛成しません。これ以上傷つかないようにすべきだという点には同意しますが、それは男女交際が問題なのだとは思いません。人間が問題なのだと思います。自動車が人を殺すのではなく、飲酒運転が人を殺すのと同じように、男女交際そのものが人を傷つけるのではなく、制御不能な交際をすることが人を傷つけるのです。まさにコロサイ人へのパウロのアドバイスのとおりです。「もしあなたがたがキリストとともに死んで、この世のもろもろの霊から離れたのなら、どうして、まだこの世に生きているかのように、『つかむな、味わうな、さわるな』といった定めに縛られるのですか。これらはすべて、使ったら消滅するものについての定めで、人間の戒めや教えによるものです。これらの定めは、人間の好き勝手な礼拝、自己卑下、肉体の苦行のゆえに知恵のあることのように見えますが、何の価値もなく、肉を満足させるだけです」（コロサイ二・二〇〜二三、傍点は著者による）。パウロはコロサイの人々に、いくら規則を作ったり特定の習慣を放棄したりしても、人生を生きるために必要な成熟を養うことはできないと警告したのです。

人間の問題とは、心の問題であり、魂の問題であり、神とどう向き合うかの問題であり、その他多くの成熟に関わる問題です。パウロが言うように、ある種の破壊的な活動を避けても、未熟さという基本的な問題は解決しません。それは行動の問題ではなく、内面の問題だからです。あなたは未熟で、男女交際にうまく対応できないので交際を控えようとするかもしれません。しかし、成長するために何かをしない限り、あなたは未熟なままであり、その未熟さをそのまま結婚に持ち込むことになります。

交際を避けることは、交際に伴う問題を解決する方法にはならないのです。その方法とは、聖書が教える人生のあらゆる問題を解決する方法と同じです。つまり、成熟に至る霊的成長です。どのように愛し、神に従い、正直で責任感のある人となり、自分がしてほしいようなやり方で他者を扱い、自制心を養い、充実した人生を築くか、その方法を学ぶことでより良い男女交際ができるのです。

本書でより良い交際のしかたについてお話しする前に、男女交際を放棄するべきではないと私たちが考えるいくつかの理由と、交際がすばらしいものであると考えるいくつかの理由を挙げておきます。

ジョシュア・ハリスは、その著書の中の「恋愛関係に伴う7つの危険な傾向」という章で、交際の「負の傾向」として次のようなことを語っています。

1　男女交際は、親密さは生むが、必ずしも真剣に将来を考える関係にはつながらない。
2　男女交際は、「友情」段階を飛ばす傾向がある。
3　男女交際では、肉体関係を愛と勘違いすることが多い。
4　男女交際は、交際中の二人を他の重要な人間関係から孤立させることが多い。
5　多くの場合、男女交際をしていると、将来への準備という若い大人に与えられた大切な責任から目をそらすことになる。

6　男女交際は、神から与えられた独身生活の祝福に不満を抱かせることがある。

7　男女交際は、他人の人格を評価するための環境を人為的に作り出す。

これらの問題が起こる状況はすべて、本人とその人の交際のしかたが生み出すものです。本書の続く各章では、特にその人の人格、サポートシステム、価値観、神との関係などにおいて、いかに適切な枠組み、すなわち境界線が欠如しているかを見て、一つひとつ検討していきます。

これらの状況はそれぞれ、融合、依存、自己中心性など、人格の未熟さのいくつかの側面と関係があります。未熟な人が成熟することを避けるために、自分の内外の枠組みをすべて放棄して、理想や他者、あるいは他の何かと融合するとき、境界線の喪失が起こります。私たちはみな、破壊的な恋愛をしている人たち、すなわち未熟で理想化された「恋に落ちる」状態にある人たちを見たことがあるでしょう。そういう人は、現実に引き戻される必要があるのです。このような傾向がある人は、人生と人間関係にもっとバランスよく向き合えるように、人格的にも霊的にも成長する必要があります。そして、神はそれを可能にしてくださると私たちは信じています。

本書では、このような問題とそれを解決するための境界線について説明します。神は私たちに人生の指針となる原則を与えておられます。神の方法を信頼すれば、私たちは成長するにつれ、成熟した自由な人生を歩むことができます。人生や成熟を避ける必要はありません。

ハリスは、他人を犠牲にして自分勝手に情熱を満たすことや、失恋や、未熟で依存的で中毒的な恋愛の例を次々と挙げて論証していきます。しかし、それらはどれも男女交際が原因なのではなく、当事者の未熟さが原因なのです。私たちは、より成熟した敬虔なティーンや青年やもう少し年上の大人が、成長をもたらす成熟した方法で交際し、その経験にとても感謝しているケースを多く知っています。

ハリスの論理は次のようなものです。

Aさんが B さんと交際した。

AさんかBさん、あるいはその両方が傷ついた。

交際は悪いことだ。

これは、「離婚する人がいるから結婚してはいけない」と言うのと似ています。あるいは、「交通事故があるから、誰も車を運転すべきではない」と言うようなものではないでしょうか。節度と責任ある交際をしている独身者は大勢いて、彼らはその経験を通して学び、成長しています。その経験は双方にとって良いものであり、将来、結婚するときのために二人をより整えてくれるのです。

しかし、ハリスの言うとおり、少なくともしばらくの間は、男女交際をしないほうがいい人がいることも確かです。運転すべきではない人や飲酒してはいけない人がいるように、また、聖書が私たちの裁量に任せていることのうち、人によってはすべきではないことがあるように、男女交際をしてはいけない人もいるのです。つまずきの原因となる弱点や未熟さがあるかもしれない人は、特定の活動を控えることが最善だ、というのが聖書の原則です。

私はある時、この件について世界的に有名なユースミニストリーの専門家に相談したことがあるのですが、彼のことばからも、私はこのことを確信しました。彼はこう言いました。「交際を控えるというのは、おそらく私たちが関わるティーンの数パーセントにとっては良いことでしょう。しかしそれ以外の若者は、男女交際をして、交際が成長過程でもたらすさまざまな課題に、どう対処するかを学ぶ必要があります」

これは私たちと同じ考えです。破壊的な恋愛感情に陥りやすい人、他人に振り回されやすい人、成熟したくない人といった、一握りの人たちは男女交際をしないほうがいいのです。このような人たちは、交際しないほうがむしろ成長の機会を得られるでしょう。

しかし、それ以外の人たちにとっては、男女交際は非常に良い経験になり得ると私たちは考えます。ハリスもそう考えています。ただ、彼はそれを「男女交際」とは呼んでいません。彼も、カップルは自分たちの相性を確認するために、結婚を考えるようになる前に二人で時間を過ごすべきだと言っていますが、それをいわゆる「男女交際」とは区別しています。なぜなら彼の定義する交際は、初めて「デート」をする時から、すでに結婚を念頭に置いているからです。結婚を考えるようになるまでは、二人の関係は「友達」です。友情の段階で相手をよく知ろうとするのは、悪くないプランでしょう。ただ、私たちは交際を通してもそのような機会を得られるし、交際にはそれ以上のものがあると確信しているのです。

男女交際のメリットをいくつか挙げてみましょう。

1　交際は、安全な状況で、自分自身や他者や人間関係について学ぶ機会になる。

上手に交際するならば、交際とは、異性や、自分の性的感情、道徳的許容範囲、人間関係のスキルの必要性、人についての自分の好みなどを知るための「保育期間」となります。しかしそのためには、適切な環境において交際する必要があります。つまり、自分をケアしてくれる人たちの共同体の中で交際する、ということです。十代の若者にとっては、両親、友人、青年会、ユースパスター、スポーツのコーチなどのケアのもとでの交際です。

交際は、成長するのを助けてくれる安全な人たちの中で、成長し学ぶ場所を提供してくれます。私はある時、男女交際はすべきではないと信じるあるユースパスターに、交際しないように勧めるのは、十代の若者が必要とする情報や、指導を受ける機会を奪っていると思うと言いました。十代の若者にとって、結婚の約束をする前に指導を受け、成熟する機会がある状況で学ぶほうが、約束をしたあとでそのすべてを解決しなければならなくなるより、良いのではないでしょうか。

同じことが、成人の独身者にも当てはまります。彼らの友人、牧師、そして彼らが属する共同体は、彼らの交際を支援する必要があります。そうすることで彼らにも、結婚の準備ができるまで、成長する場が与えられます。

2　交際は、課題に取り組むための文脈を提供する。

幸せな結婚生活を送っている人たちに、もし最初につき合ったボーイフレンドやガールフレンドと結婚していたらどうなっていたと思うか、聞いてみてください。初めてつき合った人と結婚するのは、実はよくあることです。しかし自分が初めて好きになってつき合った人は、あまりいい交際相手ではなかったかもしれません。交際は、自分が交際相手に求めるものが、長期的には自分が本当に大切にしたいものではない可能性があることを教えてくれます。自分が惹かれているのは一時的なものであり、破壊的なことさえあるとわかるかもしれません。

このような魅力の中には、霊的な要素を含んでいるものもあります。ある人の霊的な「成熟度」や「人格」に惹かれた、という話を何度も聞いたことがあります。その時はすばらしい人だと思ったのですが、実際につき合い始めて相手のことをもっとよく知り、より親しくなると、カジュアルな関係の中では魅力に思えたことが、より親密な関係においては思っていたようなものではなかったとわかるのです。

威圧的な父親のもとで育った女性と話したことがあります。彼女は父親の支配をひどく嫌っていました。彼女には、父親にはない優しさや柔らかさを持った男性に惹かれる傾向がありました。

彼女は短期間つき合っただけで、そのまま初めてのボーイフレンドと結婚することになりました。彼女は男性の力を恐れていたので、相手は親切で優しい男性でしたが、とても消極的な人でした。

彼女は、自分が受動的な人を理想とする傾向を持っていたことに、もっと早く気づいていればよかったのにと後悔しました。その男性ともう少し長い間交際していたなら、自分の交際相手がどういう人なのか、実生活での彼はどんな人なのかを知ることができたでしょう。日々の関係の中で相手のことをよく知るようになるまでは、たいていの人は良い人のように思えるものです。

3　交際は人間関係のスキルの構築に役立つ。

親密な関係を築くには、多くの労力とスキルが必要です。たいていの人は、こうした人間関係のスキルを家庭などで学ぶことのないままに大人になります。そして交際を始めるようになると、自分が深刻な不安を抱えていることがわかったり、コミュニケーションがうまくとれない、弱みを見せられない、信頼できない、自己主張できない、正直になれない、自己犠牲を払えない、人の話を聴けないなど、何らかの人間関係スキルが欠けていることがわかったりするのです。

しかし交際を始めると、自分の未熟さに気づき、真剣な関係に入る前に取り組むべき課題を見つけることができます。さらに交際は、人間関係そのものや、人間関係の中で自分がどのような役割を果たすべきかを学ぶ機会にもなります。それは、成長と発見をもたらす豊かな時間となり得るものです。

4　交際を通して癒やされ、修復される。

先日、何年も会っていなかった友人にばったり会ったのですが、最後に会った頃につき合っていた女性とは別の人と幸せな結婚をしていて驚きました。前の彼女のことを尋ねると、彼はこう答えました。「ああ、ぼくたちは今でも大親友だよ。彼女がぼくの人生で果たしてくれた役割を、神様に感謝しているんだ」

「どういう意味だい？」私は尋ねました。

「当時は、彼女こそ生涯の伴侶になる人だと思っていたけど、神様のご計画は違うものだった。それでもね、あの交際も神様の導きによるものだったと信じている。それは、ぼくたち二人が自分自身について多くを学び、癒やされるためだったんだよ。ぼくは過去に多くの傷を負ったけれど、彼女はそれを受け入れ、助けてくれた。彼女の愛は、ぼくが再び愛することのできる人間になるためにとても重要だった。今となっては、彼女はぼくの結婚相手としてふさわしい人ではなかったとわかるけど、ぼくたちの関係はお互いにとって本当に良いものだったし、その後の恋愛の準備にもなったんだよ」

神は私たちを癒やし、成長させるために人間関係を用いられます。男女交際こそ癒やしが起こる主要な場だと言いたいのではありません（それはろくでもない考えです）。しかし交際は、人の魂に良いことが起こる場所なのです。人は良い関係からは益を得ます。たとえ結婚に至らなくても、学び、癒やされ、成長する良い交際関係を持つことができるのです。それは、その人の人生において価値があることです。

5　交際は関係を築くことであり、それ自体に価値がある。

ジョシュア・ハリスは、人は交際の中に自分の満足を求めると言います。確かに自分勝手に他者を利用するために交際する人もいますが、他者を知ることを楽しみ、神を敬うと言う者にふさわしいかたちで与えたり受け取ったりする人たちもいます。ただ、それが結婚に結びつくとは限らないのです。

　誰かを知り、その人と時間を過ごし、物事を共有することを「親密さ」と言います。この、他者を深く知ることこそ「愛」です。それは「関係」であり、聖なる良いものです。ただし交際においては、それは完全ではありません。結婚していない人は、自分のある部分は提供しません。例えば、性的に一つになることはしません。しかし、彼らが共有するほかのことは、まさしく愛と関係そのもののゆえに真の価値があり、すばらしいことです。関係とは、それ自体が目的なのです。神は、愛（夫婦の愛だけでなく）は律法全体を成就すると言われました。二人の独身者が互いに愛し合い、互いに与え合い、生活の中で何かを分かち合うとき、その関係には身体においても心においても限界がありますが、それでも価値はあるのです。

6　交際することにより自分がどんな異性を好むのか知ることができる。

先ほど、時間をかけて交際していれば、「結婚相手は優しければいいというものではない」と気づけたかもしれない女性の話をしました。彼女のように痛い思いをしなくても、学べることはほかにもたくさんあります。彼女は父親から得られなかったものを、交際を通して得ようとしていましたが、自分が本当に好きなタイプ、相性のいいタイプがどんな人なのかわからないという人もいます。誰にでも理想はありますし、自分が惹かれるタイプもあるでしょう。その中には良いものもあれば、病的なものもあるかもしれません。

自分はどんな人が好きで、どんな人と相性がいいのか、誰もがわかっているわけではありません。例えば、行動的な人と多くの時間を過ごすのはどんな感じでしょうか。ある人にとっては最高に楽しく、ある人にとっては苦痛でしょう。知的な人と毎日一緒にいるのはどんな感じでしょうか。ある人にとってはとても刺激的かもしれませんが、別の人にとっては、無味乾燥で退屈かもしれません。そんな例はほかにも山ほどあります。自分が好きだと思うものの中には、長期的に見るとそれほど良いものではないこともあります。ただ、それを発見するまでは、自分でもわからないのです。交際は、さまざまな人と出会い、一緒に時間を過ごす機会を与えてくれます。自分が何を好み、何を必要としているか、何が自分にとって良いのか、交際を通して見つけることができます。

7　交際は、性的自制心やその他の「満足の遅延」を学ぶための機会となる。

良い交際関係は、関係を築き、セックスを見送る機会を与えてくれます。この「満足の遅延」（訳注・後に得られるより価値あるもののために、現在の欲求を我慢すること）は、結婚生活にとって非常に重要なことを教えてくれます。つまり、二人の関係や相手のために最善を尽くすことは、自分を満足させることや性的関係よりも重要だということです。関係の築き方がわからず、一方または両方が、真の親密な関係をセックスで代用している夫婦もいます。神の秩序の制限内で交際をすることで、性的な関係になることは拒みながらも、互いにどう関わるかを学ぶことができます。上手に交際するならば、自制と満足の遅延を学べます。この二つは、結婚生活がうまくいくための必要条件です。

うまく交際できないと、傷つき、痛みを被ることもあり得ます。うまく交際できれば、ティーンであれ大人であれ、独身者の人生にすばらしい実りをもたらすことができます。本書は、交際を成功させる秘訣を見つけ、みじめな交際の落とし穴を避けるために書かれました。

もしあなたがこの本を真剣に読み、自分にわかる限りの方法で深く神を求め、その過程であなたをサポートしてくれる健全な友人たちのコミュニティーを確立するなら、男女交際は実にすばらしいものになり得ます。交際は、楽しく、霊的に満たされ、成長をもたらすことができるのです。自分の境界線を守り、その過程を楽しんでください。神の境界線と、充実した聖《きよ》い生活を送るために神があなたに望んでいる生き方を心に留めつつ、人生を謳歌してください。このことは、ソロモンから若者へのアドバイスによく表れています（これは若い女性にも当てはまります）。「若い男よ、若いうちに楽しめ。若い日にあなたの心を喜ばせよ。あなたは、自分の思う道を、また自分の目の見るとおりに歩め。しかし、神がこれらすべてのことにおいて、あなたをさばきに連れて行くことを知っておけ」（伝道者の書一一・九）。

　交際は、人生の中ですばらしい時間になり得ます。しかしそのためには、神が定めた「良いこと」の境界線とバランスをとる必要があります。あなたが安全、充実、成長、そして自由を見出すうえで、本書が助けとなることを願っています。

第一部　あなたとあなたの境界線

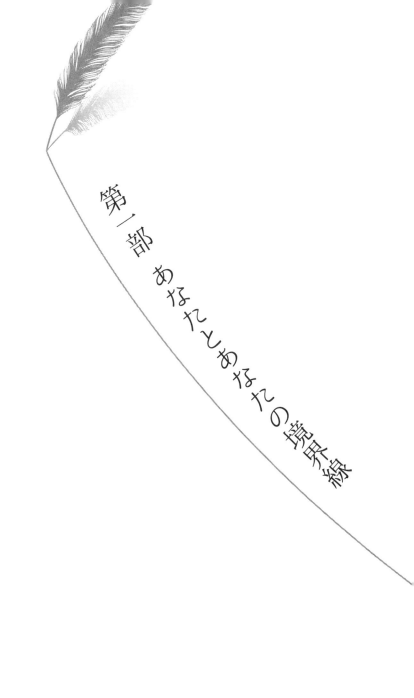

第一章　なぜ男女交際に境界線が必要なのか

「私にどうしろっていうの？　彼の椅子の下に爆弾でもしかける？」

親友のジュリーとランチをしながら、ヘザーは冗談まじりに声をあげました。二人は、ヘザーが一年前から付き合っているボーイフレンドのトッドに対して、彼女がここ最近ずっと感じているもどかしさについて話しているところでした。

ヘザーは彼のことをとても大切に思っていて、結婚の可能性も考え始めていました。ところがトッドは、愛情深く頼りがいもあり愉快な人ではあったのですが、二人の関係を真剣に考えようとする気配をまったく見せないのです。二人は仲良くやっていましたが、ヘザーがこの問題に触れようとすると、トッドは茶化したり話をはぐらかしたりしました。三十三歳のトッドにとって、自由は何より大切で、今の生活を変えたいとはとても思えないのでした。

ヘザーが大声を出したのは、ジュリーがこう言った時です。「トッドがもう少し真剣に考えてくれるように、あなたが何とかしなくちゃだめよ」

ヘザーの答えにはいらだちと痛みとかなりの落胆がにじんでいました。トッドと自分が同じ土俵に立っていない気がするのでいらだち、自分の愛が報われていないように感じるので痛み、この関係に多くの時間とエネルギーと心をつぎ込んできたので落胆しているのです。

ヘザーはこの一年、感情的にはトッドを最優先にし、自分がそれまで楽しんできた趣味も、大切にしていた人間関係も手放し、トッドを魅了する女性になろうと頑張ってきました。しかし、その努力は報われそうにないのでした。

お子様、お断り

男女交際の世界へようこそ。あなたがこの独特な人間関係を経験したことがあるなら、ヘザーとトッドのようなケースには覚えがあるでしょう。

二人の人間が純粋に惹かれ合い、つき合い始めます。二人とも、この関係が結婚や生涯の伴侶につながる特別なものとなることを期待しています。しばらくはすべて順調に進むのですが、少し経つとなぜかほころびが生じ始め、悩みやストレスや孤独を引き起こすようになるのです。そして往々にして、そのパターンはほかの人間関係においても繰り返されていきます。

こういったことを嫌って、男女が一対一で交際すること自体が健全ではないという人たちもいます。そういう人たちは、結婚を前提にした交際相手が決まるまでは、グループ交際のようなほかの方法を選びます。

確かに一対一の交際には難しい面もありますが、私たち（クラウドとタウンゼント）はこういう姿勢には賛成しかねます。男女交際という関係にはすばらしい可能性があるはずです。私たち二人の独身期間を合わせると七十五年になりますが、私たちもそれぞれに多くの交際をしてきました。そのうえで、男女交際には、人間的に成長する、人との関わり方を学ぶといったことをはじめとする利点がたくさんあると考えます。

とはいえ、リスクがあるのも事実です。だから、「お子様、お断り」なのです。これは「ティーンは男女交際するべからず」という意味ではなく、本人の人格的成熟度が重要になってくる、という意味です。男女交際とはその性質上、ある意味、実験的なものです。つき合い始めの頃は、この関係を続けるという決意《コミットメント》はほとんど必要ないので、大きな理由がなくてもその関係を終わらせることができます。逆に言えば、感情的に深くのめり込むことは危険です。ですから、男女交際は自分に責任を持てる二人の間でこそ最もうまくいくのです。

自由と責任という問題

ただし、本書は男女交際の本質について学ぶものではありません。それは人にどうこうできるものではありません。むしろ、男女交際の中で起こってくる問題を取り扱います。それについては、対処できることがたくさんあります。

端的に言うと、交際関係の中で起こってくる困難の多くは、「自由」と、「責任」が本来あるべきかたちで機能していないことに起因しているのです。ここでいう「自由」とは、恐れや罪悪感からではなく、自分の価値観によって物事を決める能力です。自由な人々が真剣に交際すると決めるとき、そうすべきだと思うからそう決意し、心からそうしたいと願っています。また、ここでいう「責任」とは、健全で愛情深い関係を維持するために必要なことを実行する能力、また、自分が責任を負うべきではないことは拒絶できる力を意味します。責任感のある人々は、交際関係の中で自分が果たすべき役割を果たし、関係を傷つけるようなふるまいや不適切なふるまいは黙認しません。

　交際とは結局、愛に関わるものです。人は、交際を通して愛を求めているのです。つき合ううちに愛を見出し、それが深まるとき、二人の交際は真剣なものになるでしょう。

　交際の中で愛を育んでいくには、自由と責任の両方が必要です。二人の人間が互いの自由を認めつつ、二人の関係性を相手まかせにしないなら、愛が育ち、深まっていくでしょう。二人が愛し合い、信頼し合い、互いを知り、関係を深めていくための安全な環境を、自由と責任が作り出すからです。

　実際のところ、自由と責任とは、恋愛関係に限らずどの人間関係にも必要なものです。夫婦でも、友人同士でも、親子でも、そして仕事の相手でも、その関係が豊かなものになるためには、自由と責任がなければなりません。

　神のみこころに沿った愛には、恐れ（すなわち、自由を失うこと）の入る余地はありません。まったき愛は恐れを締め出すからです（Iヨハネ四・一八参照）。私たちは互いに愛をもって真理を語ります（エペソ四・一五参照）。直面すべき問題には直面することで、愛を守る責任を負うのです。

健全な境界線こそ、交際関係における自由と責任、そして究極的には愛を守る鍵となるでしょう。適切な境界線を引いてそれを維持することは、うまくいっていない関係を改善するだけでなく、良い関係をさらに良いものへと成長させてくれるのです。では、自由と責任の衝突から起きてくる交際の問題を取り上げる前に、境界線とは何か、そしてそれが交際関係の中でどう機能するのかを簡単に見てみましょう。

境界線とは何か

読者の中には、このような意味での「境界線」ということばになじみがない方もいるかもしれません。あるいは、「境界線」と聞くと、壁や、排他性や、自己中心といったイメージを思い浮かべる方もいるかもしれません。

しかし、個人の境界線とはそういうものではありません。男女交際においては特にそうです。境界線がどういうもので、何をするのかを理解するなら、人生の中で愛と責任と自由を育んでいくうえで、最も有益なツールのひとつとなるでしょう。では、境界線の役割と目的を、例を挙げながら見ていきましょう。

地境《じざかい》

簡単に言えば、境界線とは地境のことです。庭のフェンスが、あなたの所有地はどこまでで、どこからが隣家のものかを示すように、個人の境界線とは、どこまでがあなたに属するもので、どこからが他者に属するものなのかを示します。目には見えませんが、誰かがそれを越えてくるとわかります。誰かがあなたを操ろうとしたり、むやみに近づいてきたり、やりたくないことをやらせようとしてきたりすると、あなたはきっと反発のようなものを感じるはずです。それは、あなたの境界線が侵されたからです。

境界線の役割

境界線には二つの大きな役割があります。一つは、自分という人間を定義することです。私たちがどんな者であり、どんな者ではないのか。どんなことに賛成し、どんなことに反対するのか。何が好きで、何が嫌いなのか。境界線はそういったことを明らかにします。

神は明確な境界線をたくさん持っておられます。神はこの世界を愛し（ヨハネ三・一六参照）、喜んで与える人を愛しておられます（Ⅱコリント九・七参照）。そして、高ぶる目と偽りの舌を憎まれます（箴言六・一六～一七参照）。神のかたちに造られたものとして、私たちもまた、自分がどんな者であり、どんな者ではないのかについて率直で、正直でなければなりません。

あなたという人がはっきり定義されているほうが、交際はずっとうまくいきます。自分の価値観、好み、道徳観が明確であれば、多くの問題を避けることができるのです。例えば、ある女性がつき合っている男性に、「私は自分の霊性を大切なものと考えていて、私と親しい人たちもそうであってほしいと願っている」と話したとします。それによって、彼は彼女がどんな人かを知ることができます。この会話は、彼が彼女の人となりを知るために提供された材料です。

境界線のもう一つの役割は、私たちを守ることです。いいものはその内側に取り込み、悪いものは外に締め出します。境界線が曖昧だと、周囲の人や環境の悪影響に自分をさらすことになります。「賢い人はわざわいを見て身を隠」す（箴言二七・一二）のです。例えば、距離を縮めつつある男女は、お互いが不必要に傷つくことのないように、ほかの異性と二人きりで出かけることはある程度控えたほうがいいかもしれません。境界線は、あなたが何を許容し、何は許容しないかを周囲に知らせることによって、あなたを守ってくれるのです。

境界線の実例

交際相手との間に設けることのできる境界線には何種類かあり、どれを用いるかは状況によって異なってきます。例えば、以下のようなものです。

・ことば――同意できないことについては「ノー」と言い、自分に正直でいる。
・真実――問題が起きたとき、現実を直視する。
・距離――無責任な行動から互いを守るため、あるいは無責任な行動に対する結果《コンセクエンス》として、二人の間に時間的・空間的距離をとる。
・周囲の人々――境界線を守るために協力してくれる友人たちを頼る。

時には、これらの境界線を用いて、「私は傷つきやすいので、それをあなたにも知っておいてほしい」というあなたの気持ちを相手に知らせることもあるでしょう。また、問題にぶつかって、自分と二人の関係を守るために境界線を用いなければならないときもあるでしょう。「あなたが望むように性的に先に進むことはできない。もし、しつこく要求するなら、もう会わない」というふうに。

どちらの場合も、境界線はあなたに自由と選択肢を与えてくれます。

境界線の内側にあるもの

前述したように、境界線とはあなたに属するもの、いわばあなたの財産を守ってくれる柵のようなものです。交際関係においては、その財産とはあなたの魂です。境界線は、あなたが維持し成長させるようにと神が与えてくださった人生をとり囲み、そうやってあなたは神が造ってくださったとおりのあなたになっていくのです。

次に挙げるのは、境界線が定義し、守ってくれる、あなたという人の中にあるものです。

- 愛――人と結びつき、信頼するためのあなたのもっとも大切な能力です。
- 感情――自分の感情には自分が責任を持ち、他の人の感情に支配されてはいけません。
- 価値観――あなたが最も大切にしていることを、あなたの人生に反映させます。
- 行動――交際関係において、あなたがどうふるまうかは自分で決めます。
- 態度――自分自身や交際相手について、あなたには自分の考えや意見があります。

あなたの境界線の内側にあるものについて責任を負うべき人は、あなただけです。もしほかの誰かが、あなたの愛、感情、価値観を支配しようとしてくるなら、それは彼らの問題ではなく、彼らとの間に境界線を設けないあなたの問題です。境界線はあなたの魂を守り、成長させるための鍵なのです。

本書は、境界線の原則を交際関係にどう適用するべきか、たくさんの例を通してお伝えしますが、次のことを覚えておいてください。「ノー」と言うのは、意地悪になることではありません。むしろ、自分自身を、さらには二人の関係をも、救うことになるかもしれないことなのです。

境界線問題の例

自由と責任が伴わない交際には多くの弊害が生じます。いくつか例を挙げてみましょう。

自分らしくある自由を失う

交際関係を維持するために、自分らしさやライフスタイルを犠牲にする人がいます。交際相手はその人の本当の姿を見たことがなかったため、その人の本心が外に現れると、ありのままのその人を好きになれません。本章の冒頭で紹介したヘザーはその例です。彼女はこのようにして、自分らしくある自由を失いました。

ふさわしくない人とつき合う

境界線がしっかりしている人は、健全で成熟した人に惹かれるものです。そういう人は、自分が許容できることや、自分が好きなものをきちんと認識しています。また、適切な境界線は、責任を持って関係を築ける人を惹きつけ、そうでない人たちを遠ざけます。しかし、境界線が曖昧だったり弱かったりすると、近づけるべきでない人を近づけるという危険を冒すことになります。

自分の価値観に沿ってではなく、心の傷を癒やすためにつき合う

境界線は、自分が何を信じ、どのように生きるかという価値観に大きく関わってきます。明確な境界線があれば、自分の価値観に沿って自分に合う人々を見つけることができます。しかし境界線が曖昧な人は、往々にして何らかの「自分探し」をする必要があり、無意識のうちに交際関係においてそれをしようとします。そして、価値観に沿って人を選ぶ代わりに、内なる葛藤に反応して破壊的な人の選び方をしてしまいます。例えば、支配的な親に育てられた女性は、支配的な男性に惹かれるかもしれません。逆に、同じような境遇で育った女性が正反対の反応をして、自分を絶対に支配しないような受動的で従順な男性を選ぶこともあります。どちらにしても、それは自分の価値観からではなく、心の傷によって相手を選んでいるのです。

交際しない

残念なことに、誰かとつき合いたいと切実に思いながら、いい相手を見つけられるだろうか、あるいは、誰かに見出してもらえるだろうかと思いながら傍観者になっている人たちがいます。これは、傷ついたりリスクを負ったりすることを避けようとして引きこもるという境界線問題による場合が多く、結果として誰とも交際に至らないのです。

関係の中で無理をする

境界線の問題を持つ人の多くは、限度を超えて相手に尽くしてしまい、それをやめることができません。その人たちは相手のために自分の生活も心も後回しにするのですが、相手はただそれを利用しただけで本気で交際するつもりはなかったのだと知ることになります。境界線がしっかりしていれば、相手にどれだけ与え、いつ与えることをやめるべきかをわきまえることができます。

責任を伴わない自由

自由にはいつも責任が伴うべきです。交際において、どちらかが自由な関係を楽しみつつも、責任は持とうとしないなら、問題が起こります。おいしい部分だけをつまみ食いはできません。先のトッドの例がまさにこれに当てはまります。ヘザーとの関係を楽しみつつ、責任を持ってその関係を深めようとはせず、そうこうするうちに時間だけがどんどん過ぎていきます。

支配の問題

この交際をもっと真剣なものにしたいと、どちらか一方が先を急ぐことは珍しくありません。その場合、それを願っているほうが、相手を誘導したり、罪悪感を持たせたり、支配したり、脅したりして、思いどおりに事を運ぼうとすることがあります。そうなると愛は二の次で、相手をコントロールすることが最重要事項になります。

ノーという責任を放棄する

交際相手から軽んじられたり、ないがしろにされたりすることに不服を唱えない「いい人」がいます。自分がひどい扱いを受けていることに目をつぶっているか、いつかは相手が態度を改めてくれるだろうと期待しているのですが、実はそれは不当なことに対して境界線を引く責任を放棄していることにほかなりません。

不適切な性的行為

肉体的な接触に適切な制限を設けられないカップルは少なくありません。その場合、二人ともこの問題について責任を持つことを避けようとしているか、一方だけがブレーキをかけようとしているか、あるいは二人をその行動に駆り立てている背後にある問題から、目を背けようとしているのでしょう。

自由と責任を両立できないために、交際関係が悲惨な道をたどるケースはほかにもたくさんありますが、それについてはおいおい、本書の中で見ていきます。境界線という概念を理解し、正しく適用すれば、男女交際についての考え方が大きく変わるでしょう。

次の章では、どんな関係においても最初に築かなければならない境界線、すなわち「真実」について学びます。

まとめ

・交際にはリスクが伴いますが、境界線はそのリスクを回避するのに役立ちます。
・境界線は「あなたに属するもの」を示すもので、あなたという人を定義し、守ります。
・あなたの境界線が守るもの（例えばあなたの感情、価値観、行動、態度など）を大切にすることを学びましょう。
・境界線は、あなたがほかの誰かに自分を奪われることなく、自分らしくいることを助けます。
・あなたは自分の人生に責任を持たなければなりませんが、同じように交際相手にも、自分の人生に対して責任を持ってもらいましょう。
・しっかりした境界線はあなたを成長させ、成熟した交際相手を選ばせてくれます。

第二章　真実を求め、体現する

何年か前、パーソナリティー障害についてのカンファレンスに出席した時のことです。講師は治療にあたる心理士たちに、優先事項のリストを提示しました。パーソナリティー障害の症状は多岐にわたりますが、一口で言うならば、自分の人生に当事者意識と責任を持たない人たちだと定義することができます。そのカンファレンスで、講師がパーソナリティー障害の治療で第一に優先すべき事柄として挙げたこと（自分自身の安全を確保すること以外で）が、私は今でも忘れられません。

「もし、相手が少しでもあなたに嘘をつこうとしたら、すぐに治療を全面的に中止しなさい」。あなたが助けようとしている相手が、どういうかたちであれあなたをだますなら、関係を築くことはできません。すべてが茶番になります。嘘の問題が解決するまでは、それ以上その人を助けようとしてはいけません。その時点で取り組むべき問題はそれだけです。援助関係においては信頼がすべてなのです。それが損なわれたなら、するべきことは信頼の回復だけです。信頼を回復するか、関係を終わらせるか、です。偽りのあるところに関係は成り立ちません。

それはこの分野の大ベテランから受けた貴重な学びであり、良き助言でした。三十五年にわたる臨床経験から彼が学んだのは、「偽りのあるところに、関係はなし」だったのです。正直であることが何より重要です。治療関係だけでなく、交際関係や夫婦関係も正直さが土台となります。

流砂の上に立つ

先日、クライアントからこんな話を聞きました。彼女の結婚は夫の不倫のせいで破綻していました。しかし興味深かったのは、結婚生活を破綻させたのは不倫そのものではなく、夫の嘘だったことです。

夫の告白を聞いて妻は打ちのめされました。そしてその裏切りによる苦痛に耐えている間、数か月間、夫と別居しました。いろいろありましたが、彼女は夫とやり直そうと決め、二人はまた一緒に暮らし始めました。彼女は態度を軟化させ、夫に心を開きました。夫も深く反省していました。ところがその後、夫が告白したのは事実の全貌ではなかったことがわかったのです。実際の状況は、当初夫から聞かされていた内容よりもっと悲惨なものでした。

二度めの嘘は最初の嘘よりたちが悪く、まるでもう一度不倫が繰り返されたかのようでした。しかも今回は、最初の嘘と裏切りすべてを上塗りするかのような嘘です。彼女はもう、それに耐えることができませんでした。自分がまるで流砂の上に立っているかのように感じ、再び別居することにしました。この話を聞いた私は、あの賢明な精神科医のことばをもう一度思い出しました。「偽りのあるところに、関係は成り立たない」

私はこれまで、金銭面、仕事面、飲酒喫煙など、さまざまな分野で偽りが人間関係を壊すのを見てきました。具体的な状況は関係によって異なりますが、嘘や偽りはどんな内容であれ、関係を破壊します。本当の問題は、嘘をつく人と一緒にいると、何が現実なのかわからなくなることです。足元の地面は不安定で、いつ崩れ出すかわかりません。ある女性が「すべてを疑ってしまう」と言ったとおりです。

交際関係における偽り

交際関係においても、相手を欺くかたちにはさまざまなものがあります。代表的なものをいくつか見ていきましょう。

二人の関係についての偽り

カレンはマットと何か月かつき合ううちに、長期的には二人の関係にこれ以上の進展はないだろうと気づきました。マットと一緒にいるのは楽しかったのですが、マットのカレンに対する気持ちは、カレンのマットに対する気持ちよりも真剣になっていきました。マットはほかの人と出かけることをやめ、カレンを恋人として扱うようになりました。

最初は、カレンはマットのそんな真剣さを重たく感じたものの、その気持ちを無視しようとしました。彼とのつき合いは楽しかったし、そんな関係を続けることに何も問題を感じなかったからです。しかし、マットの愛情は深まるばかりで、カレンに首ったけのようすが彼の言動の端々から見て取れるようになりました。マットが夢中になればなるほど、カレンは自分の気持ちに正直でないことから目を背けようとしました。「別に問題ないじゃない」、彼女は自分にそう言い聞かせました。

ある晩、夜遅くにテレビを見ている時、マットはカレンに顔を近づけて、優しく「愛してるよ」とささやいてキスをしました。カレンは身がこわばるのを感じましたが、自分からもキスを返して何でもないふりをしました。しばらくしてから、今日は疲れたからもう寝たいと伝えて「おやすみ」を言い、彼は帰っていきました。

マットの気持ちは高揚していました。二人の関係が新たな領域に入ったと思ったからです。二人の将来を思い描き、自分が別人になったように感じました。その夜、マットはカレンと一緒にいることを夢見ながら眠りにつきました。

このあと、二人の関係はどうなったと思いますか？　二つの可能性があったでしょう。一つは、カレンが次の日に電話をして、こう言うことです。「話があるの。昨夜あなたが私を愛していると言ってくれた時、私はちょっと、考えちゃったのよ。あなたと私では、お互いに対する気持ちに温度差があるような気がして。願っている将来も違う気がするし。私たちは友人関係に留まるべきじゃないかしら」

しかし残念なことに、そうはなりませんでした。彼女は自分の違和感から目を背け、あたかも彼と同じ気持ちであるかのように交際を続けたのです。マットはますますカレンにのめり込み、カレンはそれを受け入れました。彼は素敵な場所やイベントに彼女を連れて行き、彼女のためにたくさんの時間と気持ちをつぎ込み、二人は恋人同士だと信じ込んでいました。彼女もそれを承知のうえで黙認していました。

カレンも、マットと一緒の時間を楽しんではいました。しかし、心の中には徐々に引き裂かれていく二人の自分――マットに合わせてそれらしくふるまう自分と、それとは違う本音を抱えている自分――がいることに、気づかないふりをしなければなりませんでした。

それでもカレンは自分にこう言い聞かせたのです。「彼と一緒にいると、本当に楽しいじゃない。このままつき合い続けることの何がいけないの？」そして実際、そのままつき合い続けたのですが、しばらくするとマットを重荷に感じるようになりました。その時になってようやく、彼女は彼に、「会うのはもうやめたい。二人の関係はこれ以上、発展しようがない気がする」と告げたのです。

マットは驚愕し、傷つきました。何が起こっているのかさっぱりわかりませんでした。この間までお互いに夢中だったはずなのに、こんなに突然、終わりを告げられるなんて。どうすればこんなことになるのでしょう？　打ちのめされたマットは、このあと長い間、誰ともつき合うことができませんでした。

マットのような、あるいはカレンのような経験をする独身者は少なくありません。どちらもつらい思いをしますが、明らかにマットのほうが悲惨です。事実に反して、二人の関係は順調だと信じ込まされていたのですから。そして現実だと信じていたことに基づいて彼の気持ちは高まっていたので、最後は本当に傷つきました。

「傷つくこと」と「失うこと」は、男女交際にはつきものです。愛や、愛への期待を失うということは、交際には不可避とさえ言えるでしょう。しかし、たとえそうだとしても、二人が互いに正直でありさえすれば、異性に対する信頼を失うという事態は避けられるのです。パウロが「ですから、あなたがたは偽りを捨て、それぞれ隣人に対して真実を語りなさい。私たちは互いに、からだの一部分なのです」（エペソ四・二五）と言っているとおりです。恋人の愛を失うことと、恋人に嘘をつかれることは別物なのです。

誰かと交際して、一緒にいる時間を楽しみ、二人の関係がどうなっていくかを見極めることは少しも悪いことではありません。むしろそれこそが、「交際することの意味」だとも言えるでしょう。けれども、もしどちらかがこの交際は相手が望むようなかたちではこれ以上発展しない、あるいは相手が願っているような関係ではないと悟ったなら、すぐに相手に事実をはっきりと正直に伝える責任があります。そうしなければ、それは相手をだまし、傷つけることになります。現実とは違う方向に相手を誘導したり、あなたの言動によって相手が間違った思い込みをするように仕向けたりしてはいけません。

カレンが自分の気持ちに気づいた段階でマットにそれを告げていれば、マットはもっと早くに傷ついたでしょうが、その傷は浅くてすんだでしょう。女性不信にならずにすんだかもしれません。しかし、実際にはその逆のことが起こったのでした。

友達のふりをするという欺き

この問題は、逆のかたちで現れる場合もあります。カレンは実際には友人にしかなれなかったのに、恋人のようにふるまっていましたが、友達のようにふるまいながら本心は違うというケースもあります。それは例えば、心に秘めた恋をしていて、相手のためにはどんなことでもしてあげるというようなことです。普通ならしないようなことまでして、相手を手伝ったり助けたりするのですが、そこには、実は隠れた動機があるのです。そして、相手が愛を返してくれないと傷つき、何かひどいことをされた被害者のような反応をします。しかし相手はずっと、二人は「ただの友達」だと思っていただけなのです。

友人関係から始めて相手をだんだんと知っていき、この先どんな関係を築けるかようすを見るのは少しも悪いことではありません。友人関係から始まった関係が、やがて深まっていき、最高の長期的な関係になることもあります。けれども、誰かに対して明らかに恋心を持ち、相手とは違う意図を秘めながら長い間だまし続けるのは、また別の話です。

もちろん、恋心を抱いたらすぐにそれを隠さず打ち明けるべきだ、というのではありません。しかし、下心を持って行動することと、よく考えて行動することはまったく違う話です。友達のままではいられないと思うなら、友達のふりをしてはいけません。自分の気持ちを確認するには、「もしこれが私の望む結果に終わらないとしたら、どうなるだろう？」と自問してみるといいでしょう。それでも友達でいたいし、その人を友達として愛していく、と本気で思えるなら、あなたは正直に行動しています。しかしもし、「相手が自分と同じ気持ちを返してくれないなら、友達でいたくない」と思うなら、あなたの「友情」は偽りです。それを見極められるのはあなただけです。

他者との関係についての欺き

時には、第三者と自分の関係について偽りを言うこともあります。その人との間に過去にいろいろあったにもかかわらず「ただの友達」のふりをしたり、本当は現在進行中の何かがあるのに、それを言わずにいたりするのです。

私のクライアントに、つき合っている女性との関係をはっきりさせたがっている男性がいました。彼は、何かしっくりこない感じを持ち続けていました。彼女が少し仕事にのめり込みすぎのような気がしていたのです。仕事が好きなこと自体はいいのですが、彼女と彼女の上司の間に、何か引っかかるものがありました。上司と浮気しているとか、何か法に触れるようなことをしているとは思いませんでしたが、それでもやはり、彼女の仕事や上司との間に何かあるような気がしたのです。

結局、彼女はかつて、その上司と婚約していたということがわかりました。そして二人の間には今でも何らかのつながりがあったにもかかわらず、彼女はそれをごまかして、あくまで仕事上の関係だと言い張っていたのです。

彼はひどくだまされた気がして、そこから二人の関係は悪化していきました。それは彼女が昔の恋人と働いていたからではなく、上司との以前の関係について彼にはっきり言わなかったからです。彼は、そこに彼女が認めようとしない何かがあるのを感じたのでした。

後に別の問題が起こり、それについて彼女が率直ではなかった時、二人の関係は終わりました。彼女がもし、以前の恋人のことを彼に隠したりしていなければ、あとで起こった問題は深刻なことにはならなかったでしょう。しかし、偽りによって一度ほころびた関係の中で、信頼を取り戻すことは難しいのです（追記・その後まもなく、彼女は以前の恋人とよりを戻しました。私は彼に、彼女と別れて正解だったと言いました）。

自分についての欺き

正直であることについて考えるとき、隠し事をせず正直でいられる度合いに応じて、良い関係を築ける、ということを肝に銘じておくべきです。

好きな音楽や教会の雰囲気、映画、趣味などがあるなら、それを相手に伝えましょう。逆に、気の進まないイベントや外出があるなら、それも正直に言いましょう。それは、相手を喜ばせたいというあなた自身の気持ちを押さえつけるという意味ではありません。そうではなく、あなたが自分らしくいることを恐れない、ということです。そうしなければ、相手は本当のあなたを知ることができず、それは後にトラブルのもととなります。

また、迎合的な人は支配的で自己中心的な人たちを「呼んで」しまう傾向がありますが、そうならないようにしたいものです。互いに正直になり、多少の違いはあっても、楽しくつき合っていきましょう。

事実についての欺き

感情や関係性や、個人的な趣味についてではなく、事実そのものについて嘘をつく人もいます。以下のような事実に関する嘘に気をつけましょう。

・自分の居場所についての嘘
・経済状態についての嘘
・薬物使用についての嘘
・誰と会い、誰と一緒にいたかについての嘘

・過去についての嘘
・業績についての嘘
・その他の事実に関する嘘

あなたが交際している人が、いかなる種類のものでも嘘をついていることがわかったら、それを人格に関わる問題とみなし、非常に厳粛な警告として受け止めるべきです。嘘をつく人との関係は、非常にもろく崩れやすいからです。

傷や摩擦に関する欺き

ここまでは、前述の領域に関してあなたは嘘をつかない、という前提で語ってきました。あなたが注意すべきは相手の嘘でした。しかし、今度は自分自身を顧みます。自分が感じていることについて真実を語らないなら、あなたの交際相手が本当はどういう人なのか、知りようがないからです。

交際が真剣なものになりつつあるとき、あなたがなすべき最も重要なことの一つは、あなたが感じている傷や葛藤について正直であることです。もし、交際相手のあなたに対する接し方に、傷ついたり不快に思ったりすることがあるなら、黙っていてはいけません。二人の間に摩擦があるときに正直であるべき理由が二つあります。

1　正直にならなければ、痛みも摩擦も解決されない。
2　それを正直に表明したときの相手の反応によって、二人の関係が長く続く本物の満ち足りた関係になり得るかどうかがわかる。

もしあなたが何かに傷ついているなら、それを口に出しましょう。苦い思いをため込んではいけません。相手が、あなたが嫌だと思うことや、あなたの価値観に反すること、あるいは間違ったことをしたときは、そのことについて話し合いましょう。そうしなければ、偽りの安心感や親密感のうえに関係を築いていくことになり、あなたの相手に対する感情は痛みや恐れによって混乱するでしょう。

どちらか、あるいは両方が、痛みや摩擦に直面することをしないなら、相手が本当はどういう人なのかわからず、また二人の関係がどこに向かっているのかもわからず、多くのものが失われます。実際のところ、摩擦のない関係はおそらく浅い関係でしかないでしょう。

次に、あなたの交際相手が、葛藤や痛みに正面から対処できる人であるかどうかを見極める必要があります。聖書も、人間関係に関するあらゆる研究も、この点ははっきりしています。つまり、「摩擦があるとき、それに対処できる人は良い人間関係を築いていける人である」ということです。手遅れになる前に、あなたの交際相手はきちんとそういう話をできる相手かどうかを見極めましょう。

あなたが真剣に交際している相手が、痛みや摩擦について話し合おうとしない人であるなら、あなたは生涯にわたって孤独や怒りに悩まされることになるでしょう。虐待さえあるかもしれません。

箴言は、問題を指摘されることを嫌がる人について、次のようにうまく言い表しています。

「嘲る者を叱るな。彼があなたを憎まないために。知恵のある者を叱れ。彼はあなたを愛する」(九・八)

「嘲る者は叱られることを好まない。知恵のある者にも近づかない」(一五・一二)

あなたの交際相手が、あなたが痛みや摩擦について話そうとすると身構えて会話にならない人なのか、あるいは、話に耳を傾け、そこから学び、応答してくれる人なのかを見極める必要があります。もし、今、摩擦があるのにそれを放置して関係を深めていくなら、問題だらけの未来が待っているでしょう。

痛みや摩擦に正直な人は、親密な関係を作り出すことができます。それができるか否かで、賢い人と愚かな人に分かれます。正直でいられるかどうかは完全にあなた次第なのです。交際相手の行動はあなたにはコントロールできません。しかし、あなたがどんな人間になるかはあなたが決めることです。そして結果として、どんな人とつき合うかもあなたが決めることになるのです。

二種類の嘘つき

人はなぜ嘘をつくのでしょう。それに対してどう対処すればいいのでしょう。嘘つきには二種類あるようです。まず、恥や罪悪感、対立が生まれることや愛を失うことへの恐れや、ほかのさまざまな恐れのために嘘をつく人たちです。彼らは、真実を語るより嘘を言うほうが楽だと思うと嘘をつきます。本当は正直でありたいのですが、いくつかの理由から、そうすることができません。怒りを買うことや愛を失うことが恐ろしいのです。

もう一つのタイプの嘘つきは、人を操る手段として嘘をつき、自己中心的な目的のために人を欺きます。恐れや自己防衛とは関係なく、単に自己愛のために嘘をつくのです。

前者のタイプとつき合っている場合、リスクを負ってでもその人との関係を続けたいと思うのか、よく考えてみなければなりません。このタイプの中には、これまで正直になれるほど安心できる人間関係を経験したことがないという人たちがいます。そういう人たちは往々にして、自分をさらけ出すのが苦手です。だから愛や関係を維持するために、あるいは罪悪感や恥の思いから窮地に立たされることを避けようとして嘘をつくのですが、彼らは本当に危険な、たちの悪い人ではありません。安心できる人に巡り会えば、真実を語ることを学び始める場合もあります。そのため、嘘をつかれたとわかっても、敢えてつき合い続けるというリスクを負うことを選ぶ人もいます。優しさと愛を差し出すことで相手が変わり、自分とまっすぐに向き合うようになってくれることを期待するからです。

私たちは、このタイプの人と交際を続けることを手放しでお勧めはしませんが、時にはいい結果を生むこともあります。ですから、例外のないルールは作りたくありません。ただ、男女交際とは、相手を更生させるためのものではないと思うのです。更生のためのリハビリなら、カウンセリングや更生プログラム、師弟関係といったものの中で行われるべきです。相手の問題に感情的にのめり込むと、二人の関係は深刻なものとなり、そのまま結婚することになる場合もあるからです。

嘘をつくのは恐れのせいだからといって、それが許容されるわけではありません。恐れからの嘘でも、悲惨な結果を招くことはあります。理由は何であれ、嘘は破壊的なものなのです。一般論としては、理由の如何を問わず、嘘をつく人とは距離を置くのが最善の策でしょう。

あなたの時間と心は、正直な人に投資すべきではないでしょうか。私たちの立場から見ると、恐れから嘘をつく人と関わるのは、リスクが大きすぎる場合が多いのです。その人が悔い改めて、嘘をつかなくなるならいいのですが、自衛のための嘘を繰り返している交際相手を、自分が変えてやろうとは思わないでください。たまに自衛の嘘をついてはそれを告白するという人たちもいます。そういう人たちは、長期的にはおそらく信頼できるでしょう。しかし、こういうパターンには問題が多いのです。その関係に留まるかどうか、あなたがどうすることに決めるにせよ、嘘の問題が完全に解決するまではその人との関係をそれ以上先に進めてはいけません。賢明な助言者のことばを肝に銘じておいてください。「嘘の問題が解決するまでは、別の問題に取り組んではいけない」

後者のタイプの嘘つきに関しては、絶対に関わってはいけません。つらい目に合わないように、さっさと別れを告げましょう。たとえどんなに魅力的に思える相手でも、平気で嘘をつき続ける人と関係を築くことはできません。逃げるが勝ちです。

真実――土台となる境界線

真実であることは、ほとんどすべてのことの土台になると言えます。嘘や偽りは一切認めないという姿勢を持つべきです。あなたの人生に嘘が入り込む余地があってはいけません。嘘について、ダビデ王は次のような厳しいことばを残しています。「欺きを行う者は　私の家の中に住むことはなく　偽りを語る者は　私の目の前に　堅く立つことはありません」（詩篇一〇一・七）

はっきりと、率直に、断固として、「嘘は容認しない」と宣言しましょう。とはいえ、一度でも嘘をつかれたりだまされたりしたら、それでもう関係は終わり、という意味ではありません。

特に、その人が自分の好みや願いを明確に表現できないでいる領域についてはそうです。おそらく、人はみな感情や心の奥深くの思いについて、率直に、正直になるすべを学ぶ途上にあるのでしょう。それは徐々に身につけていくものであって、男女の交際関係もそのための場となり得ます。いちじくの葉を必要としない（訳注・創世記三章に、人はエデンの園で初めて罪を犯した時から、自分が裸であることを恥ずかしく思うようになり、いちじくの葉で腰の覆いを作ったという記述がある）ほど、安心感に満たされている完璧な人などどこにもいないのですから。

とはいえ、欺きや嘘が発生したときは、それを大目に見てはいけません。あなたの交際相手が自分の感情や考えについてはっきりしない態度をとったり、コミュニケーションの中で曖昧な部分があったりするなら、それを問題にしましょう。放置すべきではありません。「私は、自分が考えていることや感じていることについて、私に正直に伝えてくれる人としか一緒にいられない」と決心しましょう。

相手が考えや感情について本当のことを言ってくれないからといって、ただちに関係が壊れてしまうわけではありませんが、これはちゃんと決着をつけなければならない重要な問題です。不正直さが毎度のことになったら、そのときは本当に「終わり」にすべきかもしれません。

しかし、前述したように、もっと危険な嘘もあります。もし二股をかけられたり、事実について嘘をつかれたり、アルコール依存症者にお酒はやめたと嘘をつかれたり、それ以外でもだまされたりした場合、その関係を続けることは危険でしょう。よほどの理由がない限りその関係を継続するべきではありませんし、続けるなら最大限の注意が必要です。このような嘘をつく人には人格的に深刻な問題がある場合が多く、自分に関わる大勢の人々をひどく傷つけるまで、変わらないものだからです。あなたもそんなふうに傷つけられたくはないでしょう。

嘘をついてばかりいた人が深い霊的な内省を経て悔い改めに至り、嘘をつかなくなって、それがかなり長い期間持続したら、もう一度その人を信じることについて検討してもいいかもしれません。けれども、嘘とは人格的な問題の中でも特に危険なものです。相手が変わるかもしれないと信じるに足るそれ相当の理由がないのであれば、関わり続けてもトラブルを招くだけです。嘘を許容してはいけません。あなたがだまされている限り、そこに本当の関係は存在していないということを忘れないでください。

もしあなたが嘘をつかれたなら、

1　はっきり指摘し、説明を求める。

2　相手の反応を見て、相手が嘘をついたことを認め、そのことへの悲しみを感じているかを確かめる。

3　その嘘が、二人の関係において何を意味するのかを考えてみる。相手が恐れや罪悪感を感じていたり、あなたからの愛を失うことを心配したりしているようなら、二人の関係のあり方を見直し、もっと安心感を与えることでそれが解決しそうか見極める。ただし、注意深く。

4　相手がどれくらい悔い改め、変わったかを確認する。その人はどれくらい真剣にきよさと純粋さを追い求めているか。どれくらい自分自身の願いとして、よくなろうとしているか。

5　改善された状態が継続しているかどうか、時間をかけて判断する。「ごめんなさい」と言うだけでは充分ではない。

6　どんな種類の嘘だったかに注意を払う。自分を守るための嘘だったのか、自己中心からの嘘だったのか。もし後者なら、あなたが交際している相手は真実よりも自分自身を愛する人物なのだという事実を真摯に受け止め、それが何を意味するか、よく考えてみる。前者なら、関係を続けるに値する理由があるかどうか、慎重にじっくり考える。

類は友を呼ぶ

最後に、もしあなたが嘘つきとはつき合いたくないと思うなら、あなた自身が正直な人間でいてください。まず、自分自身に正直でいましょう。嘘つきと長期間つき合うには、ある程度自分自身をだます必要があります。もしあなたがそうしているなら、すでに自分に正直だとは言えないかもしれません。あなたは相手の人格の中に、直視したくないものがあることに気づいているのではないでしょうか。自分に嘘をついてはなりません。

イエスがおっしゃったとおり、相手をはっきりと見るためには、まず自分の目から梁《はり》を取り除く必要があります（マタイ七・三〜五参照）。嘘をつくのをやめましょう。すべてのことについて明快で正直でありましょう。もちろん、考えていることをすぐに全部明かさなければならないわけではありません。例えば自分の感情や意図について、最初のデートですべて話す必要はありません。ちょっと気に障ったことをいちいち全部問題にする必要もありません。そういうことをする人は魅力的な人とは言えないでしょう。

しかし、重要なことに関しては、嘘をついてはいけないということです。特にその関係があなたにとって大切なものになりつつあるのなら、なおさらです。欺いてはいけません。言うべきことはストレートに、はっきりと言いましょう。そうでないと、いつのまにかあまり正直ではない人と一緒にいる羽目になります。あなたの中に嘘があると、それが真実を嫌う人を惹きつけてしまうからです。実に恐ろしいことではないでしょうか。

光の人であってください。光の中にいれば、光の中にいる人があなたに惹かれ、闇を好む人はあなたの真実さに耐えられないでしょう。それがいちばんの防御策です。イエスが言ったとおり、「そのさばきとは、光が世に来ているのに、自分の行いが悪いために、人々が光よりも闇を愛したことである。悪を行う者はみな、光を憎み、その行いが明るみに出されることを恐れて、光の方に来ない。しかし、真理を行う者は、その行いが神にあってなされたことが明らかになるように、光の方に来る」（ヨハネ三・一九～二一）のです。

あなたが正直であれば、正直な人とつき合うことになる可能性が高く、あなたが自分や他人を欺くのであれば、嘘をつく人たちがあなたに惹かれてくるのです。光の中にいて、光の中にいる人とつき合いましょう。それが最高の境界線です。

まとめ

・正直さはあらゆる人間関係の土台であり、男女交際も例外ではありません。もし相手の嘘が発覚したら、それを大きな警告と捉え、ブレーキを踏みましょう。
・相手を誘導するのはやめましょう。それは欺きです。
・適切な時期を見計らって、自分の意図を相手に正直にまっすぐ伝えましょう。ほかの意図があるのに友達のふりをするなら、友情が壊れます。
・過去の関係をまだ引きずっているなら、それを隠すのはやめましょう。信頼を失うことになります。
・ありのままの自分でいることは、正直であることの基本です。それは、あなたの好きなものと嫌いなもの、あなたを傷つけることや煩わせることを相手に伝えることも含みます。
・もし嘘をつかれたことに気づいたなら、正面からそれに立ち向かいましょう。そしてその後、その人が嘘をつかなくなり、成長し始めたことをしっかり確認しましょう。そうでなければ自分が傷つくことになります。
・一般的な原則として、正直な人の友人は正直です。あなたが正直であればあるほど、周りの人も正直である可能性が高くなります。

第三章　神様同伴のデート

数年前、私（タウンゼント）がキリスト教のテレビ番組を見ていた時のことです。司会者がある世界的に有名なミュージシャンにインタビューをしていました。そのミュージシャンはクリスチャンでしたが、信仰者として有名だったわけではありませんでした。

司会者は、そのミュージシャンがクリスチャンでとてもうれしいと言い、どのようにして信仰を持つに至ったのか、視聴者に話してほしいと頼みました。すると彼はこう答えました。

「そうですね、天には誰かいると、いつも思っていたんです」

「すばらしい！」

司会者は拍手しながら、「イエスの救いの御力についての、なんとすばらしい証しでしょう！」と言いました。

しかし私は、「何を聞いても拍手するつもりだったんじゃないの？」と思ってしまいました。そのミュージシャンの信仰についてどうこう言いたいわけではありません。それは神と彼との間の問題ですから。私が疑問に思ったのは、司会者は彼の答えをどう解釈したのだろう、ということです。司会者は、そのミュージシャンがクリスチャンであることを強調したいと望むあまりに、彼が何を言っても「すばらしい！」と言うつもりだったように思えました。

こういったことは、交際関係においてもよく起こります。とても魅力を感じる人と知り合いになると、その人が神を信じていて、神を中心とした交際ができたらいいなと、淡い期待を抱くのです。そしてその願いに合わせて現実を曲げてしまうことさえあります。

そのような姿勢には問題がありますが、必ずしも悪いことばかりではありません。あなたの親しい人が神とも親しくなるようにと願うのはとてもいいことです。信仰的な土台に基づく関係を求めるのもいいことです。あなたにとって神との関係は、あなたの魂の最も奥底にある、最も深淵で最も重要な部分なのですから。

人間関係というものが自分のすべてを他の人と結びつけるものだとしたら、信仰的な側面はとてつもなく重要です。ですから私たちは、神が内在してくださっている自分の心の中心まで一つになれるような誰かを切望するのです。実際、誰かとつながりたいというその願いは神が造られたものです。イエスは、イエスと父なる神が一つであるのと同じように、私たちも一つになるようにと祈られました（ヨハネ一七・二一参照）。究極的には、これこそ交際が目指す最終的な目的です。いろいろな経験、会話、質問を通して、私たちは自分と同じように神を愛する人、自分が神にさらに近づくのを助けてくれるような人との関係に落ち着くのです。交際相手と霊的な波長が合わないのに、そのことで何の葛藤も喪失感も感じないのであれば、自分自身の信仰生活に問題があるでしょう。

同時に、あのテレビ番組の司会者と同じような問題を抱えたことがある人も少なくないはずです。神を求め、また、誰かを求めます。そしてその求めが両立するのか、わからなくなるときがあるのです。男女交際における霊的な面をどう扱ったらいいのか、なかなかわからず、例えば次のような疑問が浮かんできます。

・この人は神が私に備えてくれた人だろうか？
・この人と私は信仰的に一致できるだろうか？
・どうすれば私たちの関係に神を「適切に」迎え入れられるだろうか？
・私たちは、信仰的にどのように関わったらいいだろうか？
・私たちの間に信仰面での不一致があるときは、どうすればいいだろうか？
・私は、二人の間にあるかもしれない信仰面での不一致から、目をそらしていないだろうか？

本書は、交際関係における境界線を聖書的な視点から語るものですが、この章では特に、このような信仰に関わる問題を取り上げたいと思います。ここでこの問題にしっかり取り組んでおけば、交際関係における信仰的な部分を深めるための境界線を、引く助けになるからです。

正しい姿勢で交際する

最初に検討すべきことは、自分の信仰生活と交際に対する適切な姿勢です。適切な姿勢を持っていれば、二人の関係の最初の段階から、多くの問題の解決や疑問の解消に役立ちます。この姿勢とは、交際や信仰生活をどう考えているかに関するものです。大切なのは、信仰生活を交際関係に合わせることではなく、交際関係を信仰生活に合わせることです。まず交際ありきで、そこに神のみこころを読み込もうとするのでは、現実の捉え方が逆さまです。人生も愛も神からの贈り物で、神の支配下にあります。恋愛も含め、すべての善いものは神が造られたのです。ですから交際についても、それを神の前に持っていき、神に導いていただくよう求めることが正しい姿勢です。神は人を、互いに気持ちを通い合わせるように造られました。神こそ、私たちが満足し、また神に栄光が帰されるようなかたちで交際する方法を、いちばんよくご存じです。

男女交際に対する神の導きを求めた結果、男女交際はクリスチャンにふさわしくないという結論に至った人たちもいます。私たちはその結論には反対ですが、同意できる部分もあります。人生のあらゆる側面を私たちに対する神の秩序に従わせていくうえで、交際関係も生きたささげ物の一部として神に献《ささ》げるのは良いことだからです。神に自分を明け渡せば明け渡すほど、神は私たちをあるべき姿に造り変えることができます。「私たちは神の中に生き、動き、存在している」(使徒一七・二八)。

偶像崇拝

交際における「明け渡し」の反対は、「偶像崇拝」です。交際自体はよいものですが、神の導きを求めずに交際関係から愛や充足感やその他の願望の満たしを得ようとすると、それは偶像崇拝になってしまいます。交際には激しい感情や要求が伴うので、偶像崇拝は現実のものとなり得るのです。交際に夢中になると、神との関係が遠くなるというのはありがちです。交際にのめり込んでいる人は、自分の生活を神のもとに戻すために、偶像としての交際に境界線を引く必要があるでしょう。

例えば、交際相手との関係によって、その人と神の関係が強くなったり弱くなったりする場合があります。交際相手が理由で信仰が燃えたり、同じ理由で神から遠ざかったりするのです。この場合、神との関係が自分のものとして確立されておらず、交際関係によって左右されています。

聖書は、結婚とは人生における重要な決断であることを教えていますが、交際もある意味で同じです。だからこそ、あなたの人生における両者のあり方について、神に導きを求めるのが賢明なのです。「あなたがたが思い煩わないように、と私は願います。独身の男は、どうすれば主に喜ばれるかと、主のことに心を配ります。しかし、結婚した男は、どうすれば妻に喜ばれるかと世のことに心を配り、心が分かれるのです」(Ⅰコリント七・三二〜三四)

交際を神のみこころに沿ったものにするためには、何よりもまず神への明け渡しが必要です。

しかしそれだけではありません。明け渡すことで神との関係が良好になれば、私たちを成長させることがほかにもいろいろ起こるでしょう。

男女交際が生む実

交際関係があなたの信仰生活にどんな影響を及ぼしているか、内省してみましょう。それはあなたを神に近づけているでしょうか。それとも、遠ざけているでしょうか。あなたにとって重要な関係は、多くの場合神との距離を縮めるか、遠ざけるかするものです。交際関係があなたの信仰生活に及ぼしている影響を評価するために、次のことを考えてみてください。

・あなたはその人を通して、大いなる神に近づいていますか？
・その人との関係は、互いの霊的歩みを励まし合うようなものですか？
・その人とのつき合いを通して霊的に成長していますか？
・その人はあなたの霊的成長を促す人ですか、妨げる人ですか？
・その人との霊的な結びつきは、現実に根差していますか？　その人の霊性は見せかけのものではありませんか？
・その人との関係は、弱さや罪について互いに心を開き、安心して語り合えるものですか？

では、あなたがキリストの主権のもとに自らを明け渡していると仮定して、交際関係と霊性におけるあなたの境界線がどうあるべきかを考えるために、いくつかの事柄を確認していきましょう。

成長する必要のあるもの

自分の霊的な部分を交際相手に徐々に明かしていくのは、すばらしい体験です。二人の関係が心理的により安全なものになるにつれ、自分の心の深いところにあるものを分かち合えるようになり、それによって互いの距離も、神への距離も縮まるからです。あなたの信仰生活に関して、特に二人の関係の中で分かち合うといいものがいくつかあります。あなたのこれまでの信仰の歩み、価値観、葛藤、霊的な自立、そして友情です。

では、一つひとつ見ていきましょう。

これまでの信仰の歩み

クリスチャンなら誰でも、どのようにして神との関係を築き、それを育んできたかという信仰の歩みについての物語を持っています。霊的な個人史がないという人は、おそらく現在においても神との関係をあまり持っていないでしょう。一方、自分が今まで霊的にどんな歩みをしてきたかを話してくれる人は、その人を知るための窓を開いてくれることになります。中には、非常に劇的で、奇跡のような体験をした人もいるでしょう。また、痛みに満ちた喪失や悲劇の中で神に支えられてきたという人もいるでしょう。感情的、個人的に神による大きな癒やしを体験した人もいます。深い神学的問題に葛藤してきた人もいます。キリストの名において働き、仕えるための方法を見出した人もいるでしょう。互いの霊的な個人史における紆余曲折に耳を傾けてください。

価値観

あなたの価値観は、あなたという人間を構築するものです。それは、あなたが生きていく中で最も重要だと信じるものであり、その信念に従って実際にどのように生きているか、ということでもあります。価値観とは、時としてそのために生き、あるいはそのために死ぬに値するものであり、交際する理由にも、破局する理由にもなります。だからこそ、自分の価値観を相手に知らせることは重要なのです。価値観が関わってくる事柄は多岐にわたり、例えば以下に挙げるようなものがあります。

・神学
・召命

・人間関係
・仕事や経歴
・経済
・家族
・セックス
・社会問題

生きていくうえで、価値観を持つことは必要不可欠です。聖書が教えることに従って価値観を築き、交際生活にもそれを浸透させましょう。よく話し合い、それに対するあなたの立ち位置を伝えましょう。何は妥協できることで、何は絶対譲れないことか、見極めてください。重要な部分で相入れない人とは、彼らもいつかは光を見て変わるだろうという希望的観測に基づいて深入りするのはやめましょう。

ある男性は、フルタイムの献身に導かれていると感じていました。しかし、彼が導かれている方面には導きを感じていない女性と恋に落ち、結婚しました。二人は、地元の教会では積極的に活動しましたが、フルタイムの献身者にはなりませんでした。そのことついて二人はとても葛藤しました。夫は、妻が自分に宣教の働きをさせてくれなかったことを苦々しく思い、妻は妻で、夫婦でフルタイムの献身者になるべきだという夫の強い主張に振り回されていると感じていました。
　価値観とは、交際関係の中で非常に重要なものだということを忘れないでください。

葛藤

　失敗や喪失、そして、学習体験は、信仰生活に欠かせない大切な部分です。信仰生活の長い人なら誰でも、そこには大きな痛みや混乱、過ちがつきものだと知っているでしょう。ですから、誰かの霊的な歩みを知るということは、その人が暗闇でつまずいた経験を知ることにもなるのです。

　私のある友人は、過去に何度も、交際相手の前で理想のクリスチャン男性を演じようとしてきました。彼の交際はどれもうまくいかず、彼女が彼のうわべを信じると、彼は本当の自分を知ってもらえていないと感じ、彼女が本当の彼を見抜くと、責められているように感じてしまったのです。その後、心から好きだと思える女性に出会い、しばらく彼女の人となりを観察したあとで、彼は思い切って正直になってみることにしました。
「きみに打ち明けておきたいことがある。ぼくは女性を性的に誘導してしまうことがあるんだ。以前、人畜無害なふりをしながらある女性に親切にして、その人が性的に親密になることに対して警戒しないように仕向けたこともある。その人の油断につけ込んだんだ。その後、ぼくは神との関係において成長して変わったし、そういう問題にも対処できていると思う。でも、まだ完全にではないんだ。ぼくはきみのことがとても大切だし、きみのことをもっとよく知りたい。だから、きみにこのことを知っておいてもらわなきゃ、と思った。そうすれば、もしこの問題が起きたとしても正面から向き合えるから」

彼女は、彼の告白に心底驚いたそうです。それでも、自分が抱える葛藤についての彼の正直さ、そして、彼が明らかに彼女を大切に思っているという事実を尊重してくれました。結局、二人は結婚には至りませんでしたが、その原因は彼のこの問題ではなく、別のことでした。彼は、彼女にその問題を打ち明けたことを決して後悔しませんでした。そして、現在進行中の交際は、この経験のおかげでずっと良いものになっている、と話してくれました。彼は、神との関係や自分の成長について、以前より正直になっています。交際相手についても、よりふさわしい相手を選ぶようになり、その関係性もよくなっていっています。

つき合い始めの頃に、自分のいちばん良いところを相手に見せて、最善のスタートを切りたいと願うのは悪いことではありません。恵みが必ず真理に先立つように、先に良いところを知っておくと、あとでわかった悪いところに寛大になれるものです。また、相手をどれくらい信頼していいかもわからないのに、早々に自分の葛藤を打ち明けることも考えものです。とはいえ、最終的には、相手の霊的葛藤を知らずして、その人のことを本当に知っているとは言えません。

交際中の二人が分かち合うといい葛藤には、例えば次のようなものがあります。

・神の存在や、神が自分を気に留めてくれているということに確信が持てない時期について。
・神から離れて生活することについて。
・教えられてきたすべてを疑う霊的反抗期について。
・霊的成長をなおざりにして、自分のことばかりに夢中になっていた時期について。

もし交際相手が、自分は一度も信仰的にぐらついたこともなければ疑いを持ったこともないと言うなら、どこかに問題があります。その人は現実から目を背けているか、あるいは、あなたとの交際にあまり真剣ではないのかもしれません。喪失や失敗を経験せずに成長する人などいないのですから。

聖書は、人は人生におけるいいことや悪いことを通して、たくさんの訓練を積んで成熟すると教えています。「固い食物は、善と悪を見分ける感覚を経験によって訓練された大人のものです」（ヘブル五・一四）

霊的な自立

次に、自分の現在の霊的状態に目を向けてみましょう。あなたとあなたの交際相手はどのような信仰生活を送っていますか？　充実していますか？　それとも息を吹き返す必要があるでしょうか？　交際を成功させたいのであれば、霊的に自立した人とつき合うべきでしょう。つまり、どういう状況であれ、相手には相手の、日頃から歩んでいる神との歩みがあるということです。霊的に自立している人は、自分の信仰面での方向性や動機づけをあなたに求める必要がありません。その人はあなたと出会う前から神との間に確かな関係を持っており、あなたと結婚しないとしても、神との関係を続けていくでしょう。

霊的な自立性は、交際関係において重要な問題です。しかし残念ながら、霊的に自立していない人と交際して結婚する人はたくさんいます。その時は問題ないように思えるのです。むしろ、彼女（彼）がそこにいる限り、自分の信仰も深まっていくことを喜びます。あるいは、二人の関係が霊的に行き詰まっていた自分をスランプから抜け出させてくれた、信仰を取り戻せて嬉しいと言うかもしれません。しかし、交際が霊的生活に一時的な活気を与えるとき、そこにはリスクも潜んでいます。交際による高揚が、無気力や無関心を覆い隠すからです。それはちょうど、イエスが語っていた、熱心だけれども根が浅い信仰（マタイ一三・二〇〜二一参照）のようなものです。

男女交際の性質からいって、そうなるのは自然なことです。交際を始めた頃は、交際相手と一緒に新しい体験を積み始める楽しさと希望があふれています。交際を始めるとは、人生に新しい始まりがやってくるということだからです。そして信仰の根をしっかりと下ろしていない人は、交際相手に惹かれる思いを神に惹かれる思いと混同してしまいます。しかし交際相手との関係がぐらつき始めると、往々にして神との関係もそれに比例します。ある意味、神は交際相手の投影でしかなく、神が神としてその人の中に揺るぎなく存在しているわけではないのです。そうすると、私の友人の一人が言ったように「あの人は誰を救い主だと思っているのか、イエスなのか、私なのか、わからなくなるときがあった」という事態が起こるのです。

もちろん例外はあります。交際期間中に信仰が深く根づき、花開く人もいます。あるいは逆に「霊的」だった人が、徐々に信仰を失っていく場合もあります。神が人の心にどう働かれるのか、私たちには予想がつきません。一つ確かなことは、自分自身の霊的な歩みを持っていない人と交際することは、非常に危険だということです。

現実には、二人のうちの「霊的」なほうに問題がある場合が多いでしょう。理想が実現したかのようにでっち上げ、交際相手は自分が思い描くような人ではないかもしれないのに、神を求める思いを交際相手に投影するのです。あのテレビ番組の司会者がしたことと同じです。

結婚したあとで、あなたの結婚相手は一緒に歩んでくれる同志ではなく、霊的な事柄に関する決定はすべて自分にかかっている、と気づくのはつらいものです。

さらに、あなたがスランプのときには、交際相手が霊的に自立している人であることがとても重要です。あなたが弱く、失敗し、疑いに捕らわれているときには、神に頼り、その導きの中で自分自身の人生を生きている人がそばにいてくれることが必要なのです。自分が霊的に暗い沼にはまってしまったとき、相手も一緒におぼれていることほど悲惨なことはありません。「倒れても起こしてくれる者のいないひとりぼっちの人はかわいそうだ」（伝道者の書四・一〇）。

あなたの交際相手が本当に霊的に自立しているかどうかは、時間だけが教えてくれます。相手の霊的自立に確信が持てない場合、神に献身しているという主張も、霊的な熱心さも、時を経てみなければ確かなものかどうかわかりません。この件が気になるなら、先を急ぐことはやめましょう。

また、霊的自立には、いわゆる「霊的修練」と呼ばれるものが伴います。すなわち、定期的に聖書を読むこと、有意義な祈りの生活、忠実な礼拝出席、傷ついたり苦しんだりしている人への配慮、などです。宗派の違いや礼拝形式の好みはありますが、これらのことはキリストに属する者なら誰にでも見られる基本的な要素です。

友情

友人関係を見ると、その人について多くのことがわかるものです。人は自分の必要や価値観に基づいて他の人と関わりを持つ傾向があるからです。信仰生活は、その人の人間関係にも反映されます。といっても、あなたの交際相手の友人はみなクリスチャンであるべき、という意味ではありません。クリスチャンの友人しかいないのなら、それはこの世の現実に向き合うのを恐れていることの表れかもしれません。実際、あなたの交際相手がある種の律法的なクリスチャンや偽善的なクリスチャンを避けているなら、霊的に健康であることのしるしかもしれません。

同時に、クリスチャンとの友情がどれも長続きしない人は、何らかの問題がある可能性もあります。その人はまだ、霊的成長の道を歩み始めたばかりなのかもしれないし、スランプの時期を経て、もう一度神と関わりを持とうとし始めたところなのかもしれません。あるいは、深い霊的な生活をまだ経験したことがないのかもしれません。もしかすると、求道中ではあるけれど、救い主としてのキリストをまだ受け入れていない人なのかもしれません。

友人関係や霊的状態についてのこれらの問いは、相手や自分を批判的に評価するためのものではなく、交際中の二人が、自分たちの心や、神や互いとの関係を吟味するのに役立てるためのものです。お互いについて知れば知るほど、お互いが結婚相手としてふさわしいかどうかを知ることができます。

違いは成長を促す

交際相手に、自分とまったく同じ霊的価値観を要求するのも問題になり得ます。前述したような信仰生活の基本となる事柄で一致できることは前提ですが、自分の信仰について、深くじっくりと考え、自分なりの結論に達した人と交際するのがいちばんです。

神学的または伝統的価値観について、大きいことから小さいことまで、すべてにおいて正確に一致しなければならないと考えるのは、物事を支配したいという思いや、完璧主義の表れかもしれません。あるいは、自分の信仰に自信がないことの裏返しだという可能性もあります。

あなたの信仰を受け止めてくれる人と恋をして、互いに刺激を与え合いましょう！　相手と議論し、聖書を読み、霊的な事柄で折り合いをつけていくことこそ、交際の中で最も意味深い成長の時だからです。

信仰を日々の生活に統合させる

宗教的な人と霊的な人がいます。宗教的な人は「真理」を知っていますが、霊的な人は「真理」を行動に移します。あなたもあなたの交際相手も、霊的な真理を知っているだけでなく、現実世界の中でそれを実践する人生を送りたいでしょう。神の教えの現実を日常生活に織り込むことこそ、品性というものだからです。

神は、あなたの霊的生活があなたの人間関係、経済、性の問題、仕事など、生活にまつわるすべてに影響し、動かすことを願っておられます。心から神を信じ、聖書を読み、教会にも忠実に出席しているにもかかわらず、霊的価値観を自分の生活のすべての領域に持ち込むことに大きな葛藤を覚えている人たちがあまりにも大勢います。この問題は、交際関係の中ではおもに二つのかたちをとって現れます。一つは、交際関係の中で信仰に関する事柄を持ち出すことの難しさ、もう一つはその信仰のとおりに生きることの難しさです。

信仰を話題にできない理由

交際相手と出会う場所は、教会の中だけとは限りません。深い霊性を持った大勢のクリスチャンは、ありとあらゆる場所にいるのですから。例えば、仕事関係の場所、趣味の場、ボランティア先など、あなたが行くようなところに彼らもいるのです。もしあなたが、生き生きと自分の人生を生きている人と交際したいなら、あなたも日々の生活を充実させ、そこで相手を探しましょう。

ただしその場合、あなたがその人と交際したいかどうかを考える時点では、その人の信仰についてはよく知らないということになるかもしれません。生き方を見れば、その人の人格についてはいろいろとわかるでしょう。しかし、成熟した人格がいつも必ず信仰から生み出されたものだとは限りません。クリスチャンではなくても、優しさと責任感のある人はいます。ですから、早い時期に信仰のことを話題にしてみる必要があります。

信仰のことを話題にするのに困難を覚える人たちがいます。どんなきっかけで話せばいいのかわからず、大きな抵抗感もあるのです。信仰の話題を出すことをためらう理由として、例えば以下のことがあります。

・気まずく、不自然だと感じる。
・強引だと思われ、神への興味を失われるのが心配。

・関係を壊すことになるのではないかと恐れる。
・自分だって完全ではないのに、信仰の話をしたら偽善者だと思われるのではないかと不安に思う。
・信仰はとても個人的なことなので、どう話し合えばいいのかわからない。

これらはみな、とても重要な事柄です。しかし交際関係について、次のことを忘れないようにしてください。究極的には、あなたは良き伴侶となる相手を探しているのです。だとすればその人に、あなたと神との関係についてよく知ってもらい、共有してもらいたいのではないでしょうか。それはあなたにとって、そして願わくは相手にとっても、いちばん大切なことだからです。

信仰のとおりに生きることの難しさ

交際中の男女の多くは、信仰について語り合い、お互いの霊性を支え合います。とはいえ、彼らには別の葛藤があります。交際の中で、「有言実行」できない分野があるのです。それは慢性的に繰り返し現れる弱さや葛藤で、いつまでたっても解決しないように思われます。セックスの問題かもしれないし、嘘をついてしまうことかもしれません。対立が起きたときの未熟な対応かもしれないし、相手を支配しようとすることかもしれません。いずれにしろ、彼らの霊的生活が本来あるべきかたちで彼らの人格に反映されておらず、信じていることと行っていることの間に苦痛を伴う乖離《かいり》と矛盾が生じてしまいます。

その乖離や矛盾は、多くの場合、神への献身が足りないせいで生じるのではありません。実際、非常に霊的な人たちにも起こり得ることです。これは、自分の人生や必要を、それを満たしてくださる神の方法にゆだねられないことに関連しているのです。

十七章で詳しく取り上げますが、性的な行為が、親密さやほかの必要を満たすための手っ取り早い方法になっているかもしれません。短気で不機嫌な人とも交際を続けるのは、自分に正直になり、正しいことをするのが怖いからかもしれません。しょっちゅう別れたりよりを戻したりする関係は、精神的に親から自立して大人になることができていないことの表れかもしれません。

ある時、私がクリスチャンであることを知らない人と、ビジネスランチを共にしたことがありました。私たちはお互いを知るためにごく一般的な雑談をしていたのですが、彼は延々と妻の悪口を言い、それだけでなく彼が性的な興味を持った多くの女性たちの話をしました。そのうち話題が宗教に及び、私は、自分はクリスチャンだと彼に告げました。すると、彼はすぐに自分もクリスチャンだと言い、麗しいことばを使って神の恵みとイエスに対する彼の深い愛について語り始めたのです。

彼の豹変ぶりに、これはさっきまで話していた男性と同じ人だろうか、と思いました。しかし、彼の霊的な話は、何度も語ったことのある説教のように、いかにも語り慣れているようすでした。おそらく、彼は本当にクリスチャンだったのでしょう。ただ、その信仰は実生活とは乖離していいました。この手の乖離は、多くの人が自分の中に、そして交際関係の中に見出すものです。その原因が何であれ、こうした葛藤には霊的な解決策があり、交際中のカップルはそれに取り組む必要があります。だからこそ、信仰があるだけでなく、自分の弱さや課題を自覚し、自助グループやカウンセリングなどを通してそれに取り組んでいる人と交際するのが望ましいのです。自分の人格的な問題に取り組もうとしない相手と生涯にわたって結婚生活を続けることは、大変な苦労を伴うものです。

ですから、交際相手の中に納得のいかないことがあったら、それを口にするのは大切です。相手に、あるいは交際関係の中に矛盾があると気づいたら、それを指摘してください。相手が善良な人なら、あなたが敢えて問題提起してくれたことに感謝するでしょう。そして、解決に向けて二人で取り組んでいくことができます。ただし、相手にも自分にも、完璧を望んではいけません。ただ、義を求めましょう。義人は、自分の源である神とつながり続けます。たとえつまずいて転んでも、悔い改めてもう一度神につながるでしょう。

互いの成長に積極的にかかわる

交際関係におけるもう一つの霊的な側面は、霊的な次元においても相手の存在がお互いにとって重要であるべきだということです。二人の関係が深まり、交際がより真剣になっていくにつれ、その必要性は当然高まりますが、大切なことは、相手の成長と行動において、お互いに自分にも果たすべき役割があるということです。たとえ結婚には至らなかったとしても、交際期間中、二人とも霊的に成長したと言えるようなつきあい方をするべきです。互いの成長を助けるために、例えば次のようなことができます。

相手について見えてきたことを伝え合う

関係が深まるにつれて、お互いの葛藤や必要の認識も深まっていくはずです。あなたの交際相手はあなたにとって特別な立場にありますから、あなたについて、ほかの人が気づかないことに気づくかもしれません。将来を真剣に考えるような関係になったら、お互いに言いにくいことでも伝え合い、霊的な面でも励まし合うと、同意しておきましょう。もし、相手が霊的な面での指摘を嫌がるようなら、どこかに問題があります。聖書が、忠告を嫌う者について厳しいことばで語っているとおりです。「嘲る者を戒める者は、自分が恥辱を受け、悪しき者を叱る者は、自分が傷を受ける」（箴言九・七）

時間をかける

一般論として、重要で難しいことを指摘する場合は、時間をかけ、状況をよく理解してからにするのがいいでしょう。「聞くのに早く、語るのに遅く」（ヤコブ一・一九）ありなさい、というわけです。時間が経てばもっとよく理解できる事柄について、誤解をしているかもしれません。あなたが見た相手の気になる行動はその時だけのことで、あなたはいつもそうなのかと思ったとしても、実は例外的なことだったかもしれません。あるいは、有罪判決を下す裁判官のようにならないためにも、寛容な気持ちが芽生えるまで時間をおいたほうがいいかもしれません。真理に直面するためには、誰もが恵みを必要とすることを忘れないでください。

親の役割を演じない

交際相手の霊性について、あなたに責任があるかのようにふるまうのはやめましょう。相手があなたの指導のもとに努力をして成長する、という図式になってはいけません。なぜなら、子どもにとって最も大事な仕事は、親元から離れることだからです。あなたが相手の親になるならば、相手は、大人になるという神の目的を果たすために、成長してあなたから離れていくでしょう。

私の友人がこの失敗をしました。彼はある女性と恋に落ち、その女性を「教育」し始めました。彼は彼女をいろいろなバイブルスタディのクラスに連れて行き、課題を出し、たくさんの本を読ませました。彼はその状況にご満悦でしたが、やがて彼女は、彼にあまりにも支配されているように感じると言い残して別の男性のもとに去っていきました。彼はこの体験に打ちのめされましたが、その反省を踏まえて、「次は、教育は誰か別の人に任せることにする」と言っていました。

慰めと激励

良好な関係には、問題を指摘し合うだけではなく、お互いの傷を慰め合い、失敗したときには激励することも含まれます。二人の間にその両方があるようにしてください。慰めは充分に与えるけれど、互いを高め合おうとする姿勢に欠ける関係もあります。逆に、激励はするものの、それが厳しく批判的になりすぎる関係もあります。慰め合い、高め合う関係を築きましょう。

霊的相性

霊的な相性、つまり信仰生活で一致できる度合いは交際にとって重要な側面です。これは対処しやすい問題だとも言えますが、困難を伴う場合もあります。

親密さを求めるように造られた

対処しやすいという理由は、神は私たちを、神や人と親密さを築く存在としてお造りになったからです。これは私たちの性質の一部と考えていいと思います。そしてそれは、あなたの心のいちばん深い部分が他者との霊的な親密さを求めるように造られている、という意味でもあります。これが正常に機能しているなら、あなたは他者に健全な霊性を求めるでしょう。そして最終的には、あなたと霊的生活を分かち合える人に興味を持ち、心惹かれるようになるのです。心の内側に何か壊れた部分があると、不健全な霊性や、霊性が欠如している人に惹かれがちです。その意味で、この次元での霊的な相性は、自分の霊が健全か否かを診断するものとなり得ます。とはいえ、これがすべてではなく、ほかにも考慮すべきことがあります。

霊的成長の道のり

霊的成長とは、現在のあなたはもはや過去のあなたではなく、まだ未来のあなたでもないということを意味します。忍耐をもってその過程を歩む中で、私たちは成熟し、完全な者とされます（ヤコブ一・四参照）。成熟するにつれて、あなたの態度、価値観、習慣は変わります。

時には、どちらか一人、あるいは双方が霊的成長の時期を迎えている最中に、恋に落ちて交際を始めることがあります。二人の成長のタイミングが重なっていれば交際はうまくいきますが、どちらか一方だけが大きな変化の時期にあると、多くの葛藤が生まれ、調整が必要になります。

私の知っているあるカップルが、二人そろって霊的な反抗期に差しかかり、信仰に疑いを抱くようになったことがありました。二人とも、神や教会、聖書に疑問を投げかけ、ほかの宗教をあれこれ試しました。そして、お互いの探求心や疑問の追求を支え合いながら、二人は結婚しました。ところがその後、妻のほうはかつて自分を苦しめていた宗教的習慣のいくつかを手放したうえで、信仰を回復したのです。しかし夫は信仰から距離を取り続け、戻ってくることはありませんでした。彼はほかの多くの点では良い人でしたが、霊的分野に関しては、彼女は結婚生活の中で孤独を味わうことになりました。

人はみな成長し続けるものです。ですから、自分や交際相手が完全に成長しきっていることを求めるのは非現実的でしょう。あなたやあなたの交際相手が信仰に関して一度も懐疑的な時期を通ったことがないなら、それもまた心配です。疑問を持つことを通して、人は親の信仰におぶさっている状態から、自分自身の信仰を真に持つに至るようになるのです。それと同時に、あなたも交際相手も、主要な教理に関する疑問については解決していることが重要です。相手が、自分の信仰の意味や内容についてまだあやふやな状態なら、深入りするのはやめましょう。そういう時期に相手の成長を見守りながら、支えたり助けたりすることはできますが、大きな決断をしてはいけません。

信念と実践

交際相手の霊的側面を知るにつれ、どの分野の信念や行動は同意できなくても大丈夫で、どの分野では大丈夫ではないのかを判断する必要が出てきます。単に好みの問題というものもあれば、かなり客観的なものもあるでしょう。キリスト教の教理はよく説明されていますから、まずは自分自身がそれを知る必要があります。親しくなってきたら、交際相手とこのことについて話し合い、よく考えましょう。

霊的段階の違い

霊的に異なるレベルにいる相手との交際については、多くの人が悩みます。次に挙げるのは、いくつかの違いに対する対処のしかたのヒントです。

クリスチャンとノンクリスチャン

クリスチャンは、神の愛を知らせる存在としてこの世界としっかり関わって生きていかなければなりません。それが、世の塩となり光となるということでもあります（マタイ五・一三〜一六参照）。それと同時に、あなたの心の最も深い重要な部分は、あなたのいちばん大切な人間関係の中で憩う必要があります（Ⅱコリント六・一四参照）。そのため、クリスチャンはノンクリスチャンと結婚を前提とした交際をするべきではないと、私たちは考えています。

しかしそれは、ノンクリスチャンの異性の友達を持つべきではないという意味ではありません。そういう関係の中にも人生を豊かにするものはたくさんありますし、ノンクリスチャンには、異性に敬意をもって「兄弟姉妹」のように接するクリスチャンがいることを知ってほしいものです。しかし恋愛の対象には、同じ信仰を持つ人が最善だと思います。

恋愛感情は神からのすばらしい贈り物です。しかし、これが判断力を鈍らせ、気づかないうちに自分の性格的弱さを突いてくるものだということも、よく知られています。ですから、本当に恋に落ちてしまったときに問題にならないよう、恋愛対象は同じ信仰を持つ人であるほうがいいでしょう。

熱心な人、生ぬるい人

真摯な信仰生活を送っているクリスチャンの多くは、表面的な信仰に留まっているクリスチャンと交際することについて迷いがあります。これは、ノンクリスチャンとの交際よりさらに複雑な問題ですが、次のように考えてみてはどうでしょうか。

そもそも、相手の信仰が表面的だとどうしてわかるのでしょうか？　まず、相手に対する自分の理解を確認しましょう。私たちは往々にして、自分自身の判断基準や完璧主義のために、そこから外れるものは「悪い」と思い込みがちです。相手はあなたと同じ流れにはいないだけで、もしかするともっと深い流れの中にいるのに、あなたには自分の問題のゆえにそれが見えないのかもしれません。仮に、相手があなたほど聖書をよく知らなくても、あなたほど神を愛していないと決めつけてはいけません。

その人はなぜ、信仰にあまり熱心ではないように見えるのでしょうか？　人は、喪失体験や非常に大きなストレスや人生の不調があったりすると、物事にあまり熱心ではないように見えることがあるのです。理想としては、そういうときこそ神に近づきたいものですが、実際には引きこもってしまうこともあります。また、普段なら神様と深くつながっている人が、非常に落ち込んだ時期を通っていることもあります。こういった場合、事態が落ち着くまで深い交際関係に入るのは後回しにして、その人の葛藤に寄り添い、問題を解決するのを助けてあげるのはいいことです。

いつまでも信仰に真剣にならない人の場合はどうしたらいいでしょう？　神への献身が深まらないままの人というのは確かにいます。時間が経過し、交際を考える相手がそういう人であることが明らかになったら、同じ道を歩むことはあきらめるのが賢明だと思います。これも、あなた自身の信仰の健康状態によって、どうすべきかおのずと見えてくる類の問題です。自分の中ではうまくいっていても、その人とつき合っているうちにやがて霊的な空虚さを感じるようになるかもしれません。もし結婚したら、それは大きな問題になりかねません。

信仰歴の違い

これはさらに複雑な問題です。二人とも信仰にとても熱心だけれど、一人がもう一人より長く成長の過程を歩んできたというケースです。そういう場合、次のように考えるといいでしょう。

例えば一方の人が信仰を持ってまだ一年未満くらいのクリスチャンだとします。その人は神の家族に喜びをもって迎えられました。これから交際を続ける中で、その人が霊的成長を求めつつ歩み、信仰を確かなものにしていけるといいでしょう。ここで大切なのは、その人の信仰が、交際相手の信仰に依存するのではなく、自分自身で成長していくことです。

より成熟しているほうのクリスチャンは、クリスチャンになったばかりの相手の信仰が安定するまで、深い交際になるのを待ったほうがいいでしょう。そうすれば、相手の親のような役割になることが避けられ、相手はより主体的に自分の成長過程を歩めます。

霊的な事柄を考えるときには、時間だけで判断してはいけません。時間は必要な要素ですが、他の人よりも速いテンポで成長する人もいます。逆に、信仰生活が長いからといって成熟しているとも限りません。とはいえ、クリスチャンになったばかりの人には、やはり成長するための時間が必要です。

究極的には、自分と同じくらいの成熟度の人と交際するのがいちばんいいのです。そうすれば、依存、支配、成長に関する多くの摩擦を避けることができます。しかし、重要なことは、相手を吟味する目より厳しい目で自分を吟味することです（ヤコブ四・六参照）。そして、お互いの霊的レベルがどう、ということよりも、二人とも神を追い求め、成長することにさらに心を砕くことです。その過程に熱心に取り組むことのほうが、二人のどちらがより成熟しているかということより、ずっと大切だからです。

また、あなたが成熟度の違いだと思っていることが、単なる様式の違いではないかどうか、よく考えてみてください。これは、表面的な信仰か熱心な信仰かという問題で考慮したことと同じです。例えば正式に神学的学びをしたことのない人が、その生活や人格において、神学教育を受けた人より成熟している場合もあります。神は宗教的伝統よりも、その人の心をより大切にすることを忘れないでください。「わたしが喜びとするのは真実の愛。いけにえではない」（マタイ九・一三）。互いを知ろうとするときには、必ず相手の人格に注目し、その人に愛があるか、嘘がないか、地に足をつけて生きているか、大人として機能しているか、などに目を留めましょう。

社会の中できちんと役割を果たしている人は、知識はたくさんあるけれども社会に適応できていない人より、霊的生活にもよりよく順応しているものです。

結論

交際における霊的な側面とは結局、自分のさまざまな願望や衝動に対して制限を設けるということです。それは例えば、以下のようなことに対してです。

- 霊的な相性があまりよくない相手と、相性がよくなりたいと願う。
- 相手の信仰のあり方を変えようとする。
- 二人の間に霊的な摩擦があることを否定する。
- 自分の霊的な弱さに気づかないまま相手の弱さを問題にする。
- 霊的な事柄に言及することを恐れる。

しかし、キリストとキリストが導いてくださる道の中で成長していくならば、愛することと、心を賢く管理することが、交際関係の中でもできるようになっていくでしょう。

まとめ

・交際関係の中で、自分の信仰について明言することを後回しにしてはいけません。それは、あなたの仕事のキャリアや映画の好みと同じように、あなたの人生における現実です。
・信仰面で同意できることや相手の受動的な態度を、霊的に相性がいいのだと解釈しないようにしましょう。相手は、自分自身の考えと葛藤を含む主体的な信仰を持つべきです。あなたが常に主導権を取っているようなら、それは問題です。
・互いの霊性の違いを積極的に認め合い、そこから学びましょう。相手に特定の立場を受け入れさせようとして、打ち負かすようなことをしてはいけません。
・信じているとおりに歩むことを互いに励まし合いながら、関係を育んでいきましょう。

第四章　男女交際で孤独は埋められない

「彼に電話をして、別れると言いなさい」私（クラウド）は、マーシャにそう言いました。彼女とスコットの関係についてもう何か月も話を聞いてきて、彼女が彼に繰り返し傷つけられることに耐えかねていることも知っていました。マーシャを心配する一方で、彼の真の姿を認めようとしない彼女にうんざりし始めてもいました。それで、そろそろはっきり言わなければと思ったのです。

彼女は私に言われたとおりにする決心をしました。彼に電話をして、別れを告げたのです。予想どおり彼はパニックを起こし、彼女の家にやって来て、思い直してくれと懇願しました。あれもこれも改めるというたくさんの約束をし、現実を直視できない人がふられそうになったときに口にしそうなことを次々と言いました。しかし彼女はゆずりませんでした。少なくともその日一日は。

二日後、マーシャは私に電話をかけてきて、次の予約をキャンセルしました。私は電話をかけ直して、何が起こったかを聞きました。彼女はスコットとよりを戻したのですが、私にそれを言うのが恥ずかしかったのです。私は、とにかくここに来て話をしようと言いました。

マーシャの話を聞きながら、同情せずにはいられませんでした。彼女は、彼に別れを告げて耐えていた時、どれほど落ち込み、孤独だったかを切々と語りました。まるで出口の見えない暗い穴の底で、完全に希望を断たれたかのように感じたというのです。とても危険な状態でした。

マーシャを知っている誰もがみな、彼女が内側にこんな苦悩を抱えていたとは想像だにしなかったでしょう。彼女は仕事の世界ではとても強い人で、しっかりとした信仰を持ち、教会では奉仕のリーダーもしていたのですから。誰もが彼女を慕っており、まさか彼女がスコットのような人間の仕打ちに耐え続けたり、そんなろくでなしと別れたからといってここまで打ちひしがれたりするとは、夢にも思わなかったでしょう。けれどもその別れは、マーシャをボロボロにするほどに悲しませたのです。

彼女の気持ちを一緒に探っていくと、心の奥底に深い孤独感と、愛情への飢餓があることがわかりました。スコットとの別れは、普段は感じないその深い孤独感を引き出してしまったのです。そして、彼女のこれまでの人生を振り返ってみると、この内なる孤独を避けるために男性と交際してきたこともわかりました。

一つの交際が終わるたびに、マーシャはすぐに次の人と交際を始めるのでした。たとえ長くつき合いたいと思うような相手ではないとしても、です。マーシャはただ、一人になることが耐えられなかったのです。そのため、一人になることを恐れて、不健全な関係に境界線を引くことができないでいました。どんな悪い関係でも、彼女にとって、ないよりはましだったのです。

ここに、交際関係における境界線について、重要ないくつかのポイントがあります。もしあなたが、次に挙げる項目に心当たりがあるなら、一人になることへの恐れから境界線を引けずにいる可能性があります。

・相手の失礼な言動を我慢している。
・自分の価値観に合わないことでも妥協している。
・自分が本当に求めたり必要としたりしている基準に満たないものでも、よしとしている。
・もう終わっているとわかっている関係にしがみついている。
・終わらせるべきとわかっている関係に戻ってしまう。
・うまくいかないとわかっている関係を始めてしまう。
・過度な要求や支配で交際相手を煩わせている。

もちろん兆候はほかにもあるでしょう。ここで言いたいことは、このような交際は、神や目的の達成や価値観や霊的な結びつきではなく、あなたの内なる孤独に左右されているということです。その孤独のゆえに、続かないとわかっている関係に入っていってしまうのです。また、交際に依存しなくても幸せになれる人に成長するまで、一人でいるということもできなくなってしまいます。

交際や恋愛関係には、非常に重要な法則があります。それは、満足できる関係を築くためには、また自分が願うような関係を築ける相手を選ぶには、まず、一人でも満足できるようにならなければならない、ということです。

もしあなたが、誰かと交際中か結婚していなければ幸せではないなら、それは依存的であり、誰と交際しても幸せにはなれないでしょう。依存心が強いと、自分にとって適切な相手を選ぶことができませんし、健全な人との関係を充分に育てることもできなくなります。孤独や見捨てられることを恐れているなら、その恐れにきちんと対処するまでは、あなたを愛してくれる人がいても、その愛に応えることができません。

ですから、孤独を癒やすことが先決です。それは交際におけるよい境界線です。つまり、孤独への恐れを取り除くために誰かとつき合いたいという自分の願いの周りに境界線を引くのです。恐れに対処するのが先で、交際相手を見つけるのはその次です。

しかし、誰かとつき合うことなく、どうやって孤独を癒やすのでしょうか？　まずは、神との関係を確かなものとすることです。神をあなたの優先順位の一番にして、神ご自身にしか満たせない必要を、人との関係の中で満たそうとすることをやめましょう。

次に、安全で健全なクリスチャンの友人たちとの関係を強めます。人との関係でしか満たせない必要を、交際関係で、あるいは神との関係で、満たそうとしないでください。もちろん、あなたには神が必要です。でも同時に、人との関係も必要なのです。

交際とは、成熟した健全な大人のための関係です。そして成熟した大人は、人とつながりたいというニーズを満たしてくれる人間関係を持っています。さらに、癒やされるために他者のところに自分の必要を持っていくことができます。しかし、恋愛関係の中に癒やしを求めてもうまくいきません。自分を支えてくれる人たちによる「サポートシステム」を持つ必要があります。そうすれば、弱さや依存心のゆえにではなく、強さのゆえに、何かを選び取ることができます。マーシャは弱さのゆえに男性を選んでいたので、彼女が本当に願っているような男性を見つけることができませんでした。交際関係以外のところで自分の必要を満たすことができれば、あなたは強い心をもって選択できるようになります。

そして、あなたを支えてくれる人たちの前では、弱さをさらけ出してください。友達はたくさんいるけれど、自分の最も深い必要はそれらの友達の前で出せない、という人が大勢います。そうなると、やはり交際関係に依存してしまう可能性があります。友達がいるからといって、そこから癒やしを得ているとは限りません。あなたが頼ったり、助けを求めたり、痛みや傷や願いなどを表現できるような友人関係も持つようにしてください。

サポートシステムの一つとして、カウンセリングや自助グループに参加することも必要かもしれません。ただし、そうしたサポートシステムがどれだけ助けになるかは、あなたがどれだけ率直に弱さを打ち明けられるかにかかっています。それができれば、孤独に打ち勝つ強さへの第一歩となります。

霊的成長、人としての成長、職業における成長、他者への奉仕、趣味、知的な成長など、充実した人生を送りましょう。活発で成長しつつある人生には、交際関係に依存する暇も、そうしたいという気持ちも、生まれる余地がありません。神との関係、他者への奉仕、わくわくするような刺激的な活動など、満たされた生活を送っていればいるほど、自分の欠けを満たすための恋愛は、必要がなくなっていくでしょう。

全人的な満たしを追求してください。活動的な生活を送ることに加え、魂のケアもしましょう。子ども時代の心の傷、人間関係や職場関係で繰り返される同じテーマやパターンを持つ問題、その他の分野での傷、痛み、機能不全など、どんな問題であれ、それに取り組んでいくうちに、あなたの孤独も同時に癒やされていきます。不思議なもので、霊的成長の過程そのものが、孤独の癒やしにつながるのです。霊的に成長するにつれて、自然に他者との関係も深まり、より充実した生活を送ることができるでしょう。そのようなバランスの取れた健全な人は、恋愛関係に依存することがありません。幸せで満ち足りているからです。詩篇一篇三節に「流れのほとりに植えられた木。時が来ると実を結び　その葉は枯れず　そのなすことはすべて栄える」と描かれている人のように、神の御心にかなった人へと成長していきます。バランスの取れた健全な人生とは、満ち足りた人生です。そして、満ち足りた人生を生きる満たされた人は、とても魅力的な人でもあるのです。

あなたの孤独への恐れは、何らかの問題とつながっていないでしょうか。例えば、マーシャは子どもの頃、親に見捨てられた経験がありました。人にはそれぞれ、何らかの対処すべき未解決の問題があるものです。人を孤独への恐れに駆り立てる痛みには、さまざまなものがあります。もしあなたの痛みが、これまでの人生で経験した特定の事柄に起因しているなら、その問題を解決するために努力しましょう。

悪い関係や満足のいかない関係、あるいは、関係自体は良いけれど、その中に望ましくない力関係がある場合、それに屈服してしまわないための最善の境界線は、その関係なしでもやっていけるあなたでいることです。そしてそれは、神やサポートシステムに根ざし、自分の問題を解決し、充実した生活を送り、全人的な満たしを追求することから生まれます。そうすれば、ノーと言うべき時にイエスと言ってしまうことはなくなるでしょう。

まとめ

・交際は、孤独を癒やすためのものではありません。交際とは、成熟した男女が結婚に向かう過程で経験するロマンスのことです。
・孤独は、神との関係や交際関係以外の人間関係の中で癒やされるべきものです。
・良い人間関係に恵まれても、その中で自分の弱さをさらけ出すことができなければ、支援を受けることはできません。

・独身生活が充実していれば、孤独や欠乏感のせいで悪い関係を構築してしまうことを避けられます。
・欠乏を満たすための交際は満足のいく関係にはなり得ず、自己破壊的ですらあります。
・交際相手と良い関係でいるためには、交際相手以外の友人たちと楽しめる場が必要です。
・交際関係の中でいくつもの境界線を放棄してしまうなら、それは心の奥底にある恐れや孤独のせいかもしれません。

第五章　過去を繰り返さない

本書を書くにあたって、私（タウンゼント）は既婚者と未婚者の両方に交際についての意見を聞くという調査をしました。その中で、既婚者に聞いたことの一つが、「あなたは交際期間を終えたわけですが、もし、過去に戻れるなら何か変えたいことはありますか？」という問いでした。それに対して、大半の人が、「過去の失敗からもっと学べたらよかったのに」と答えました。これは興味深い答えだと思いました。つまり、「もっと違うやり方ができたなら、そうしたかった」ということではないでしょうか。多くの人が深い後悔を抱いており、その経験を今に生かせたらよかったのに、と思っているのです。

自分の過去に境界線を引くのは大切なことです。つまり、自分の過去の交際パターンを、これ以上繰り返すことのないものとして扱うのです。良い交際関係を築いていくうえで、過去はあなたにとって親友にも最悪の敵にもなり得るものです。

男女交際の世界に、経験豊富で準備万端の状態で入ってくる人はいません。ある人は家族に恵まれ、良好な親子関係の中で育ったかもしれません。豊かな才能の持ち主かもしれません。こういったことは確かに強みになります。しかし、このような強みがあったとしても、交際関係の中のある領域においては、ほかのすべての人間関係と同じように、試行錯誤を幾度となく繰り返していかなければならないこともあるのです。

過去は、この試行錯誤の宝庫という意味で、重要です。過去に正しい選択ができたときの満足感や、間違ったことをしてしまったときの痛みを通して、交際関係の中でするべきことと避けるべきことを、大いに学べるでしょう。「過去のことは終わったこと。もう考える必要もない。明日という新しい日が来るんだから」という態度で過去を軽く考えて顧みない人は、現実の重要な側面を無視することになります。一方、過去に自分がしたことに注意を払う人は、自分の現在と未来を自分のものとして受け止めて、それについて主体的に行動を起こせる人です。

この章では、過去が交際関係に及ぼす影響を取り上げ、それを、悪影響ではなく、良い教訓とするためにはどうすればいいかを学びます。過去につまずき、足を取られることのないようにしましょう。「私たちも、一切の重荷とまとわりつく罪を捨てて、自分の前に置かれている競走を、忍耐をもって走り続けようではありませんか」（ヘブル一二・一）

自分の過去について熟知する者になりましょう。

交際パターン

過去の交際関係において何度も繰り返している、同じパターンの失敗について考えたことはあ

ります か？　関係を深め、真剣なものにし、結婚へと至りたいのに、それを妨げるような悪いパターンがあるなら、突き止めたいものです。ある意味、この本全体が、人々が過去に体験したさまざまな交際上の問題と、その対処法について書かれたものと言えます。

交際関係の中で、先を急ぎすぎる傾向のある人もいれば、相手の要求に合わせすぎる人もいるし、交際関係に振り回されてしまう人もいます。本書を読み進めていく中で、あなたにも心当たりのあるパターンが見つかるかもしれません。見つかったら、どうすればそのパターンから脱却できるかを学びましょう。

過去から何を学べるか？

交際関係における第一の問題は、過去に問題があったと認めないことです。つき合った相手に問題があっただけだと思っているなら、過去から学べるものは何もないでしょう。相手の問題ばかりを見るなら、あなたが扱っているのは相手の過去であり、自分の過去ではありません。自分の問題を交際相手のせいにばかりするよりも、自分自身の過去の交際関係に対する態度を吟味することのほうが大切です。

私の友人に、夫を与えてくださいと何年も熱心に祈っている人がいました。彼女は過去の関係がうまくいかなかったことにとてもいらだっていました。最近、彼女にそれらの関係がうまくいかなかったのはどうしてだと思うか聞いてみたところ、彼女は「つき合った相手が悪かったのよ」と答えました。彼女がつき合った男性たちの肩をもつ気はありませんが、彼らの共通点といえば、彼女とつき合ったことだという事実に彼女が気づくまでは、同じことの繰り返しになってしまうだろうと思いました。

あなたが友達と集まっては、世の中にはろくな男がいないとしょっちゅう愚痴をこぼしているなら、その状況を変えるために何か建設的な行動を起こさなければなりません。友達にも、神様にも、自分にも、こう問いかけてみるといいでしょう。「将来、トラブルを避けて良い関係を築くために、私が過去の交際関係から学べることは何だろう？」

それは、愚痴をこぼすよりずっと努力を必要としますし、決して楽しい作業ではありません。しかし多くの場合、いい結果をもたらします。そして、もっと痛いところを突く問いは、「私が過去にしてしまったどんなことが、現在の交際関係に悪影響をもたらしているのだろう」ということです。自分を責めろと言っているのではありません。そうではなくて、過去の失敗を繰り返すことから抜け出すために、真実と現実を追求しようではないか、と言っているのです。

過去を理解することは、成長につながる

ジムは、二十代の頃はのんきな若者でした。何人もの女性と出かけましたが、交際にまでは至

らないものばかりでした。しかし彼は、運が悪かっただけだと解釈し、本当の相手と出会うための時間はまだたくさんある、と自分を慰めていました。そして、どうしていつもこうなるのかと、じっくり考えてみようとはしませんでした。

しかし、あっというまに時が過ぎ、三十代も半ばになると、ジムもさすがに心配し始めました。その年齢になるまでには結婚したいと、ずっと思っていたからです。そして、自分はこのまま結婚できないのではないか、という不安を覚えるようになりました。

年を重ねて以前よりは思慮深くなったジムは、今までの自分の交際のパターンを振り返り、真剣に考えてみることにしました。そして気がついたのは、彼は、自分がつき合いたいと思う女性より、自分に興味を示してくれる女性に声をかけていたということでした。彼がおもに魅力を感じたのは、彼に夢中になる女性でした。そのほうが安心できたのです。ところが、関係が深まりそうになると、彼はたちまち興味を失ったのでした。もとより、彼はその女性を特に好きだったわけではないのですから。過去につき合った女性とは、ほとんどが同じ経緯をたどりました。そのことに気づいた時、ジムは驚きました。自分の過去の関係をじっくりと吟味し、問題の本質を見極めたジムは大したものです。

その後、ジムは二人の女性と会うようになりました。ロビンとジェニーです。二人の女性と会っていることについて、ジムは正直に二人に伝えてあり、二股をかけていたわけではありませんでした。ロビンは彼にとても関心があり、以前のパターンなら、ジムはロビンにより惹かれていたでしょう。一方ジェニーは、ジムに好意を持っていましたが、まだ、ほかの人とも出かけるような関係に留まりたがっていました。このことはジムを大いに悩ませました。昔の彼だったら、傷つく結果に終わるのを恐れて、二度と彼女を誘うことはしなかったでしょう。

しかし幸いなことに、リスクを避けようとする自分の交際パターンについて、ジムはすでによく考え、過去の経験を教訓にしようとしていました。そこで、自分の孤独感や不安な気持ちについては、女性とのつき合いの中ではなく、友人とのつき合いの中で対処することにしました。

彼は、信頼できる友人のグループに自分の気持ちを分かち合いました。そして、この二人の女性であれ、ほかの人であれ、特定の女性に決めることに対して恐れがあることを、思い切って打ち明けました。友人たちは、彼に寄り添い、支えてくれました。

神と、何人かの良い友人たちとの友情という土台を得たジムは、ほかの人たちに対して正直に、率直に向き合うことができるようになっていきました。彼は成長していたのです。その後、彼はロビンに誠実に、これ以上つき合い続けたいとは思えないと伝えました。そして、うまくいくかわからない人との関係を追求するのは、彼にとってパニックを起こしそうになるほど不安でしたが、ジェニーとの交際を目指すことにしました。

結果的にはジェニーはほかの人と交際するようになり、ジムは非常につらい思いをしました。しかし幸いなことに、彼は、自分は喪失感に耐えることができると気づいたのです。

成長するために必要な土台を築けたことで、ジムはロビンに対して正しい態度を取ることができき、ジェニーとの関係に向かうことができました。それから、ジムの不安感に妨げられることなく、物事は落ち着くべきところに落ち着いたのです。交際関係が終わるにしても、それが健全な理由によるものなら、不健全な終わり方をするよりずっといいことです。

その後ジムは、別の女性、サマンサに出会いました。彼は、サマンサが彼をどう思うかではなく、彼女の性格や価値観などに魅力を感じ、純粋な気持ちで惹きつけられました。その彼女との交際を願うことは、彼にとってはリスクを伴う冒険でしたが、やがてサマンサも彼を愛するようになり、二人は幸せな結婚をするに至りました。

ジムがもし、自分の過去の交際のパターンから学んでいなかったら、いったいどんなことになっていたでしょうか。過去の例とそこからの警告は、ジムにとって助けになる味方であったことが証明されました。

理解や洞察も大切ですが、それだけでは過去から抜け出すのに充分ではありません。真実だけが私たちを過去から解放してくれる場合もあるのです。しかし、大抵の場合、過去のパターンは自分の人格における欠陥や傷を明らかにします。その欠けは、人格成長のプロセスに入るまではなくなりません。

自分の過去を恐れよう

過去の交際関係に境界線を引くためのもう一つの良い要素は、過去を繰り返した場合に起こることに対する健全な恐れです。このまま何も変わらなければどうなるのか、自分が直面することになる状況を正確に理解していれば、変化に伴う痛みにも耐えやすくなります。ジムの例では、彼は自分が結婚できないのではないか、あるいは、望む年齢までに結婚できないのではないかという不安を抱えていました。しかし彼はその不安を、するべきことをするための原動力に変えたのです。

クリスチャンはいかなるときも恐れるべきではない、と考える人たちもいます。確かに、クリスチャンであれば、永遠の刑罰も、神から引き離されることも、恐れる必要はありません（Ⅰヨハネ四・一八参照）。しかし私たちは、神への恐れをもって生きる必要があります。神は私たちを公正にさばかれるからです（Ⅰペテロ一・一七参照）。

この恐れは、私たちが自分の人生をどう生きるかについて、神に申し開きをすることについての健全な懸念です。こういう恐れなら、大いに感じるべきです。恐れるべきことを恐れましょう。以下にその例を挙げてみます。

今ある関係を壊してしまうことを恐れよう

あなたは今、とてもいい関係を持っているかもしれません。しかし、もし過去ときちんと向き合ったことがなければ、その新しい関係を危険にさらしているかもしれないのです。たとえ今の関係がうまくいっているとしても、過去を吟味することは必要です。神と友人たちに支えられつつ、欠けが満たされた健全な状態になることを求めましょう。今、成長のための努力をすることで、将来の問題を防ぐことができます。現状がよいからといって、過去をないがしろにしてはいけません。

今の関係に留まることを恐れよう

逆に、あなたは今、良好とは言えない関係の中にいるかもしれません。それに対して、自分の過去を見つめることはどう役立つでしょうか？　過去の交際パターンを振り返ってみると、関係に問題があると、ますますその関係に留まってしまう傾向があることに気づくかもしれません。その関係が悪ければ悪いほど、あなたはもっと頑張ってしまうのです。あるいは、単に誰かにそばにいてほしいがために、悪い関係をずるずる続ける傾向があることに気づくかもしれません。

自分の過去を振り返ることで悪い関係から早く抜け出せれば、あなたも交際相手も大きな傷を受けずにすむかもしれません。

傷つけられることを恐れよう

誰と交際するかということは、とても大切です。相手は、自分の魂の深いところにまで入り込めます。それなのに、信頼に値しない人を信頼し、時間や努力をつぎ込んでしまう可能性があるのです。

過去にこの問題があったのにそれに取り組んだことのない多くの人は、自分を守るすべも、相手が信頼に足る人かどうかを見極めるすべも知らないまま、次に出会う相手はいい人だろうという根拠のない期待を抱きます。そしてその結果、しばしば感情的な傷を負うのです。

もし過去に向き合うなら、なぜ自分が傷ついたのかを見極められるようになり、次はそうならないようにするための策を取ることができるでしょう。

時間を無駄にすることを恐れよう

ジムの場合のように、ほとんどの人は自分の中で、何歳までに結婚したいという期限のようなものを設定しています。確かに、永遠に待つことはできません。「遅すぎた」ということは起こり得ます。結婚することをずっと夢を見てきた多くの人たちが、過去をないがしろにしたせいで、将来の結婚生活を失ってしまうのです。過去から学ぶ作業に取りかかりましょう！

可能性を失うことを恐れよう

過去から学ぶことを怠ってきた人たちは、自分らしくなり、成長し、自分で決定する自由をあまり持っていません。自由でないと、さまざまな選択の幅を狭めてしまうことになります。例えばあなたは、一貫性がなく、不安定で、誠実な関係を築くことのできない人に魅力を感じるとしましょう。そのような問題のある人に惹かれるということは、あなたは、安定した、心を通わすことのできるような人には興味を持てないという事実を表しているかもしれません。あなたの過去があなたに、そのような相手は退屈で、古くさい人だという偏見を持たせるからです。そしてあなたは、つき合うに値する人たちとつき合う可能性を逸してしまうのです。

過去の交際の問題点を認識できるなら、未来の健全な交際について、心を開くことができるでしょう。

過去はなぜ現在を支配するのか

過去の交際パターンと向き合って学ぶことには多くのメリットがあるのに、多くの人がそれをしたがらないのはなぜでしょうか。それにはいくつかの理由があります。

未成熟のままでいる

人格的成熟度を表すものに、自分の過去のパターンに気づき、関心を持ち、気にかけることがどれだけできるか、ということがあります。たいていの場合、私たちは、現在のことで手いっぱいですから、それにかかりきりになりがちなものです。けれども成熟するにつれて、人生における長期的なパターンや問題を振り返って考えることができるようになります。ジムを思い出してみましょう。彼は二十代の頃、交際関係における問題を抱えていました。しかし、未成熟だった彼は忙しさにかまけて、その場の楽しみを追求し続けました。

私たちは、霊的にも感情的にも成長のプロセスに入ることが必要です。交際関係について深刻な問題が出てくる前に、人生について深く考えることを学びましょう。神と、信頼できる友人たちに、愛と真実の中で成長するのを助けてくれるように頼みましょう。

未知のものを恐れる

例えば、あなたは交際相手との対立を避けるために、自分と相手の違いを過小評価する傾向があると気づいたとしましょう。そのため、あなたが築く関係は、心地よいけれども表面的で、実は不誠実なものになります。そもそも、あなたは異性とそういうつき合い方しかしてこなかったのです。

自分にそういうパターンがあると気づくにつれ、率直でないことが問題だとわかるかもしれません。それが異性との間に距離を作っているのです。この状況を変えたいと思うかもしれませんが、実際には何もできません。経験がないため、何が起こるか見当もつかないからです。修羅場のような悪い思い出もありませんが、いい思い出もありません。自分が率直になったらどうなるかということは、まったくの未知数なのです。もし自分が変わったらどうなるだろうと未知のことを恐れていると、成長のプロセスが停滞することもあります。

なじみのある悪い状況と、未知の状況、あなたならどちらがいいですか？　多くの人は、なじみのある悪い状況のほうを選んでしまうものです。悪い状況ではあっても、それに適応して生きるすべを身につけてきたからです。問題があることは痛感していても、未知のものを恐れる気持ちが、変わろうとする試みを妨げてしまうのです。

もしあなたがこういった状況にあるなら、親しい友人たちの助けを借り、彼らとの関係の中で、正直で率直になる練習をする必要があるかもしれません。交際相手との間では難しくても、親しい友人との間でならできるでしょう。そうやって、彼らと一緒に恐れと自己防衛の問題に取り組んでいきましょう。別の言い方をすれば、そういう経験を積み重ね、あとでそれを思い出せるようにするのです。そうすれば、交際関係の中でも正直であろうとするとき、かつては未知のものだったことが、今や、なじみのあるよいことに変わっている事実に励まされるでしょう。それはあなたが健全な交際関係を追い求める助けになります。

既知のものを恐れる

一方で、過去のパターンを変えようとした結果、痛い目を見てしまったので、それ以降、元のパターンを繰り返している人たちもいます。その「痛い目」は、変わろうとする試みをやめさせるのに充分なものだったのです。例えば、前述の例に当てはめるなら、交際相手に率直になろうと思って本当のことを言ってみたところ、相手が気分を害してしまい、あなたを非難するか、あるいはあなたの元を去ったとします。人によっては、こういう経験をこれからの交際関係における公式にしてしまうのです。つまり、「私が正直になると、関係は悪化する」と。

もっともこの問題は、実際に知っていることに対する恐れではなく、こうだろうと自分が思ったことに対する恐れと言うほうが正確でしょう。別の言い方をするなら、もっと正直であろうと努力することは、相手が健全な人であれば、良い結果を生むはずなのです。正直になれば二人の関係はより近くなり、もっと信頼できるようになり、自由で責任の伴うものになるはずです。先に挙げた例でそうならなかったのは、正直になったからではなく、正直になった相手に問題があったからです。ヨハネの福音書三章一九節にあるように、光よりも闇を愛する人々もいるのです。ですから、光に属する人を選ぶように気をつけましょう。

しかし、実際に既知のことを恐れているケースもたくさんあります。私の知人にリンダという女性がいました。彼女は交際関係において先走る傾向があり、すぐに「完璧な男性」に出会ったと思い込んでしまいます。そして彼との関係にのめり込み、結婚の計画を立て始めるのですが、やがて破局を迎えては打ちのめされるのです。二年間の間にそんな愁嘆場を四回も繰り返したあと、彼女は友だちからのフィードバックとサポートを受けるようになりました。

そうやってこの問題に取り組み始めた頃、ある日彼女は私にこう言いました。「私は、前に経験したことを恐れていたんだと思うの。心の奥底では、つき合っている人たちが長続きする相手じゃないことはわかっていたのよ。でも、一人になることがあまりにも悲しくて怖かったから、また一人になるよりは彼らのことを我慢するほうがましだったの」

リンダは、孤独を恐れるあまり早々に交際相手にのめり込むという問題に熱心に取り組み、友人たちとの関係の中で支えられながら、過去を直視し問題と向き合うようになっていきました。アルコール依存症を抜け出すための自助グループが言ったとおり、「変化は、そのままでいることとの痛みが変化することとの痛みを超えた時に起こる」のです。

孤立

過去の問題を解決するうえで、大きな妨げになるものの一つは、神や友人たちとの関係という生命線から切り離された状態でいることです。多くの人は、意志の力や自制、決意などの自分の努力で過去のパターンを変えようとしますが、大体の場合、遅かれ早かれ挫折します。多くの場合、変わりたいという願いだけでは、不充分だからです。そうでなければ、とっくに変わっていたことでしょう。聖書は、意志と選択に基づく変化は、不完全なものだと教えています。「これらの定めは、人間の好き勝手な礼拝、自己卑下、肉体の苦行のゆえに知恵のあることのように見えますが、何の価値もなく、肉を満足させるだけです」（コロサイ二・二三）。

神や人との関係は、変化と成長を可能にする燃料です。変化に伴う困難にも耐えられるような慰めを与えてくれます。葛藤したり、失敗したりするときにも、支えてくれます。関係を通して現実に目を向けられるようになるので、方向転換をし、新しい方法で問題に取り組むことができます。

あなたがもし、苦痛や問題を隠す傾向があったり、信頼して愛情を育むことに困難を覚えたりするなら、まずは、安心できる間柄の人たちと関係を築くことから始めましょう。そうしていくうちに、愛と支援を受けることによって、心の内側に、過去の問題に取り組むための力がついてくることに気がつくはずです。

過去についてもう一言

自分には解決すべき過去の問題がある、と理解するのは重要なことです。言い換えると、過去の交際関係のパターンに問題があって、今、それを変えたいと思っていることを意識する必要があるということです。多くの人は、自分が過去の問題で葛藤していることに無自覚です。そのため、何度も過去の問題を繰り返してしまい、もはやそれを現在から切り離すことができません。

その意味で、それは過去になっておらず、彼らにとってうまくいかない苦しい現在が続いているのです。

もしあなたがその状態にあるなら、今日からそのパターンを悔い改める（方向転換する）ことができるよう、神に助けを求めましょう。「もし、あなたが帰って来るなら、わたしはあなたを帰らせ、わたしの前に立たせる」（エレミヤ一五・一九）。悔い改めは、過去と現在の間に区切りをつけ、過去の影響から私たちを癒やしてくれるのです。

この章では過去について考えてきたので、次章からは未来について取り上げていきましょう。どんな人と交際するべきか、ということについて考えていきます。

まとめ

- 神と友人たちに支えてもらいながら、あなたの交際関係を傷つけている過去の問題パターンを探りましょう。
- 交際相手に問題があったと決めつけるのではなく、問題となるパターンは自分が対処すべきものであることを認めましょう。
- 現在の交際関係において自由な自分でいられるために、霊的な成長の過程で過去の問題に取り組みましょう。

・過去の交際パターンに対処しないことに対して、健全な恐れを持ちましょう。
・あなたを過去の問題パターンから抜け出させない原因を理解し、対処しましょう。
・あなたを支えてくれる人間関係の助けを借りて、過去と現在の間に区切りをつけましょう。

第二部　どういう人と交際するべきか

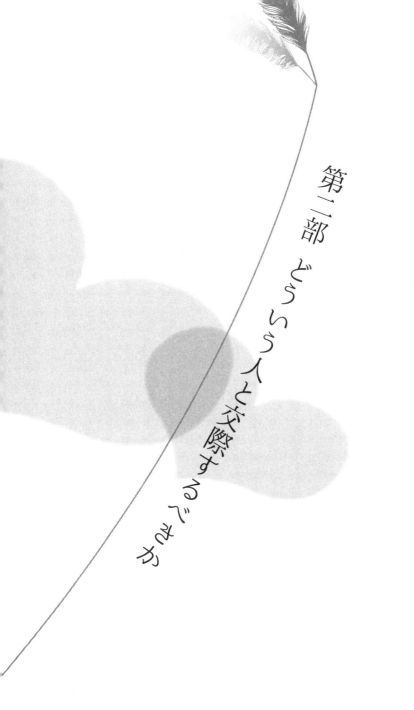

第六章　我慢できることとできないこと

私（クラウド）は、『Safe People:How to Find Relationships That Are Good for You and Avoid Those That Aren't（安全な人たち）』という本の中で、「交際相手や結婚相手の選び方」というテーマでクリスチャンの大学生のグループに向けて講演した時のことについて書きました。そのグループには男子学生も女子学生もいて、これは彼らが大いに関心を持っていたトピックでした。私はその講演の冒頭で、「あなたは、真剣な交際や結婚の相手には、どんな人を望みますか」という質問をしました。すると、次のような答えが返ってきました。

- 霊的で、神に深く献身している人
- みことばを愛している人
- 大志のある人
- 楽しい人
- 魅力的な人
- 賢い人

・機知に富んだ人
・自分の専門分野で指導者になれる人
・スポーツの好きな人

私は彼らにこう言いました。「大変結構。私もそういう人たちは好きです。でも、一つ言わせてください。長年結婚カウンセリングをしている中で、機知に富んでいないからとか、配偶者が望むほどには聖書を読まないからとか、どの分野でも指導者になっていないから、という理由で深刻な問題に陥った夫婦に出会ったことは、一度もありません」。私が出会った何百組もの夫婦は、次のような理由で、夫婦関係にピリオドを打とうとしていました。

・妻が支配的で、いつも息が詰まりそうだ。
・夫が話を聞いてくれない。
・夫が批判的で、自分は何をやってもだめな気がする。
・夫は無責任で、必要な支払いをちゃんとしているのか、約束したことをやってくれているのか、わからない。
・妻が浪費家で、家計の予算を二人で立てても、あとから覚えのない請求書がどっさり送られてくる。

・夫と心が通い合わない。彼は私の気持ちを理解してくれない。
・妻は完璧主義者で、ありのままの自分を受け入れられずにいつも落ち込んでいる。
・夫の怒りが怖い。
・浮気をされて以来、妻を信じることができない。あまりにも嘘をつくので、もう何も信じられなくなった。

私はそこから始めて、デートの相手や真剣につき合う人を選ぶにあたり、何が重要で何がそれほど重要ではないか、誰しも自分なりのリストを作るものであることについて話しました。好みは人それぞれで、それでいいのだということも話しました。スポーツマンタイプが好きな人もいれば、知的なタイプが好きだという人もいます。こうした違いがあるから世界は成り立っていますし、交際というものが、自分の好き嫌いを発見する意義深い時になるのです。好きなタイプが人によって違うのはすばらしいことです。

しかし、好みや個性の問題とは別に、ある種の特質を持つ人がいます。それは、真剣な交際や結婚を考える際には避けるべき特質で、性格と関係しています。私はかつて、ある若い女性にこう言いました。「最初は相手の外面に惹かれるでしょうが、時間が経つと彼の内面を知るようになります。あなたがその後、長い間つき合い、関係を築いていくことになるのはその内面なのです」

そういうわけで、この章では、選択における境界線について考えていきたいと思います。まずは、あなたが交際相手に何を求めているか自問してみてください。交際関係の中で、あなたが譲歩できないことを前もって意識して決めていれば、ある期間、あるいは生涯にわたって、つらい思いをせずにすむでしょう。

その一方で、交際相手を選ぶときのあなたの好みがうるさすぎて、良い選択肢を締め出している可能性もあります。その事実に気がつけば、もっと心を開いてさまざまな人に出会いやすくなるでしょう。交際するときに考慮すべきことは、基本的に四つあります。

1　あなたの好みには細かすぎる部分があり、もう少し広げてみてもいいかもしれない。

2　自分で思っている以上に大切な好みもあるので、それは妥協せずもっと大切にしたほうがいい。

3　自分の好みにぴったり合わないとき、それほど重要ではないものについては、受け入れてうまくつき合っていくすべを学ぶべきかもしれない。

4　自分の好みにぴったり合わないとき、重要なことに関しては我慢せず、絶対に避けたほうがいい。

細かすぎる好み

ある時、若い男性と、彼が将来の交際相手、あるいは結婚相手に望むことについて話し合っていました。彼の希望のリストを聞いているうちに、私は笑ってしまいました。そのリストがあまりに細かく、完璧主義的だったので、私は「それじゃ、当てはまる人は誰もいませんね」と思わず言ってしまいました。

彼は将来の妻に対して、一人の人が兼ね備えるのはまず不可能な、たくさんの矛盾したことを求めていました。専業主婦のように家事育児をこなすやり手のビジネスパーソン、という具合です。また、肉体的な特徴に対しても具体的な要望をたくさん挙げていましたが、それは、加工アプリを使って画像修正する人でもない限り、非現実的なものばかりでした。私は彼に、毎晩冷凍食品の夕食を食べながら古い映画を見る生活を覚悟したほうがいいですよ、と言いましたが、彼はそのアドバイスが気に入らなかったようです。

好みとは何でしょうか。交際相手を探すとき、好みや願いを持つべきではないのでしょうか。もちろん、持つべきです。それは、あなたがどんな人間で、何が好きで何が好きでないかを知るということでもあります。ただ、気をつけてほしいことがあります。交際においては、自分の好みや、何を重要視するかを意識しつつ、柔軟性も保っていてください。何が起こるか、わからないのですから。

思いがけない出会い

「ジェイソンと結婚したなんて信じられないんです。これはひとえに神様のなさったことだと思います。だって、彼、私の好みとはまったく違うタイプなんですもの」

パーティーの席で自分の体験を語っていたシーラはそう言い、その横でジェイソンはそれを聞きながらほほえんでいました。

「私はいつも、積極的で、スポーツマンタイプで、ざっくばらんで、外に出て行くタイプで、リーダーになるような人に惹かれてきたんです。でも、ジェイソンははじめ、そういうところが全然ありませんでした。控えめな感じだったんです。それに背も低かったし！

でも友達が、彼はきっとあなたに合うわよっていうので、一緒に出かけてみました。最初のデートは、楽しかったとは言えません。私が彼に心を開いていなかったから。でも、次に会った時、彼と話すのは楽しいって気づいたんです。それからよく話をするようになって、しばらくすると彼の中に、私がこれまで男性に求めたことのなかったものを、たくさん見出すようになりました。彼は奥が深くて多面性のある人なので、飽きることがありません。結婚して六年になりますが、いつも彼と一緒にいたいと思うようになったんです。気がついたらもう彼に夢中で。今でも毎日が新発見です！　神様が、私より私の好みをよく知っていてくださって、本当によかったです。彼と一緒にいられて、本当に幸せです」

このように、最初はタイプではないと思っていた相手にも心を開いて交際するようになったという例を、ほかにも聞いたことがあります。神はそれらの人たちに、そもそも自分が何を必要としているのか自分でもわかっていなかったこと、また自分が求めていたものは、実は自分にとっていいものではなかったとわかる場合もあるということを示されたのです。

ジェンのケースが、まさにそれでした。彼女はいつも、男性に弱さを見せること、つまり愛を渇望する弱い立場になることを恐れて、意識的に自信のありそうな態度で自己主張してきたと話してくれました。そのため、多くの人が彼女のことを仕事のできる強い女性だと思っていたのです。しかしそれは、交際関係にも二つの影響を及ぼしていました。まず、異性との関係の中で、自分の弱さや繊細な面を出さないようになっていました。そして、受動的な男性を引きつけるようになっていました。強い女性のもとには、自分を引っ張ってくれそうな女性を探している受動的な男性がしばしばやって来るものなのです。

このような関係を続けているうちに、ジェンは交際相手の男性たちにいらだちを覚えるようになりました。彼らはいつまでも煮え切らない態度を取ったり、受動的すぎたりして物足りなかったのです。彼女はもっと対等な関係を望んでいましたが、なかなかそうはいかないのでした。

しかし幸いなことにジェンは成長し始めました。自分の弱さや穏やかな側面を見せることに対する恐れが生活のほかの場面でも悪い影響を与えていることに気づき、その問題に取り組み始めたのです。そして、よりバランスの取れた人へと変化していくにつれて、よりバランスの取れた男性が彼女に惹かれるようになっていきました。彼女にも柔らかな面はあったからです。

彼女は「昔の自分のままでいなくてよかったと思っています。私はいつも、自分の弱さを代弁してくれるような受動的で弱い男性にばかり惹かれていました。それは私自身の問題を隠すためで、私にとって良いものを求めていたわけではなかったのです。本当は、強くて優しい男性を必要としていたのに、自分の弱さを見せられるようになって誰かの力を借りることを学ぶまでは、そういう人に惹かれることがなかったのです」と言いました。

ジェンが気づいたように、彼女の好みは、彼女の不安定な部分に基づくものでした。このように、そもそも好みというものは、いつでもあてにできるものではないのです。不健全なかたちで現れる場合も決して少なくないからです。

例えば次のような例があります。

・親密さに対する恐れがあると、冷めた人に惹かれるかもしれない。
・自立することへの恐れがあると、支配的な人に惹かれるかもしれない。
・本当の自分を見せることへの恐れがあると、完璧主義の人に惹かれるかもしれない。
・自分の罪深さに対する恐れがあると、「悪い」人に惹かれるかもしれない。
・自分の中の欠乏感に対する恐れがあると、弱くて受け身な人に惹かれるかもしれない。
・解決していない家族の問題があると、トラブルの原因である親に似た人に惹かれるかもしれない。

このような例を挙げれば、きりがありません。ですから、自分の好みを大切にするのはいいことですが、その好みは、結局のところあなたを幸せにするものではないかもしれない、ということを心に留めておきましょう。神様は、あなたも気づいていないことをご存じですから、自分の好みではないと思った人たちと知り合う機会も閉ざさないようにして、その成り行きを見てみましょう。

外見や性格などの好みにはこだわりすぎず、人格的に優れた人たちとは気楽につき合ってみることを勧めます。自分についての発見がたくさんあるかもしれませんし、楽しい経験になるでしょう。デートとは、相手を知り、学ぶ時間です。初期のうちは、その人に決めると確約する必要なしに、互いを知るための時間です。有害な人でないならば、どうして断る必要があるでしょうか？　楽しい時間を過ごせるかもしれないし、学ぶことだってあるかもしれないのです。

自分の好みの条件に合わない人とは食事にも行かない人たちがいますが、それはずいぶん視野が狭いと言わざるを得ません。最終的にとてもいい相手を見つけたある女性が言ったように、「どんな人とも一度は一緒に出かけてみる」べきです。彼女は一人の人に決める前に、たくさんの違ったタイプの人とつき合い、上手に相手を選びました。相手が危険な人ではないならば、一緒に出かけて楽しい時を過ごしてみましょう。

大切な好み

その一方で、大切にしたほうがいい好みもあります。おそらく多くの人が、自分の交際相手には（1）共通の関心事、（2）共通の目標、（3）共通の価値観を求めるのではないでしょうか。

共通の関心事

強い結びつきのある関係にはほとんどの場合、何らかの共通の関心事があります。例えば、二人ともハイキングやバックパック旅行が好きとか、二人ともティーンエイジャーへの伝道に重荷がある、という具合です。共通の関心事があると、お互いに好きなことを楽しみながら時間を共に過ごすことができます。あなたがもしアウトドア派なら、外に出るのが嫌いで一日中コンピュータで遊んでいるような人と真剣なつき合いはしたくないでしょう。

共通の趣味があるのは大切なことです。共通点が少ないと、結局あまり一緒に過ごさないか、過ごしたとしても二人で楽しめるようなことはできません。すべての面でどうしても同じ関心を持っていなければならないということではありませんが、ある程度は同じ興味があったほうがいいでしょう。結局、その人と一緒にいるために結婚するのですから、その人と自分の両方が好きなことを一緒にできるのがいちばんいいではありませんか。

共通の目標

共通の関心事は、自由にできる時間をどう過ごすかを決めるのに役に立ちますが、共通の目標は、人生をどう生きるかを決めるのに役に立ちます。人生の目標は、住む場所、選ぶ職業、時間やお金の使い方、さらにはあなたの人格形成や、神との歩みにも影響を与えます。

誰かと将来を見据えた交際を始める前に、自分がどういう方向に向かって歩んでいるかをよく考え、相手が目指している方向も同じかどうかを見極める必要があります。例えば、収入は少なくてもいいから、海外宣教やスラム街伝道をしたいというような願いがあるなら、それを相手と分かち合わなければなりません。あるいは大学院に行きたいという目標があるなら、それも二人で分かち合わなければなりません。そういうことは二人の関係に大きな犠牲を強いることになるからです。

関心事や目標については、真剣に考える必要があります。それはあなたの時間の使い方や人生の歩み方を決めるだけではなく、あなたがどういう人間かということを表すものです。あなたがもし、まだ自分の関心がどこにあるかわからないなら、交際を通してそれを探してみるのもいいでしょう。ただし、その関心事が見つかるまでは、交際もカジュアルなものに留めておきましょう。そして、人生の目標がまだ見つかっていないなら、真剣な交際を始めることについては慎重にならなければいけません。相手の目標を、そのままあなたの目標にしてしまってはいけません。まずは自分を知ることが先です。関心事や目標が違うと、時間やお金の使い方も違ってくるものです。関心事や目標など大した問題ではないなどと自分に言い聞かせてはいけません。それが二人の関係に及ぼす影響をよく考えなければなりません。

共通の価値観

好みが重要になってくる三番めの領域は、人格にかかわる部分です。誰かと長期的な関係を持っていれば、あなたはおのずとその人の人格を体験することになります。それはあなたがずっとつき合っていくものであり、衝突したり、影響を受けたり、分かち合ったり、受け取ったり、共に成長したりするものです。

その人格が良いものに満ちていれば、その人との関係も良い実を結びますが、いばらやあざみがたくさんあれば、あなたは苦しむことになります。イエスが「悪い木が良い実を結ぶことはできない」（マタイ七・一八参照）と言ったのは本当のことなのです。人格に御霊の実（愛、忍耐、親切など）が表されている人を探すことが、良い交際を目指すうえで重要です。

我慢できる欠点

完璧な人はいません。どんな人とつき合っても、その人は失敗するし、あなたを失望させることもあるでしょう。すべてを兼ね備えた理想の王子のような人はいないのです。夢物語を追求するのはやめましょう。しかしながら、どういう人と交際するかを考えるうえで、覚えておくべきことがいくつかあります。

まず、「許容範囲の罪人」とでも呼べる人たちがいます。あなたに対して悪いことをしてしまったとき、それを自覚して、告白し、あなたを傷つけたことについて対処し、同じパターンを繰り返さないように努力できる人です。自分の悪いところを自覚してそれを直そうとしている人は正しい道を歩んでおり、その努力が一時的ではない限り、おそらく信頼しても大丈夫です。そしてその道を長期にわたって歩んでいるなら、それはいいしるしです。自分の欠点についてきちんと対処できる人の特徴を以下に挙げてみます。

・神との関係がある。
・自分の欠点が何かを自覚することができる。
・正直でいられる。
・自分の過ちが他人に及ぼす影響を自覚できる。
・自分の過ちが及ぼした影響について、罪悪感を持つだけでなく、その影響を受けた人の気持ちを理解して心から申し訳なく思える。
・悔い改めて変わろうとする意欲がある。
・悔い改めと変わろうとする気持ちを持ち続けることができる。

・成長を求め、そのために努力し、成長の過程において他者と関わりを持つことができる。
・赦《ゆる》しを受け取り、それに応えることができる。

これらの項目に当てはまる人なら、その人は不完全であっても賭けてみる価値のある人です（あなた自身も、こういう人でいられるように努力してください！）。

良い人格の持ち主でも過ちを犯すことはありますが、それでも大体において、我慢できないというものではないでしょう。そういった「罪」は、二人の関係において黄色信号のようなもので、見過ごすことはできませんが、すぐに関係に終止符を打つべきものでもありません。その人の中に未熟な分野があるとしても、それは悪いことではなく、これから成長する可能性もあります。致命的なものでないならば、その人がその問題を自覚し、先に挙げたリストのように対処しようとしている限り、許容範囲内です。

次に挙げるのは、いらだたされるだろうけれども致命的ではなく、度を超さなければ折り合いをつけてやっていけるであろう欠点です。

・整理整頓ができない。
・自分の感情や痛みについて率直に打ち明けることが苦手。
・業績や実績にとらわれがち。

・自分を強く見せたがり、弱さや脆さを隠したがる（おもに男性に見られる傾向）。
・完璧主義。
・人や状況をコントロールしたがる（もともとはっきり物を言う人が強引に自我を通すなど）。
・親密になることを避ける。
・短気。
・身の回りが乱雑。
・口うるさい。
・その他の事柄について、中程度の傾向。

あなたもきっと、このようなリストを自分で作ることができるでしょう。私たちはみな不完全ですが、これらの欠点は、度を超していないなら、関係そのものを壊してしまうことはありません。あるいは、かなり著しい欠点となっていても、本人にその自覚があってそれに取り組むことができるならば、やはり関係を壊すものにはなりません。誰でも的外れなことをしてしまう分野はあるものです（この「的外れ」こそ、聖書が罪と定義するものです）。交際関係において、すべてのことについて正しくふるまえる人はいませんから、時には嫌な思いをするのは当たり前のことなのです。

ですから、あなたにとってはどんなことが嫌なのか、もう一度考えてみましょう。あなたは

「普通の罪人」に悩んでいるのかもしれません。人類に対する忍耐のしかたをまだ学んでおらず、過度に批判的か、あるいは自分が求めるものに対して完璧主義になっているのかもしれません。

誰と交際するにせよ、相手は「罪人」なのですから、どんな罪なら許容できるか、少なくとも一緒に改善の努力ができそうか、考えておきましょう。

許容できない（すべきではない）重大な欠点

しかし、すべての罪が黄色信号というわけではありません。ある罪はまぎれもない赤で、あなたは立ち止まらなければなりません。よく「どんな罪も罪は罪」と言う人がいますが、それが、どんな罪でも差はないという意味ならば大間違いです。聖書もそうは教えていません。聖書は、すべての罪人は神の前にみな等しく有罪で、神の前では誰もが同じ立場だと教えていますが、すべての罪が等しいとは教えていません。ある罪は、ほかの罪よりもっと危険なものなのです。

イエスがはっきり言っておられるように、神の律法には「はるかに重要な」ものがあり、それらは人との関係を壊し、人を傷つけることに関するもので、例えば、正義とあわれみと誠実をおろそかにすることです（マタイ二三・二三参照）。これらの罪は本質的に破滅に至るもので、「黄色信号」の罪よりはるかに有害です（不倫をして嘘をつくという罪は、整理整頓が苦手だとか短気だとかいう欠点とは比べ物になりません）。

これらの罪に対する態度が厳しすぎて不寛容だという誤解を招かないように、これについてダビデがなんと言っているか聖書を開いてみましょう。

私は　全き道に心を留めます。
いつあなたは　私のところに来てくださいますか。
私は家の中を　全き心で行き来します。
私は　目の前に卑しいことを置きません。
私は　曲がったわざを憎み
それが私に　まといつくことはありません。
曲がった心は私から遠ざかります。
私は悪を知ろうともしません。
陰で自分の隣人をそしる者を　私は滅ぼします。
高ぶる目とおごる心に　耐えることはできません。

私の目は　この国の忠実な人たちに注がれます。
彼らが私とともに住むために。
全き道を歩む者

その人は私に仕えます。
欺きを行う者は
私の家の中に住むことはなく
偽りを語る者は
私の目の前に　堅く立つことはありません。
朝ごとに　私は国の中の悪しき者を
ことごとく滅ぼし
主の都から　不法を行う者を
ことごとく断ち切ります。

（詩篇一〇一・二～八）

この詩篇でダビデが示唆しているように、人格とは自らの決心から始まります。彼は次のことを避けると決めました。

・悪事
・不誠実
・強情

・曲がった心
・中傷
・高ぶりとおごり
・欺き
・邪悪さ

なんと驚くべきリストでしょうか。このような性質を持つ人たちと交際しなければ、心痛を味わうこともずいぶん避けられることでしょう。

聖書は、信頼に値する人々と、そうではない人々がいるということを繰り返し述べています。「聖なるものを犬に与えてはいけません。また、真珠を豚の前に投げてはいけません。犬や豚はそれらを足で踏みつけ、向き直って、あなたがたをかみ裂くことになります」（マタイ七・六）。しっかりとした境界線を引き、ある特定の人々を信頼しないことは、「赦さないこと」とは違います。ある特定の人々から距離を置くことが、あなたの心と人生を守ることになるかもしれないのです。

あなたもダビデのように、自分自身の人格において何を大切にするか、いくつか基本的な特性を挙げてみることをお勧めします。そして同じことを、あなたが交際する相手にも求めましょう。ダビデは、人間関係に影響を及ぼす破壊的な罪をリストアップしました。それは、人とその関係とを傷つける非常に有害なものです。もし、交際相手の中にそのようなものを見出した場合、それはとても重要なことなので、最大限に注意する必要があります。

ダビデのリストをもう一度おさらいしましょう。悪事、不誠実、強情、曲がった心、中傷、高慢、偽り、邪悪、です。これらの罪は紛れもなく赤信号ですから、もし、相手の中に見出したならいったん立ち止まり、その問題が解決したと確信できるまでは、先に進むべきではありません。

しかし、憂慮すべき問題はこれだけではありません。拙著『Safe People（安全な人たち）』で、人間関係を壊すような特質をほかにもいくつか挙げていますので、ここでも紹介しましょう。

破壊的な人格的特質

・弱さや不完全さを認めず、すべてうまくやりこなせているかのようにふるまう。
・霊的ではなく、宗教的である。
・人からの意見に対し心を開けず、防衛的になる。
・謙遜ではなく、独善的である。
・謝るが、変わろうとしない。
・問題に取り組もうとしない。
・自分が信頼に足る者だと証明する代わりに、ただ信じろと強要する。
・真実を語らず、嘘をつく。

・成長せず、同じ状態に留まり続ける。
・依存症がある。
・二枚舌を使う。

人間関係における破壊的な特質

・親密さを避ける。
・人との関係や他者のことについてではなく、自分のことだけを考える。
・支配的で、相手の自由を認めない（交際関係においては、肉体的接触に関する相手の境界線を尊重しないことを含む）。
・おべっかを言う。
・非難がましい。
・優位に立とうとしたり、親であるかのようにふるまったりする。
・時間の経過とともに不安定になる。
・否定的な影響を及ぼす。
・人のうわさ話をする。
・過度に嫉妬深く、疑い深い。
・痛みがあることを認めない。

・過度に怒りっぽい。

これらは非常に有害な人格的特質です。もし、これがたまにしか起こらないことで、あなたの交際相手がそれを認め、告白し、対処しようとするなら、あなたもそれに対処できるかもしれません。しかし、これが繰り返し現れるのであれば、そして、交際相手がそれを認めることも、嘆くことも、悔い改めることもないなら、用心してください。そういったパターンが招く結果は二つだけです。

1　相手を傷つける。
2　良好でない関係が続く。

あなたは、このどちらも望まないことでしょう。傷つくのも嫌でしょうし、真実の関係を築けない人と交際するのも嫌なのではないでしょうか。相手の中にこれらの特質を見出したら、いったん立ち止まり、その問題に正面から向き合いましょう。それに対処することなく、関係を深めていくべきではありません。二章で触れたのと同じ態度で問題に取り組みましょう。つまり、真実を求め、それを体現するということです。

1　問題にまっすぐ向き合い、あなた自身の価値観に従って対処しましょう。例えば、「私が人間関係において大切だと思っているのは受容と親切だから、あなたに批判されたり、意地悪なことを言われたりするのは好きじゃない」というふうに、あなたが大事だと思っていることと、二人の関係においてしてほしくないことを伝えましょう。

2　それに対する相手の反応を確かめましょう。それを自分の問題として受け止め、あなたの気持ちに共感し、謝ってくれるなら、それはいい兆候です。相手が、自分が間違っているときにはそれを認めることができる人かどうか、確かめてください。

3　相手が、悔い改めたことを持続し、変化し、成長し続けているか、注意しましょう。場合によっては、相手が本当に変わるのを待つために、しばらくの間会わずにいることも必要かもしれません。変わろうとしない相手から離れることを恐れてはいけません。相手がそのままなら、どのみち一緒にいたい相手ではないはずです。

4　これらの危険な兆候が改善された場合に限り、相手をもう一度信頼し、先に進みましょう。

人間の性質からいって、人間関係とは不完全なものです。どんな交際相手にも必ず欠点があります。ただし、一緒にやっていける欠点と、そうでない欠点があることを覚えておかなくてはなりません。一緒にやっていける欠点は、あなたの忍耐力と受容力を養い、親密さと問題に対処する力を増し加えてくれるでしょう。しかし、深刻な人格的欠陥は、あなたを傷つけ、破滅させるかもしれません。それを見極めるには、第一に神のみことばに聞くこと、そして相手といる時にあなた自身の心がどう感じているかを探ることです。

もし、あなたの交際相手が、あなたを傷つけ、あなた自身と愛について苦い思いを抱かせたり、あるいはほかの方法であなたに害を与えたりするような人なら、あなたはつき合ってはいけない人とつき合っているのです。その人との経験が、そのことを教えてくれます。一緒にいるといつも負の感情に襲われるようなら、それをその兆候だと思ってください。その関係が自然に改善されることはありません。破滅を食い止めるために、あなたがしなければならないことをしてください。あなた自身が感じていることと、あなたの価値観によって、自分を守らなければなりません。交際関係において大事だとあなたが思っていることをしっかりと保持し続ける勇気を持ちましょう。最終的には、あなたは自分が大切にするものを手にすることになります。善いものに価値を置き、破滅的なものは拒否しましょう。

まとめ

・完璧な人間はいないので、「理想的」な交際関係もありません。
・自分の好きなタイプではない人にも心を開いておきましょう。相手を本当の意味で知るまでは、どんな人を好きになるかわからないものです。

・人間なら誰でも持っている、いらいらさせられはするものの破滅的ではない欠点と、二人の関係に深刻なダメージを与える人格的欠陥を見分けられるようになりましょう。相手を受け入れ、小さな問題には対処することを学び、ささいなことで関係を壊さないようにしましょう。

・真剣な交際をするときにはゆずれない、自分にとって大切なものの優先順位を自覚しておきましょう。そういったことはその後長い間、影響を及ぼすことになるかもしれないからです。

・どんな欠点が致命的で破滅的なものかを知っておきましょう。そのような欠点は危険な兆候で、その人との関係そのものが破滅的なものである可能性を示しています。

・これらの問題に対し、自分の態度を明らかにし、言うべきことを言いましょう。ダビデのように、自分が許容できないことを明らかにし、その基準を守らなくてはなりません。対立を恐れず、相手が自分の非を認め、変わろうとしている場合だけ、信用しましょう。

第七章　友達として選ばない人とは恋に落ちるな

「どうやらデニスとつき合い始めたみたいだね？」私（クラウド）はステファニーに言いました。私たちはしばらく前から近いうちに会おうと話していたのですが、予定を合わせようとするたびに、彼女にはいつもデニスとの先約があったからです。

「いいえ、彼とは一緒に出かけているだけ。二人で楽しめることがたくさんあるし、会話もはずむの。でも、ただの友達よ」

「どうして友達以上にはなれないの？」

「うーん、どうしてかな。異性に感じる魅力っていうのかしら、デニスにはそれを感じないのよね。でも彼のことは大好きだし、友達でよかったと思っているの」

「それでいいと思うけどな。すべての人が恋愛対象になるわけじゃないし。さっき言っていた『異性に感じる魅力』は、誰かに感じたことはあるの？」

「あるわよ」

彼女の答え方で、その「魅力」を持っている人とは、それほどうまくいっているわけではないことが察せられました。

「ライアンっていうんだけど、彼とはもう三か月くらいつき合っているの。彼には私がとても惹きつけられる何かがあって、友達以上の存在なのよ。でも、ちょっと問題もあるの」

「どういうこと？」

「どう説明したらいいのかな。彼には性的な魅力を感じていて、とても惹かれているの。ときめきもあるし、彼のことばっかり考えて、会いたいなと思うのよ。でも、ふと、私、何やっているのかな、と思ってしまうのね」

「何やっているのかなって、どういう意味？」

「恋愛的な要素はたくさんあるのよ。セックスはしてないけど、肉体的な接触は多いの。いわゆる『恋に落ちた』感じもすごくある。でも、よく考えてみるとそれだけなのよね。まじめな話はあまりしないし。どうしてこんなに彼と一緒にいたいと思うのか、自分でもうまく説明できないのよ。

それに、彼の中には、普段の私なら好ましいと思わないような点もあるの。彼には深い霊性がないし、むしろ、ほかの何かに突き動かされているような気がする。時々、意思疎通が難しいと思うこともあるのよ。でも、どういうわけか、私が彼に夢中なのは確かなの。彼といると『生きている』って実感がするし、彼は私の心の深いところに触れている気がするの。私たちの関係はそんなに深くないんだけど。わけわかんないわよね」

「ぼくには、きみはライアンには恋愛感情を抱いているけど、デニスとはもっと本物の関係を築いている、というふうに思えるよ。実際のところ、その両方を満たす誰かを探す必要があるんじゃないかな。つまり、デニスのように心を通い合わせることができて、いろいろなことを分かち合い、コミュニケーションを楽しめるような人で、なおかつライアンのように、ときめきを感じられるような相手を」

「そうね、そんな人がいたらいいわよね。でも、私の周りにいるのはいつも、この二種類のタイプのような気がするの。意気投合して友達になるか、ときめいて恋に落ちるか。そのどちらでもある人には、まだ出会ったことがないわ」

ステファニーはそのジレンマにうんざりしているようでした。私はその時思ったことをすべて、彼女に伝えました。彼女のためにそうしなければならないと思ったからです。でも、それによって彼女の心が痛むであろうことがわかっていたので、私の心も痛みました。実際のところ、彼女は以前にも何回か同じようなパターンに陥っており、今もまた同じ道をたどっていたので、私はそのことを警告しなければならなかったのです。彼女は、誰かに感じるときめきに流されて、長く続く良い関係のために不可欠なとても大事なことを見失ってしまう傾向があるのです。

要するに、彼女は、友人としては選ばないような相手といつも恋に落ちているのです。霊的な献身についても、価値観についても、深いコミュニケーションについても、関心事についても、その他、人生のたくさんの側面についても、何も共有できない相手とです。あるのはただ、理屈では説明できない魅力だけでした。その魅力は強力でしたが、彼女を満たすことはできず、その満たされないすべてのものをデニスによって埋めていたのです。友情、コミュニケーション、「ただ一緒に出かけるだけ」の楽しい時間は、いつも、恋愛対象にはならない人との間だけなのでした。

共通の問題

これまで、ステファニーと同じ問題を抱える独身者を大勢見てきました。あるタイプの人に惹かれるけれども、良い友達になるのは違うタイプの人で、実際により深い関係を築いている相手は、惹かれている人ではなく、友達のほう。あなたも、そんな一人かもしれませんね。そういう人の多くは、ステファニーのように、魅力を感じる人とは人生全般において心を通わすことができません。しかし、もっと厄介なケースもあります。時として、自分にとってまったく益にならない人に惹かれてしまうことがあるのです。

ある資質に欠けるというだけではなく、人格の中にとても破滅的な要素のある人に恋こがれ、惹かれてしまうことがあるのです。その相手は、自己中心的で、欺瞞的で、批判的で、支配的で、あなたの必要など気にも留めない人かもしれません。あなたとの共通点はほとんどなく、関わりたくないような問題を抱えているため、友達には絶対選ばないようなタイプです。それなのにまさにそういう人に、気がつけばどうしようもなく惹きつけられ、夢中になってしまっているのです。

しかし、関係が深まってくるとさらに深刻な問題が表面化してきて、この関係を続けるのは難しいと気づきます。にもかかわらず、相手にあまりにも強く惹かれているために、そこから抜け出すことができないのです。

分裂

ある日、私たちがラジオ番組で交際関係をテーマに話していると、前述のような問題を抱えた女性のリスナーから電話がかかってきました。彼女は、世界には二種類の男性がいると言いました。一つは、魅力的だけれども品性に欠けるタイプ。もう一つは、豊かな品性と霊的深みを備えているけれども魅力がないタイプなのだそうです。「私はどうすればいいんでしょう」と彼女は聞いてきました。

「世界には今あなたが言ったような二種類のタイプの男性しかいないはずがない、むしろ、もしや自分に何か原因があるのでは、と考えたことはありませんか？　例えば、何らかの理由で、あなたは浅薄な人や破滅的な人に惹かれてしまうとか。そしてあなたが善良な人に魅力を感じることを妨げる何かがあるとか？」

「いいえ、全然そんなことはありません。世界には本当に、その二種類のタイプの人しかいないんです。ハンサムで強くて魅力的な人と、いい人だけどときめかないような人だけ。今まで何度もこのパターンを見てきたんですから！」

「ええ、あなたがそれを何度も見てきたというのは本当でしょう。でも、今お聞きしているのは、それはもしかして男性という人種の問題ではなく、あなたの問題かもしれないとは考えられないかということなんです。もしかしたら、あなたの中に何らかの分裂があって、そのせいである種の男性に惹かれ、ある種の男性をつまらないと思うということはないですか？」

「いいえ、全然わかっていらっしゃらないわ。本当に二種類の男性しかいないんです」

彼女はだんだん頑なになっていきました。

「つまり、深みと霊的資質のある魅力的な男性は、地球上に存在しないとおっしゃるんですね？　深みと品性のある男性で、ハンサムな人も一人としていないと？」

彼女の主張がどれほど愚かに聞こえるかを悟らせようと、私たちはそれを整理してみせました。しかし、彼女はこう答えました。

「そのとおりです。私はこれまでいろいろな人と交際してきましたが、いつもそうでした」

「それでは、あなたが正しいかどうか確かめなくてはなりませんね」と言って、私たちはリスナーに呼びかけました。

「南カリフォルニアの皆さん。独身の方は今すぐこのスタジオまで来て、二つの列を作ってください。一つは、ハンサムで魅力的な人の列。そして、人格、霊的生活、性格に少しでも深みのある人はもう一つの列です。それから二人一組になって、お互いに助け合いましょう。見た目は悪いけど深みのある人のほうは、見目麗しい人たちを指導してあげられるでしょうし、見目麗しいグループのほうは、堅物さんたちにファッションや人を惹きつける魅力についてアドバイスすることができるでしょう。そうすれば、両方のグループがさらに良くなり、そこから関係が生まれるかもしれないじゃないですか」

この日の番組は、驚くほど盛り上がりました。私たちはそれから四時間、この問題についての電話を受け続けたのです。幸い、電話をかけてきた人のすべてが、最初に電話してきた人のように、この問題における自分の責任についてまったく理解できていないわけではありませんでした。その人たちは、最初の女性のように「世界には二種類の男性しかいない」という主張では説明しきれない何かがあることに気づいていました。そして、何が原因でこういう問題が起こるのかを探り、非常に刺激的な時間を過ごすことができました。

実は、この問題は決して解決が困難なものではなく、その問題解決を通して人が成長していくのを、私たちはいつも見てきたのです。この問題を抱えていた人が私たちのところに来て、「やっと、私が求めていたものをすべて持っている人に出会えました」と報告してくれることは、私たちにとって大きな喜びです。霊的・人格的成長にとって、これほど大きな報いはありません。

この問題を抱えている独身者たちに、私たちが助言するのは次のようなことです。

1　もしあなたが、長く続く関係を築くうえで必要な人格や、友情を結べるような資質を備えていない人に惹かれているなら、自分が相手を変えてあげられるなどとは考えないことです。人が自分の内面を探るようになるのは、自分がそうしたいと思うからでなければなりません。偽りの望みは捨てましょう。

2　この問題を、問題としてきちんと認めましょう。自分の交際に一定のパターンがあることに気づいたら、原因は自分以外のところにあると考え続けていてはいけません。いつまでも「会うべき人にまだ出会えていないのだ」と、思っていてはだめです。人を見る目、自分が引き寄せてしまうタイプ、惹かれるタイプについて、自分には決まったパターンがあり、それについてよく考えるべきなのに、パターンがあることを認めたがらない人たちの言い訳を、私たちはさんざん聞いてきました。

3　あなたが惹かれている人と、その人との関係についての現実を見ることができるように、最大限の努力をしましょう。次のように自問してみてください。

・自分のすべての部分において、相手とつながっているように感じるか？
・自分のすべての価値観を相手と共有できるか？
・霊的なことに関わる姿勢は同じか？
・相手の性格の特質の中に、あなたが目を逸らしたり、否定したり、弁解しているものはないか？
・端的に言って、その人を友人として選びたいか？

そして、これらの事柄について、誰かと話してみてください。誰かと話し、真実を口に出して言ってみると、現実から目を逸らしにくくなるものです。

4　憧れと「恋愛」を混同していませんか？　自分が夢見る理想の人に対する深い憧れを、恋愛と勘違いする人は少なくありません。しかし忘れないでください。愛はあなたを満たすものです。恋こがれてやつれた状態のままにするものではありません。

5　相手に夢中になって熱をあげることと愛を混同していませんか？　夢中になるとは、自分の求めるものや理想化された幻想を相手に投影しているだけであり、相手の本当の姿とはほとんど関係ありません。多くの場合、自分のさまざまな必要や理想を象徴する人を自分の中で作り上げ、それを相手に投影し、その人に恋をしていると思い込むのですが、実際には、それは長続きしないファンタジーなのです。夢中になる（Infatuate）とは、In fat you ate（あなたが食べた脂肪）、つまり高脂肪のファストフードにとてもよく似ています。そこに長続きする栄養価はありません。

6　何よりも、友達にはなれないような人とはあまり深くつき合わないという境界線を持ち、この件についての現状報告と相談ができるような人を探しておきましょう。自分の心を境界線で守り、友達には選ばないような人に心を奪われないようにしてください。

分裂を解決する

本書は、あなたが惹かれるべきでない相手に惹かれてしまう原因となる、あらゆる種類の問題を解決することについての本ではありません。それについては、私たちの著書、『Safe People（安全な人たち）』が、まさにその問題を扱っていますし、『Changes That Heal（癒やしをもたらす変化）』（クラウド著）と『Hiding from Love（愛から隠れる）』（タウンゼント著）も助けになると思いますが、ここで強調したい重要なことはただ、友達にはなりたくないような人と深い関係に進まないためには、自分自身に対して境界線を持たなくてはならないということです。

とはいえ、ここでも、あなたが問題のある人に惹かれてしまう理由と考えられるものをいくつか挙げておきましょう。

育った家庭に関する未解決の問題

あなたが育った家庭に問題があった場合、その問題が交際関係の中で表面化する可能性があります。例えば、あなたと折り合いが悪かった親に似た人に惹かれるかもしれません。知人のある女性は、父親が非常に批判的な人でした。彼女は父親に何とかして認めてもらいたいと葛藤しながら育ちましたが、その願いはついにかないませんでした。その結果、彼女は、自分のことを決して認めてくれない男性に、どうしようもなく惹かれるようになってしまったのです。そういう男性たちを友達にしようとは思わないくせに、「恋に落ちて」しまうのです。

あるいは、自分を傷つけた親とは正反対のタイプの人に惹かれる場合もあります。ある女性は、父親が非常に攻撃的な人だったので、男性的な強さや積極性を持つ人を恐れるようになっていました。その結果、彼女はいつも、受動的で愛情深いけれども、自立することができないのでいらいらさせられるような人にばかり惹かれるようになりました。

どちらの場合も、彼女たちは自分の家族の中にあった元々の問題を解決してこなかったので、現在の関係の中でそれを解決しようとしていたのです。しかし、それは絶対にうまくいきません。ある関係の中に問題があるならば、それはその関係の中で解決しなければならないのです。そうでないと、別の関係に悪い影響が出ることになります。

自分の中にある統合されていない部分

自分にとってよくない相手に惹かれてしまうもう一つの大きな理由は、今まで直面しないできた自分自身の問題を、その関係の中で解決しようとするからです。

しかしそれは必ずしも悪いこととは限りません。例えば、自己主張などがその例です。上手に自己主張をすることができず、力強さに欠けていたある男性は、横暴で支配的な女性にいつも惹かれていました。自分にはない力強さに惹きつけられてしまうからです。自分にない資質を極度に持っている人に惹かれるというのは、よくあることです。つまり、受動的な人は、普通に自己主張する人には惹かれませんが、自分とは正反対の、過度に支配的な人には惹かれてしまうのです。

時には、悪いことに惹かれてしまう場合もあります。あなたがもし、これまでいつも「善人」だったなら、何らかの「闇」を体現したような人に惹かれてしまうかもしれません。闇とは、例えば性的な堕落や、薬物依存、無責任な行為、衝動的な行為などですが、それが何であれ、「聖人」だったはずの人が「罪人」にぞっこんになってしまうことがあるのです。思春期の女の子を持つ多くの親がこの問題で胸を痛めるのはそのためです。いい家庭で育ったいい子が、「悪い男の子」と恋に落ちてしまうのです。

このありがちなパターンは、自分自身の「闇」を見つめ、それを受け止められないときに起こります。自分が完璧でないことを恥じ、対処すべき自分自身の心の問題に向き合うことを避けるのです。「いい子」でいるようにという外的あるいは内的な要求のために、自分の「影」の部分を明らかにして統合することができないと、本当の自分になれません。自分の内側に善悪の分裂があり、「善人」の自分が「悪い人」に惹かれる、というかたちでそれが現れるのです。この問題の解決策は、引き裂かれた状態で「善人」か「悪人」のどちらかになることではなく、よい部分と悪い部分の両方がある本当の自分になることです（ルカ一一・三九～四〇、伝道者の書七・一六～一八、参照）。癒やしをもたらす安全な人間関係を見つけて、自分が恥じている部分を自分の中に統合することができれば、他人の闇に惹かれるようなことはなくなるでしょう。

また、これまで直面してこなかった痛みや傷を持っている場合もあるでしょう。未解決の傷を抱えている人は、自分自身の苦悩とつながる手段として、多くの痛みや問題を持つ人に惹かれることがあります。これは典型的な共依存です。

抱えている問題が何であれ、自分の一部を否定してきた人が、その問題を何とか解決しようとして、わざわざ問題のある状況に引き寄せられていくケースがたくさんあります。箴言四章二十三節に「何を見張るよりも、あなたの心を見守れ。いのちの泉はこれから湧く」とあるように、心の中にあるものが何であれ、いずれは何らかのかたちで対処することになるのです。自分の心を守り、健康に保つなら、惹かれるべきでない人々に惹かれることはなくなるでしょう。

自己防衛のための希望

あなたは人生の中で失望や喪失をたくさん味わってきたでしょうか。もしそうだとしたら、物事を手放すことに難しさを覚えるかもしれません。たとえそれが、あなたにとってよくないものであってもです。さらに、無意識のうちに「自己防衛のための希望」を抱くようになっているかもしれません。何かを手放す際の悲しみがあまりにつらすぎるので、そのときの喪失感を味わわずにすむように、物事が変わることを望みます。例えば、交際相手が自分にとってこの先ずっと必要な人ではないとわかっても、その人を失う痛みを味わうのを避けるために、その人やその人との関係が変わるかもしれないという希望にすがりつくのです。

恋愛に夢を見る

あなたは自分のことを「どうしようもないロマンチスト」だと思いますか？　もしそうなら、あなたは魅力的な人に弱いかもしれません。魅力的な人は、長続きする関係を築くことのできる人格を持たないままに、ロマンチックなやりとりの中にあなたを引き込むのです。聖書が言うように「麗しさは偽り」（箴言三一・三〇）です。魅力的な人とその「犠牲者」は、ロマンチックな関係を本当に親密な関係に育てることができません。性依存症や恋愛依存症の多くの人がこの部類に入ります。

ロマンチックなやりとりや性的な欲求は、本当の親密さのない関係の空虚さから二人の目を逸らさせます。ある女性が私にこう言ったことがあります。「私たちはむなしさをベッドに持ち込んで、二人してそれを無視するのです」

あなたがもし、物事を理想化して夢を見る傾向があるなら、恋愛関係においても夢見がちな傾向にあるかもしれません。これは、つき合い始めの一時期、ある程度までなら、問題ないこともあります。空想というのはしばしば、魅力の一部から生まれるものですから。しかし、その空想を越えて親密さを持続させ、本当の結びつきに至ることができないなら、その関係は全部まがいものなので、しっかりと自分のむなしさに向き合わなくてはなりません。

ロマンチックな関係や、性や、情熱が悪いと言っているのではありません。それどころか、それらは必要不可欠なものです。もし、多くの時間を共にし、関係を深めていっているにもかかわ

郵便はがき

恐縮ですが
切手を
おはりください

164-0001

東京都中野区中野 2-1-5

いのちのことば社

出版部行

ホームページアドレス　https://www.wlpm.or.jp/

お名前	フリガナ	性別	年齢	ご職業
		男・女		
ご住所	〒	Tel.　(　　)		
所属(教団)教会名		牧師　伝道師　役員 神学生　CS教師　信徒　求道中 その他 該当の欄を○で囲んで下さい。		

WEBで簡単「愛読者フォーム」はこちらから!
https://www.wlpm.or.jp/pub/rd
簡単な入力で書籍へのご感想を投稿いただけます。
新刊・イベント情報を受け取れる、メールマガジンのご登録もしていただけます!

ご記入いただきました情報は、貴重なご意見として、主に今後の出版計画の参考にさせていただきます。その他、「いのちのことば社個人情報保護方針 (https://www.wlpm.or.jp/about/privacy_p/)」に基づく範囲内で、各案内の発送などに利用させていただくことがあります。

いのちのことば社＊愛読者カード

本書をお買い上げいただき、ありがとうございました。
今後の出版企画の参考にさせていただきますので、
お手数ですが、ご記入の上、ご投函をお願いいたします。

書名	

お買い上げの書店名

町
市　　　　　　　　書店

この本を何でお知りになりましたか。

1. 広告　いのちのことば、百万人の福音、クリスチャン新聞、成長、マナ、信徒の友、キリスト新聞、その他（　　　　　　）
2. 書店で見て　3. 小社ホームページを見て　4. SNS（　　　　　）
5. 図書目録、パンフレットを見て　6. 人にすすめられて
7. 書評を見て（　　　　　　）　8. プレゼントされた
9. その他（　　　　　　）

この本についてのご感想。今後の小社出版物についてのご希望。

◆小社ホームページ、各種広告媒体などでご意見を匿名にて掲載させていただく場合がございます。

◆愛読者カードをお送り下さったことは（　ある　初めて　）
ご協力を感謝いたします。

出版情報誌　月刊「いのちのことば」年間購読　1,380円（送料込）

キリスト教会のホットな話題を提供!（特集）
いち早く書籍の情報をお届けします！（新刊案内・書評など）

□見本誌希望　　□購読希望

らず、相手に対して情熱や性的魅力を感じないなら、それはどこかに問題があるか、もしくはその人は「友達」に留めておくべき相手だということです。二人の関係が深く充実したものになるためには、性的な魅力と人格的な親密さの両方がなければなりません。

セックスとは、結婚生活における性的な愛のために神が造られたもので、精神的な愛や、お互いとの結びつき、友情と同じく、育んでいくべきものです。ただし、人格や親密さ、友情を抜きにした情熱はとても危険です。

もしあなたが、恋愛に夢を見る傾向があるなら、長期間にわたってシンデレラ・コンプレックス（訳注・自立できない女性が男性に高い理想を抱き、幸せにしてもらおうと期待すること）の状態なのかもしれません。あるいは、あなたのその空想は、抑うつや、さまざまな失望に対する防衛手段なのかもしれません。しかし、ロマンチックな恋愛がいかにすばらしいものであっても、それが相手と自分の現実の人格に基づいたものでなければ、最後には悲痛な思いを味わうことになります。あなたが性格的に、あるいは防衛手段として恋愛に夢を見てしまうなら、そのよい側面は残しつつも、現実から目を逸らさせてしまうような部分はちゃんと対処しなくてはなりません。

ロマンチックな感情の高ぶりで関係に入っていっても、それは長期的な関係の基礎にはなりません。基礎になるのは友情です。

いちばんいいのは、本当の結びつきと友情のある関係からロマンスが生まれ、育っていくことです。それについてはまた後述しますが、ここでは、夢を追い求めるような恋愛を始めてしまう傾向があるなら、それは実際に起こっていることの現実から目を逸らしているのだということを覚えていてください。そして、あなたが生きていかなければならないのは、夢や空想ではなく現実なのです。

親密さにおける未発達

深いレベルで人とつながり、自分を知ってもらったという経験がない人たちがいます。そういう人たちは、心の最も弱く繊細な部分において、人と関わりを持ったことが一度もないのです。そのため、他者と本当に心を通わせ合い親密になるというのがどういうことなのかを知りません。よそよそしい雰囲気の家族や教会で育ったのかもしれませんが、いずれにせよ、彼らは自分に何が欠けているのかさえ自覚していません。

もしあなたもそういう人であるなら、おそらく、自分と同じような、他者とつながれないタイプの人に惹かれやすいのではないでしょうか。孤立しがちな人は、往々にして他の孤立しがちな人に惹かれるものです。それが自分になじんだつき合い方で、あまり自分を知られないままでいることへの安心感もあるからです。

それはちょうど、交際相手に、「きみもぼくと同じタイプのようだから、一緒に孤立しよう」と言うようなものです。あるいは、それ以外のつながり方を知らないのかもしれません。その結果、自分の疎外された部分から生じた空想の世界で、人と関われない人と「恋に落ちる」のです。

この問題の解決は、恋愛感情の伴わない癒やしをもたらす関係に根ざし、自分の存在全体で人と関わり、心を通わせられるようになることです。そうすればあなたは、親密さを育み、さまざまな次元で自分を他者に知ってもらえるようになるでしょう。そして、あなたをそれらの次元で知ってくれる人たちを交際相手に選ぶようになるでしょう。

友情こそが道

恋愛はすばらしいものです。性もすばらしいし、人に惹かれるのもすばらしいことです。でも、そこには大切な前提があります。それは、「もし、それらが長く続く友情と、相手の人格に対する敬意の上に築かれたものでないならば、何かが間違っている」ということです。

長く続く本当の関係というものは、まず友情の上に築かれなければなりません。何しろこれから、その人と莫大な時間を共に過ごそうとしているのです。私の友人は、伴侶の選び方について、こう言いました。「彼となら一緒に年を取っていけると思ったの。彼と過ごす時間が好きだったし、彼は私を笑わせてくれたわ」。また、彼と彼女は、深い霊的な事柄やその他のことについても、ほかの友人たちと同様、共通点がありました。二人は、結婚して、もう三十年近くになります。

交際をするにあたっての最善の境界線とは、すべての関係を、まずは友情を築けるかという視点から始めることです。まっしぐらに恋愛に飛び込んでいくのはやめましょう。肉体的にも、感情的にも、その他のことに関しても、きちんと境界線を引き、その人と時間を過ごしてください。恋愛感情をはさまずに、お互いを知るための時間を過ごすのです。ほかの友人たちも交えたグループの中でも共に時間を過ごしてみましょう。その人はグループになじめるでしょうか。あなたはその人の友達となじめるでしょうか。そもそも、その人に友人はいますか？　もし、その人に長年のつき合いの友人がいないなら、それは悪い兆候です。

友達になる前に恋愛に飛び込むようなことをしなければ、次のステップに進むとき、もっと確信を持つことができるでしょう。きっといろいろな感情が湧いてくるでしょうから、それを楽しんでください。でも、感情をうのみにしてはいけません。あなたはその人を知るために、またその人と深いレベルの事柄を共有できるかどうかを見極めるために、その人と多くの時間を過ごしたのです。その体験を通して得たことだけを信じてください。相手が、友達として信頼できる人柄の人か、見極めましょう。

そして、もし恋愛関係にならないとしても、その人と一緒に時間を過ごしたいと思えるかどうかということが重要です。何をするかにかかわらず、共に過ごしたいと思える人こそ、真の友人です。一緒にいるだけで、満足できるのです。そしてそのためには、長い目で見て、人格が必要であり、最も深い友情においては、価値観の共有も必要です。親友には、正直で、誠実で、深みがあって、霊的で、責任感があり、気持ちを通じ合わせることができて、成長していく人で、愛情深い人であってほしいと願うのではないでしょうか。これらの資質が、恋愛の対象になる人にもあることを確かめてください。

境界線を保ちましょう。友達になりたくないような人の恋人になっても、ろくなことがないというのは、私たちが保証します。

まとめ

- 友達とは呼べない人に恋をしているとしたら、それを「危険信号」と認識しましょう。
- 品性のない人について、あなたが成長してほしいと願っているからといってそうなるわけではないことをわきまえましょう。
- 惹かれるべきでない人に惹かれるということがパターン化している場合、自分以外のところにその理由を探すのはやめ、むしろ自分の中に問題があることを認め、その原因を探り、取り組みましょう。
- つき合っている人に関して、厳しく自分を吟味しましょう。友達の助けを借りながら、本当にその人が好きなのか、その人との相性はいいのか、確認してください。恋愛感情というのは人を惑わすもので、病的でさえあり得るものです。それは「真実の愛」ではありません。

・友情や共通の価値観こそ、関係を長続きさせるものです。恋愛感情はあてになりません。
・恋愛も、性も、人に惹かれるのも、すばらしいことです。ただし、それらが長続きする友情や、相手の人格に対する尊敬の上に築かれているのでなければ、どこかに問題があります。
・どんな恋愛関係も、友情を土台としているべきです。恋愛は感情であり、現れては消えたりするものですが、友情は続いていきます。長く続く関係には、どちらも大切です。

第八章　孤独のために友情を犠牲にしない

最近、私（タウンゼント）は友人の結婚式に出席しました。エレンは長い間結婚を望んでいましたが、神は彼女をとても意義深い方法でジェフと結び合わせてくださったのです。本当にお似合いだと思われる二人の結婚を、みんなが祝福しました。

披露宴では、何人かの人たちが乾杯の音頭を取りました。その中の一人、テッドはエレンの中学校時代からの親しい友人でした。彼は祝辞を述べ、二人の幸せを祈りました。しかし彼の中にある種の悲しみも見てとれました。テッドはまだ独身で、今後エレンとの関係が多少なりとも変わらざるを得ないことに、一抹の寂しさを感じていたのです。結婚すれば、エレンは以前のようにはテッドと会えなくなるでしょう。エレンもテッドも、それはよいこととして受け止めていましたが、それでもテッドにはつらいことでもありました。

私はずっと前からこの二人のことを知っていたので、彼の気持ちがよくわかりました。二人は長い間お互いをよく知っていて、相性もよく、一緒にいることが楽しそうでした。「二人は本当にお似合いだよ。つき合っちゃえばいいのに」と言った人たちもいたほどです。実際、二人は試しにつき合ってみたこともありました。しかし、どちらにとっても、その体験はいわゆる「姉妹（兄弟）とキスする」ような感じで、二人の間には恋愛感情がまったく存在しなかったのです。男女としての親密さは、友人としての感情を混乱させただけのようでした。

そこで二人は、自分たちは互いに安全な港のような存在なのだと納得し、プラトニックな関係を保ちました。それは、同性の友人にはないユニークな視点やサポートを与えてくれる異性の友人として、二人にとってとても満足のいく充実した関係でした。

テッドとエレンの友情は二つのことを示しています。一つは、異性との健全な友情から、いかにいいものを得られるか、ということです。もう一つは、恋愛感情がないときに、無理に恋愛関係に進まなかったことで、どれほどの悲しみをまぬかれたか、ということです。

この章では、そのことをテーマにしたいと思います。つまり、友情から生まれるよいものを味わい、友情をそれとは違うものにしてしまうことから生じる問題を避ける、ということです。

友情を恋愛にすり替える

恋愛感情は、相手を理想化するところから生まれます。自分の愛する人は完璧だと信じ、一緒にいることを切望し、崇拝し、性的な欲望も感じます。この理想化は、次に挙げるようないくつかの要因によって引き起こされますが、そこには健全なものも不健全なものもあります。

1　新しく始まったばかりの関係では、相手のことをまだよく知らない。相手を理想化することは空白部分を埋めるので、交際の初期の段階で助けになる。

2　成熟した関係においては、ロマンチックな理想化は、その時々の二人の結びつき方によって増大したり、しぼんだりする。それは相手の存在と愛に対する深い理解と感謝から生まれるが、同時に、相手の現実の姿も見失わない。

3　未熟な関係においては、片方が、自分自身の欠乏感のために相手に恋愛感情を抱く場合がある。この欠乏感が恋愛感情にすり替えられ、その偽りの「ロマンス」によって、その人は生きている実感や活力を得、相手と一緒にいたいと思うようになる。しかし、相手を必要とする真の理由はたいてい、自分の中の空虚感にある。

すばらしい友情をだいなしにしかねないのは、この第3の要因です。依存感情はどのようにして恋愛感情にすり替わるのでしょうか？　それは、孤独な人が、安心できる環境で適切に自分の孤独な感情を感じたり、表現したりすることができないときに起こります。

孤独とはそれ自体は悪いものではありません。それは、外部からの慰めや支えや共感を必要としているというサインだからです。また、私たちを感情的な飢餓からも守ってくれます。神は私たちを、このサインに応答するように造られました。お腹がすいたら、食事をすべきです。孤独なら、誰かとつながって関係を築くべきです。もちろん、そう単純なことではありませんが、それが基本的な考え方です。

ところが、ここで多くの人がつまずいてしまいます。人とのつながりを求めるという、神から与えられた必要が何らかの理由でゆがめられ、自分や友人たちをみじめな思いにさせるものになってしまうのです。そういう人たちはそれまでにも、友情をそれ以上のものに変えようとする試みを繰り返してきたかもしれません。あるいは一度か二度、そういう経験をしただけかもしれません。彼らを最も深く傷つけるのは、善意から出た、「あなたのことが大好き。——友達として」ということばです。

孤独には二種類あります。一つは、私たちは日々誰かとつながっている必要があることを示す孤独です。人間関係とは継続的なプロセスであり、私たちは生きていくうえで、他者の支えや存在をかなり頻繁に補給していく必要があります。例えば、長期出張に出るセールスマンは、出張中は普段彼を支えてくれる人たちから離れていることを寂しく思い、戻ってくると再び、仲間とつながろうとするでしょう。

もう一つは、問題のある状態を示す孤独です。このタイプの孤独は、状況にかかわらず人生の中で長きにわたって感じている、慢性的なむなしさのようなものです。この状態にある人は、愛情深く、思いやりのある人々と一緒にいても、自分が孤立しているように感じてしまいます。他者は自分のことなど気にかけてくれないと感じるのかもしれないし、あるいは、他者が差し出してくれるものを受け取れないのかもしれません。このような孤独感は、彼らの心の中で何かが壊れており、神の癒やしのプロセスにおいて回復していく必要があることを示します。

どんな種類の孤独であれ、友情を恋愛にすり替えようとする原因はいくつかあります。

依存心を感じるときの葛藤

友情を恋愛にすり替えるようなことをたびたびしてしまう人たちは、自分の依存を、依存感として感じることができていません。

依存とは、実は幸いな状態なのです。「義に飢え渇く者は幸いです。その人たちは満ち足りるからです」(マタイ五・六)とあるように、これは、私たちがその飢え渇きに応答すれば、神が私たちを必要なよいもので満たしてくださるという意味だからです。

しかし、彼らの多くは自分の依存的な感情から切り離されています。彼らは孤独を孤独として、むなしさをむなしさとして、人とつながりたいという渇望をそういう渇望として感じることができません。それにはちゃんとした理由があります。孤独は神が与えてくださったよい感情ですが、必ずしも心地よいとは限りません。孤独は、私たちのうちに欠乏や必要や不完全さがあることを教えてくれますが、欠乏感を覚えるのはとてもつらいことです。それで私たちはしばしば、その感情から逃れるため、苦痛の元から目を逸らしてしまうのです。

次に、人が自分の飢え渇きを認めることができない理由を、いくつか挙げてみましょう。

・自分のうちに潜む深いむなしさが怖い。
・孤独に伴う嫌な感情が思い出される。怒りに満ちた冷たい関係を経験してきた人は、孤独であることに特に悪感情を抱くことがある。
・愛情や関係に飢えている自分が恥ずかしい。
・傷つくことを恐れて、関係を求めて自分から手を伸ばすことをためらう。
・自らの必要に気づいても、自分ではどうすることもできず、無力感を覚える。

こういった理由により、孤独な人たちは孤独な人が感じるべき感情、つまり孤独を感じないことがあるのです。その代わり、いらだち、憂鬱感、抑えがたい衝動、そして恋愛への渇望などを感じます。そのほうがよっぽど受け入れやすく、耐えやすいからです。しかし問題は、これらの「代替品」である感情に従って行動していては、その人が本当に必要としている思いやりや配慮、慰めなどを得られないことです。もしあなたが依存症に陥ったことがあるか、あるいは依存症の人とつき合ったことがあるなら、依存の対象物はいくばくかの欲求を満たしてはくれるものの、依存者を人とのつながりからは切り離してしまうことを知っているでしょう。

また、孤独を感じることができても、その孤独に葛藤している人たちもいるでしょう。孤独であることを否定はしないのですが、それをよいものとして見ることができないのです。彼らの欠乏感は痛みに満ち、不快なものなので、それに向き合おうとしません。例えば、私の友人は、こんなことを言ったことがあります。「ぼくは、あんまりときめかない女性とつき合うことにしているんだ。そうすればリスクがないから。ぼくは、自分を好きになってくれないかもしれない人を好きになってしまう感じがすごく嫌なんだよ」

同性と親しくなれない

友情を恋愛にすり替えてしまう人々は、往々にして、同性と安心できる深いつき合いをできずにきたという過去を持っています。そういう人たちは、同性との関係について次のような否定的な思いを持っているかもしれません。

・相手を傷つけるかもしれないという心配。
・自分には相手に与えられるものがあるだろうかという不安。
・自分のジェンダーの既成概念（ステレオタイプ）的な弱さに対する軽蔑。
・同性の友人と時間を過ごしていると、異性との出会いを逃すのではないかという恐れ。

そして、異性との関係においては、これとは逆のことを感じるのです。ロマンチックな出会いをすると、活力が湧き、気持ちが盛り上がり、生きていることを実感します。多くの場合、彼らは過去に、同性との関係においてうまくいかなかった経験を持っています。

例えば、よそよそしかったり、支配的だったり、自分の問題に娘を巻き込むような母親を持つ女性は、自分の必要を満たしてもらうために父親に過剰に頼ることがあります。あるいは、魅力的な父親が、母と娘の間に割って入ろうとしていたというケースもあります。いずれにしろ、そういうことがあると、同性との健全な関係の中で満たされるべき依存欲求を、恋愛関係の中で満たそうとしてしまうのです。

恋愛感情とは、突き詰めていうならば大人のものです。人生の中で何よりも大人の行為の一つである結婚に向けて、人を準備させるものだからです。一方、友情を恋愛にすり替えたがる人たちが必要としているのは、所属意識、安全な居場所、安心感、愛されることなど、大人になる前に必要なことです。これらの必要は基本的には神と、恋愛関係以外の信頼できる人間関係の中で満たされるべきものです。ですから、そのような信頼できる関係を、あなたの人生の中で大きな位置を占めるものとして維持してください。そうすれば、孤独な子どもとしてではなく、充分に大人の視点に立った恋愛をすることの役に立つでしょう。

あなたにもし、こういう葛藤を抱えた友人がいるなら、その人にとってのあなたは、「バス停」のようなものだと感じたことがありませんか。その人に恋人がいないときは、あなたといろいろなことをして時間を共に過ごしたがりますが、いい人を見つけると、ぱったり連絡をしてこなくなります。あなたはバス停のベンチに置き去りにされ、相手は「恋愛」というバスに乗って次の旅に出てしまうのです。

恋愛を理想化する

これに関連した問題として、恋愛こそ友情の最高のかたちだと考えることがあります。恋愛に「のめり込む」人たち（「私ってそういうタイプなの」と言う人には気をつけましょう）の多くは、友情は恋愛より一ランク下だと考えます。そのため、友情をもっと深くもっといいものにするつもりで、友達と恋愛関係になろうとします。

私のある友人は、高校時代と大学時代に数回、これをやりかけてしまったと打ち明けてくれました。彼らは「私たちはとても親しいから、きっと恋愛感情があるに違いない」と思ったのです。しかし幸いにも、「最高の関係になる機会を逃すと思いつつも、恋愛関係には踏み入らなかったの。三十代になった今、お互い別の人と結婚したけど、私たちはみんな、それでよかったと思ってるのよ」ということでした。

恋愛関係は、友情より優れた関係というわけではありません。この二つは質の違う関係で、それぞれ違う必要を満たすものです。ですから、友達を「ただの」友達のままにしておくのはもったいないなどと、思わないでください。

救助者と保護者の役割

友情を恋愛にすり替えようとする人々の中には、「救助される人と保護者」と呼ばれる構図に陥る傾向のある人もいます。「救助」を求める人は、保護してくれる人を求める合図を出し、それに気づいた「保護者」はその人を支え、慰め、その人の問題を解決してあげます。このような関係は、「自分の人生に直接責任を持つことに困難を覚える」、「与えるだけで、受け取ることができない」といった問題に起因します。

「救助と保護」のパターンに陥っている人たちはお互いに、それを恋愛だと思いがちです。救助を必要とする人は、自分を守ってくれる保護者を求め、その保護者と恋に落ちます。保護者は、世話を焼く相手を探し、自分に感謝してくれる被保護者と恋に落ちます。このようなパターンは、交際関係の中でいろいろなかたちで現れてきます。

・たくさんの女性に傷つけられてきた男性。
・自分の愛が、傷つけられた男性を癒やすと信じている女性。
・経済管理と仕事を両立できない女性。
・彼女を自立させてやれると思っている男性。

このパターンでは、どちらかが保護を必要とする子どもの役を演じます。そして、当初はあたたかな感情や愛情を感じるかもしれませんが、子どもというものはやがて育つのです。そうなれば、彼らは自由と自立を求めてもがきます。自分のことを支配的な親だとみなす人と結婚生活を送るのは、愉快なことではないでしょう。

衝動性

自分を駆り立てるものや衝動と折り合いをつけることが難しいために、友情を恋愛にすり替えてしまう人々もいます。そういう人たちはあっという間に性的に親密になったり、「深い仲」になったりします。恋愛は彼らに活力を与え、生きている実感を与えてくれるので、恋愛を渇望するのです。彼らにとって、友情はありきたりで退屈な関係に感じられますが、恋愛となると、あらゆる種類の愛情や強い感情や行動を見せることができます。まるで、恋愛という場においてこそ、すべてをさらけ出せるとでもいうかのように。

ここで大切なのは、衝動性は成熟すべきものだということです。衝動を感じた時にそのまま行動に移すのではなく、健全なかたちで適切に対処できるようにならなければいけないのです。それが、自制というものです。真に高尚で深く満足のいく関係を築きたければ、衝動的な恋愛という近道ではそこに到達できません。

自分の思いを言語化し、表現するすべを学んでください。そして、うまく機能しない激しい関係を繰り返すのではなく、健全な関係を築けるような方法で、自分の強い衝動に対処しましょう。

友情と恋愛の見分け方

では、現在の関係が本物の恋愛か、それとも孤独を避けるために自分が作り出したものか、どうすれば見分けられるでしょうか？　友達一人ひとりと、「姉妹（兄弟）とキスする」ような感じがするか、試すべきでしょうか？　これらは、関係が始まってから対処するにせよ、未然に防ぐにせよ、重要な問いです。ここでは、恋愛にすり替えようとすることで友情をだいなしにしていないか、吟味する方法をいくつか紹介しましょう。

交際関係以外にも人とのつながりを持つ

私たちはみな、自分を愛し、支え、真実を語り続けてくれる人を必要としています。そのような人たちとのつながりが、人間関係の真実の姿を見極めるための感情的基盤となるのです。

交際関係で悲惨な体験をした人の多くが私たちに話してくれたのは、「私はいつも孤独だったので、すぐ突っ走ってしまったのです」とか、「ひどい結婚生活が終わったばかりの時で、とても寂しかったんだ」といったことです。

人とのつながりの必要性は、いくら強調しても、しすぎということはありません。実際、まず誰かとつながっていなければ、これから提案するようなことを実行に移すこともほとんど不可能です。というのも、人とのつながりを求めるあなたの深い必要が、あなたの思考や客観性をゆがめかねないからです。ですから、その場合は一週間ほど本書から離れ、恋愛関係以外で、安心して人とつながれる場を探してみてください。

二人の関係の実を評価する

あなたは人間関係のどこに重きを置きますか？　本当の恋愛と友情をすり替えた恋愛では、目指すゴールがまったく違います。この二つを見分けるには、次の表が役に立つでしょう。

健全な恋愛	友情からすり替えられた恋愛
まず最初に愛が芽生え、欲望はそれに基づいている。	欲望は、誰かを必要とするむなしさに基づいている。
相手の自由を尊重する。	相手の自由を好まない。
二人の関係に他の友人たちも加われる。	二人の関係は他の人たちを拒絶する。
二人の間に衝突があっても解決できる。	衝突は二人の関係を脅かす。
感情が共有されている。	恋愛感情を持っているのはどちらか片方だけである。
友情と恋愛感情が共存している。	友情か恋愛かどちらか一つで、共存はできない。

これを見ればわかるように、無意識のうちに友情からすり替えられた恋愛をしていても、その関係は遅かれ早かれ破綻します。それは、本当の恋愛なら満たしてくれる必要を、満たしてはくれないからです。結婚前にそれがわかるなら、それはとてもいいことなのです。

友人の意見を聞く

あなたが恋愛に依存的になっていないかどうか、友人に尋ねてみましょう。もし友人たちが、あなたが恋愛関係を渡り歩いている間にバス停のベンチで待たされた経験があるか、あるいはあなたに利用されたとか軽視されたと感じたことがあるなら、彼らの答えからわかることがあるはずです。彼らに、友達としてのあなたはどんな人物か、聞いてみましょう。また、彼らがあなたを深いレベルで知っているかどうかも聞いてみてください。そして、あなたが他者の人生のどの部分で感情的に深く関わっているかを探りましょう。

あなたが受け取る側にいるなら

ナタリーとスペンサーは、数か月間つき合っていました。彼女は彼の親しみやすさや、愉快な言動、価値観などにとても惹かれていました。スペンサーは少し前に、恋人とつらい別れをしたところだったので、ナタリーは最初、彼はその反動で自分とつき合っているのではないかと心配していました。しかし、彼はナタリーとの関係に夢中になっているように思えたので、そのうち心配するのをやめました。二人は、とてもいい時間を過ごしていました。

ところが最近になって、ナタリーは再び心配し始めました。スペンサーは、ナタリーが応えられるよりもっとたくさんの時間と、深い関わりを望んでいるようなのです。彼は、彼女の居場所をいつも知りたがりました。さらに困ったことに、二人が一緒にいるときは、スペンサーはナタリーにべったりで、自分の抱える問題について語り続けました。ナタリーは自分のことを、男性に求められている女性というよりは、母親になったように感じました。

それでもスペンサーを傷つけたくなかったので、二人はそれからもう数か月、つき合い続けました。ナタリーもその関係を楽しんでいましたし、自分自身の孤独も癒やされていました。

しかし、ついにナタリーがどう感じているかについて二人で話し始めると、ナタリーの心配は的中しました。スペンサーが自分の問題を認めたのです。彼はこう言いました。「ぼくには、大切に思える人が必要なんだ。そういう特別な人がいないと、むなしさに耐えられない」

そういうことだったのかとわかって、ナタリーはホッとしました。結局、二人の関係は続きませんでしたが、スペンサーはその後、次の恋愛相手を探す代わりに、自分の依存性に取り組むために支援グループに通うようになりました。そしてナタリーは、親ではなく「パートナー」を求めている人を見つけました。

あなたにもナタリーのような経験があるなら、この話は、あなたもその問題の一部であることを理解する助けになるでしょう。ナタリーは、スペンサーといることを楽しんでいたのです。そして、もし友達だったらもっとうまくつき合えたであろう孤独な男性の恋人になっていることを認めるのに、ずいぶん時間を要しました。なぜそんなことになってしまったかといえば、彼女は彼の気遣いを喜んでいたし、彼を傷つけたくなかったし、何より、彼女自身、孤独だったからです。

あなたも同じような状況にあるかもしれません。現実から目を背けることは、あなたにとっても相手にとっても、いい結果は生まないのです。幼少期の感情や自分自身の一部が、他の人間関係の中で癒やされたり成熟したりしていないと、最終的には大人の交際関係の中で何らかの問題を引き起こすことになります。人に心を開くこと、自由、成熟、といったことに目を向けてください。あなたがこれらのことを避けるなら、神様は孤独な人が抱えている問題に対処するのを助けようとしておられるのに、それを妨げ、あなた自身もたくさんの時間とエネルギーを浪費することになりかねません。相手のためにも自分のためにも、問題の解決に参与しましょう。

まとめ

・自分の孤独を吟味して、それが人との結びつきを求める正常なものなのか、あるいは癒やされるべき傷があるしるしなのか、見極めましょう。
・恋愛感情はいいものですが、深い孤独を覆い隠し、適切な相手を選べなくなることもあると覚えておきましょう。
・友情を大いに育み、そこから得られるよいものを大切にしましょう。そうすれば、あなたの内面が満たされ、プラトニックな友人関係を恋愛にすり替えてしまう傾向をなくすことができます。
・誰かに頼りたいという感情を恐れず、それを善良な人たちと結びつくために役立ててください。

・交際関係の中に幻想を抱きそうになるとき、それに気づかせてくれるような信頼できる友達とつながり続けましょう。

第九章　正反対の二人が惹かれ合うときは気をつけよう

「彼はとても強い性格の人だけど、私は心配症なの」

「彼女はみんなとわいわいやるタイプだけど、ぼくは一人の時間が好きなんだ」

「彼はお金を稼ぐのが得意だけど、私はそれを使うのが得意」

「彼女は自信に満ちた人で、ぼくは励ましてもらいたいタイプ」

「彼は私とは正反対。彼がいてこそ、私という人間が完成するの」


完成。私たちはみな、心の奥底でそれを求め、必要としています。完成されれば、欠けがなく、分裂もない統合された自分になれるでしょう。

私たちの多くは、自分が未完成で、あるべき姿に到達していないということをある程度、自覚しています。そして心の中には、その欠けた部分を補い、自分を完成してくれる何かを見つけたいという、神から与えられた願いがあるのです。その願いが私たちを、自分を完成させてくれそうな人間関係や経験に向かわせます。

しかしながら、これから詳しく見ていきますが、この願いは、交際相手や友人を欲する願いと混同される場合があり、そうなると面倒なことになりかねません。

これは、「正反対同士は惹かれ合う」という考え方がもたらす問題です。この考え方は、交際している二人がそれぞれに正反対の資質を二人の関係に提供すれば、「総和は各部分より大きい」ので、結果として二人とも以前よりも良い状態になる、というものです。

例えば、あなたは注意深いけれども、時に優柔不断だとします。そして、自分のゴールが明確で、そこに向かって進んでいくタイプの男性と恋に落ちるとします。「なんてぴったりの相手！」と、あなたは思うでしょう。「彼なら私に、自分が求めるものを知り、そこに向かっていくにはどうすればいいか教えてくれるわ！」と。

異なる賜物は関係にとって益となる

誰もスーパーマンではないのですから、お互いの長所をもって助け合うことには確かに大きな価値があります。私たちの人生はいつも、自分にはない能力を持っている人とのつながりの中で豊かにされていくものです。職場でも、仕事や研修の内容は、一人ひとりかなり異なります。経理は分析が得意で細かいことに気がつく人に、マーケティングは創造的で自由な発想ができる人に担当してもらうでしょう。

教会でも同じことが言えます。聖書は、私たちはみな、人間関係や社会に対して提供できる異なる賜物（能力）を持つと教えています。「賜物はいろいろありますが、与える方は同じ御霊です」（Ⅰコリント一二・四）。ある人は管理することに向いており、ほかの人は教えることをもってキリストのからだに仕えます。自分一人ですべてまかなえる人などいないのです。

賜物や強みを補い合うという考えは、いろいろな意味で、私たちにとって精神的にもよいことです。自分にないものを人に求める謙遜さを学ばなければなりませんし、それは私たちの成長を助けます。たとえば、あなたの交際相手が人間関係について洞察力のある人なら、あなたは自分のルームメイトとの間にある摩擦について相談するといいかもしれません。

また、他者が得意とすることから自分も学んで成長することもあります。息子のリッキーがバスケットボールチームに入ると言った時、私は彼のコーチをしてあげたいと思いました。しかし私はバスケットボールには詳しくなかったので、それに詳しい友人のダンに電話をしました。彼の息子のザックは、リッキーの友達でもありました。私たちは、ダンをヘッド・コーチ、私をアシスタント・コーチにして、息子たちのチームを指導することにしました。私はダンのようにバスケットボールの才能はありませんでしたが、そのシーズン、バスケットボールについてかなり学びました。それぞれの得意分野を生かしてお互いに助け合い、より豊かにされたのです。

正反対の者が惹かれ合うことの問題

このように私たちは、自分にはないものを持っている人の力を借り、それを感謝すべきです。

しかし、正反対の個性や能力を相手との関係の土台にしてしまうと、危険なことになります。関係が始まったばかりの頃は、それもいいことに思えるかもしれません。お互いに補い合い、相手の必要を満たすことができるからです。また、自分とは違う相手の視点から刺激を受けることもあるでしょう。

しかしながら、正反対のタイプの人を求めることには、危険も伴います。依存心と本当の愛を、取り違えてしまう可能性があるからです。自分とは「正反対」の人に強い憧れと魅力を感じ、その人と一緒にいることで感じる「完成された」という感覚を、うれしく思うかもしれません。しかしそれは、もしかすると単に相手のそういう部分を必要としているだけで、関係が育ち、麗しいものとなっていくために必要な、本当の愛情は欠如しているかもしれないのです。

依存心は愛の一部に過ぎず、愛のすべてを表すものではないのです。愛の完全な表現は、こちらも相手に真心から与えることです。

例えば、リンジーは対立するより、人と仲よくすることを好むタイプでした。彼女はよく人の世話をし、他者に寄り添える人でしたが、自己主張や人とぶつかることは苦手でした。そのため、人からひどい扱いを受けたり、思いやりのないことをされたりしても、我慢することがたびたびありました。彼女は人当たりのいい人だったので、無責任な人々を引きつけてしまっていたのです。

ある時リンジーは、自分とは正反対のタイプであるアレックスとつき合い始めました。アレックスは強い性格で、自信に満ち、自分が正しいと信じることのためなら人と対立することもいといませんでした。彼には明確な道徳観と霊的な価値観があり、仕事でも成功を収め、問題解決に率先して取り組みました。リンジーはアレックスのそんな強さに惹かれました。そして、その強さが自分の人生をも助けてくれると思うと、ますます彼にほれ込みました。

例えば、彼女のアパートの管理人は、電気回線が故障しているから直してくれと何度頼んでも、放置しっぱなしでした。そのことをアレックスとのディナーの時に話すと、彼は次の日、管理人に電話をかけました。彼が何を言ったのかリンジーにはわかりませんでしたが、それから二十四時間以内に電気回線は修理されたのです。リンジーは大喜びで彼に感謝し、以前にも増してアレックスに魅力を感じました。彼にはほかにも、思いやりがあるとか、責任感があるとか、ユーモアがあるなどの長所がありましたが、特に、何か対立が起こった時にアレックスが解決してくれると、リンジーはとても安心感を覚えるのでした。

二人の関係はそれからも続き、だんだん深まっていきました。そしてリンジーは、自分の手に負えない摩擦があると、ますますアレックスを頼るようになりました。彼は、彼女の車のトラブルのことで自動車修理工と交渉をしたり、彼女の週末の勤務時間について彼女の上司と話したりしました。それだけでなく、リンジーの母親がリンジーの罪悪感を利用して意に染まない訪問をさせることについて、母親に抗議することまでしました。

そしてある時ついに、対決をものともしないアレックスは、リンジー自身と対決したのです。

彼はこう説明しました。「きみのことを本当に愛しているけど、最近、ちょっとうんざりしてきたんだ。きみを助けるのは全然かまわないよ。きみの役に立てるのはうれしいし。でも、きみが自分で解決することを恐れている事柄に関しては、ぼくは、役に立つというより、利用されている気がするんだよ」

リンジーには、アレックスの言っている意味がわかりました。彼女は、「正反対は惹かれ合う」という考え方を都合よく利用して、摩擦や怒りや論争を恐れるという自分の弱点において、成長するための努力を怠っていたのです。そこでリンジーは、無意識のうちにアレックスを利用していたことを認め、教会のサポートグループに参加して、正しい自己主張のしかたを学び始めました。そしてアレックスに、「私が次に、自分の嫌な仕事をあなたにやってくれるように頼んだら、教えてくれる?」と言いました。アレックスは、彼女のそんな態度を喜びました。

この物語は、二人は結婚して幸せに暮らしました、というハッピーエンドで終わります。しかし、まったく別の終わりを迎える可能性もあったのです。

・アレックスはリンジーには何も言わずに苦々しい思いを抱き、二人の関係は崩壊していたかもしれなかった。
・リンジーはアレックスの言うことに同意せず、二人の関係においてこれらの問題を解決するのはアレックスの役目だと考えたかもしれなかった。

・アレックスは、人と対決できる自分の力を使って、リンジーを支配し、操作していたかもしれなかった。
・リンジーは、自立できない自分に絶望していたかもしれなかった。
・リンジーはアレックスの能力を苦々しく思い、自分がもっと上手に自己主張できるように取り組む代わりに、彼を暴君扱いしていたかもしれなかった。

リンジーが成長を求めるタイプの人ではなかったら、いつまでも対立を避け続け、自分が恐れていることややりたくないことを、アレックスにやってもらおうとし続けていたかもしれないのです。

なぜ正反対の人は惹かれ合うのか

「正反対の人は惹かれ合う」ということばには一理あります。正反対の人たちが惹かれ合うのには、いろいろなケースがあります。

・外交的な人と内向的な人
・分析家と夢想家

- テンションの高い人とのんびりした人
- 思考型と感情型
- 規律正しい人と自由な人
- 人づき合いが好きな人と内気な人
- 自信家と心配性の人
- 自己陶酔型の人と他者優先の人
- 批判的な人と受容する人

人はどうして正反対のものに魅力を感じるのでしょうか。どうして正反対の人に惹かれてしまうのでしょうか？　それにはいくつかの理由があります。

自分の弱点の克服のために努力したくない

私たちはしばしば、正反対の人とつき合ったり、惹かれたりします。それは、相手が持っている長所の部分について、自分もそうなろうと努力するのが嫌だからです。その長所がどんなものであれ、それを高く評価し、称賛し、利用するほうが、自分がその分野で成長するより簡単に思えるのです。つまり自分の人格の中で、直したり成長したりしなければならない部分について、主体的に取り組まないということです。

リンジーの例で言えば、リンジーは当初、アレックスが交渉や対決を肩代わりしてくれることを喜んでいました。そうすると、守られていて、安全で安心だ、と感じたのです。その時点では、自分が成長するために行うべき努力を放棄しているとは気づいていませんでした。これこそ、正反対の人とつき合う際の根本的な問題です。つまりこれは、相手がどうという問題ではなく、自分の魂と向き合うことを避けるために相手を利用することが問題なのです。ですから、相手の長所に依存することをやめようと決意するなら、正反対の人とつき合っても何ら問題はありません。むしろ成長し始めることができます。

自分を完成させたい

人が最初に自分とは正反対の特質を持っている人に惹かれる理由の一つは、とても健全なものです。自分が持っていないその特質を吸収し、自分のものにしたいからです。これは、人がそのようにして成長していくようにと神が定められた方法であり、よいことです。私たちは生きていくうえで他者を通して訓練され、自分もまた他者の益のために、自分の知識や能力を、世代を超えて伝えていくのです。

ですから、仮にあなたがせっかちで活動的な性格で、感情重視の人とつき合っているとしたら、あなたは相手のさまざまなことに対する情緒豊かな反応に惹かれるかもしれません。それは、あなたがこれから成長していきたいと思っている領域だからです。相手はその点に関してはあなたより長けているので、学ぶべきことはたくさんあるでしょう。それは、好ましいことです。

私たちは実際そうやって成長していくのですが、そういった成長の重要な側面を促す場として、交際関係が適していいるとは言えません。交際相手はあなたを支えてくれる良いお手本になるかもしれませんが、それでも交際相手であり、指導者でもなければ先生でもカウンセラーでもないからです。

また、交際関係は永遠に続くものではありませんから、その人の恩恵を失うリスクもあります。ですから、あなたが取り組もうとしている成熟や成長のためには、交際相手以外で、あなたにないものを持っている人から助けを得るほうがずっといいのです。

自分の欠点と向き合うのが怖い

正反対の人に惹かれるもう一つの理由は、自分の性格の欠点を見るのが怖いことです。自分について吟味し、変わることは、恐ろしくもあります。次のような側面において、私たちは自分の欠けや弱さに対処することを恐れるかもしれません。

- 間違いや失敗をおかす。
- 他者を怒らせるかもしれない。
- 他者が自分から離れてしまう。

・他人を傷つけることへの罪悪感。
・過去のつらい出来事を追体験する。
・自分の見たくない部分を見る。

リンジーとアレックスの問題も、根底には恐れがありました。リンジーは無責任な人ではありませんでしたが、彼女の育った家では、礼儀正しく、人当たりよくふるまい、他者に合わせることが美徳と見なされ、正直であること、対立すること、限界を設けることは自己中心的な罪だとされてきました。彼女は、本当のことを言うのは人を傷つけることだと信じて育ち、人との摩擦を嫌ったのです。そのため彼女にとって、他者との問題に対処することは怖くてしかたないことでした。

霊的な怠惰

無責任もまた、正反対の人に惹かれる理由の一つです。単純に考えて、自分でやりたくないことは、人にやらせるほうが簡単です。これが未熟さの本質であり、「霊的な怠惰」とも言えます。実際、私たちの人生は、人にしてもらうことから始まります。幼い子どもは、事実上すべてのことについて母親に依存しています。赤ん坊は、生きるために必要なものを、自分の中にほとんど持っていません。自分の持っていないものを外部から取り入れるすべを学んでいくだけです。聖書はこの過程を「生まれたばかりの乳飲み子のように、純粋な、霊の乳を慕い求めなさい。それによって成長し、救いを得るためです」（Ⅰペテロ二・二）と描写しています。

幼児にとっては、これは無責任な行為ではなく、「仕事」です。神は、幼い子どもたちが愛と、支えと、安全な環境と、配慮と、指導と、しつけを与えられながら、それを自分の中に取り込み、発展させていけるように設計なさいました。こうして、以前は自分の外にあったものが、自分の一部となるのです。

しかし、人がその内面化したものに責任を持たず、いつまでも他人にそれを補ってもらおうとすることがあります。それが未成熟というものです。たとえば、怒りっぽい人が、怒ったときに自分で自分をなだめたり、怒りに対処するすべを学んだりするよりも、怒った自分をなだめてくれる恋人を持とうとするような場合です。高級デパートで衝動買いをする女性は、自分の破綻した経済状態の立て直しを恋人に頼ります。内向的な男性は、自分で築くべき人間関係を、代わりに恋人に維持してもらいます。

これは、相手の長所を認めて喜ぶことではありません。片方が自分の人生に責任を持たず、もう片方が相手の人生に責任を持ちすぎているということです。

そこで、問題が恐れであろうと怠惰であろうと、恋人に自分の欠点を補ってもらうことを当てにするのでなく、自分自身でそれに対処しなくてはならないのです。

自分の人格的弱点に対処するより、相手の賜物に頼る

時には、相手の得意なことと、自分の人格的弱点の間で混乱することもあります。例えば、ある女性が、自分の恋人は決断力と経済管理能力が自分よりも優れていると考えて、自分の人生のその分野を彼にすっかりまかせてしまうとしましょう。確かに彼はその面で秀でていて、有能で、訓練も受けているかもしれません。でも、それは問題ではないのです。私たちはみな、自分の人生の荷物は自分で背負わなければなりません。ある分野で助け合うことはあっても、自分の人生に責任を持つのは自分です。あなたがもし、自分でやるべきことについていつも交際相手に頼っているなら、相手の才能と自分の人格上の問題を混同しているのかもしれません。

交際相手の才能や能力を喜びつつ、二人とも自分の人生に責任を持っている場合、その交際関係とはどんなものになるでしょう。いくつか例を挙げてみましょう。

1　二人とも、相手の問題ではなく自分の問題を自分のものとして引き受け、対処している。もし、不得意な分野で失敗したとしても、それを相手のせいにしない。

2　二人とも、お互いの賜物を認め、喜んでいるが、賜物とは神からの贈り物であり、二人の関係に必要不可欠なものだとみなさない。

3　二人とも、自分の弱い部分について相手にまかせっきりにして満足することなく、霊的に成熟し成長できるよう熱心に取り組んでいる。

正反対であることがもたらし得る危険

正反対の二人は確かに惹かれ合いもしますが、そこには危険も潜んでいます。その問題を提示するために、つき合って一年ほどになるキムとピートの場合を例にとってみましょう。二人の葛藤は、正反対であることが二人の関係の中心になっていると、どんな問題が起こり得るのかを示します。

キムはいつも、人と関係を築くことに難しさを覚えていました。彼女は人に心を開くことや、信頼したりすることが苦手だったのです。そんな彼女が、誰とでも知り合いになるピートとつき合い始めました。ピートはみんなにほほえみかけたり、何かを尋ねたりして自然と相手をくつろがせることができるようで、彼の周りにはいつも人がいました。

キムはピートと一緒にいることが大好きでした。彼自身に惹かれていたからだけではなく、彼がそばにいるといいことが起こったからです。気がつくと、自分とは正反対のピートのおかげで、彼女には友達がたくさんできていました。二人は、仲間内で人気のカップルになったのです。教会の行事やパーティーやスポーツイベントなどが、彼女の人生にすばらしい彩りを添えてくれるようになりました。でも、その後の数か月の間に、このカップルにいくつかの問題が生じました。

自由を失う

キムはまず、自分の生活のスケジュールをピートに合わせて立てなければならなくなったことに気がつきました。彼がいないと、二人一緒の時のようにはほかの人と上手にコミュニケーションが取れないのです。キムにとっては、自分の人生にほかの人を招き入れるためには、ピートの後をついていくしかないのでした。こうして、彼女は自由と、自分の時間やスケジュールに関する決定権を失っていきました。

自分が成長しなければならない分野で誰かに依存するなら、人生のその部分での決定権と自由を失うことになります。今やそれは相手に属するものです。たとえその人があなたを愛してくれるよい人だったとしても、あなた自身ではありません。神はあなたを、自由に選択する人間として造られました（ガラテヤ五・一～二参照）。交際相手の、自分とは正反対の部分に依存するなら、あなたはもはや自分の人生を自分で管理していません。自分の持っていないものを相手が持っているので、その部分を相手から得るためには自由を放棄しなければならないのです。

苦々しい思い

キムとピートは、お互いに対して快く思っていないことに気がつきました。キムは自分がひもにつながれた子犬のように感じられ、ピートに支配されているような気がしました。また、ピートがいとも簡単に人と仲良くなるのをねたましく思いました。一方ピートは、キムが自分に依存してくることを疎ましく感じ始めていました。彼は、彼が言うところの「社交関係の重荷をいつも背負う」のが嫌だったのです。二人はお互いを大切に思っていましたが、これらの負の感情はしだいに二人の関係に影を落とし始めました。

責任の所在を見失う

キムはピートが願うことばかりをして、ますます受け身になっていきました。二人の関係における自分の役割は、いつでも彼を機嫌よくしておくことで、そうすれば彼が自分に社交関係を維持させてくれると思い始めていたのです。この二人は、夫婦がよく陥るような奇妙な役割分担をするようになっていました。キムは自分の友人との関係に責任を持つのをやめ、ピートを喜ばせることに集中しました。ピートは、キムとの関係における自分の行動に無頓着になりました。どんな態度を取ろうとも、彼女はいつでもそばにいるとわかっていたからです。こうして二人とも、自分の人生のすべての領域に責任を持たなくなっていきました。

親子間の摩擦

キムは、自分は子どもで、ピートは支配的な親のようだと感じるようになりました。他者との関係を維持するために彼のことがどうしても必要だったので、社交的な面で意見の違うことがあると、自分が彼に譲らなければいけないように感じていました。もしキムが教会の独身者の集会に行きたいときに、ピートはホッケーの試合を見にいきたいというなら、合わせるのはキムだと二人ともわかっていたのです。

ピートは時々、自分が優位に立っていることを利用して「きみはきみの行きたいところに行けばいいじゃないか。ぼくはぼくの行きたいところに行くから」と言いました。キムが自分なしでは社交の場になじめないことを知っていて、そう言うのです。キムは、彼が支配権を握っているように思い、ピートは、親が子どもを見るように、彼女はすねて甘えているのだと思いました。

しかし親子間の摩擦には、子どもはいつか家を巣立つように神によって計画されているというもう一つの側面があります。子どもが、自分はまだ持っていない力を持っている「自分とは反対の」親に依存する関係は、いつの日か解消します。その時、子どもたちは独り立ちするのです。

同じことが、交際関係の中でも起こります。なぜなら正反対の人に惹かれる問題は、実のところ、依存に関わるものだからです。最終的には、それがキムとピートの絆《きずな》を断ち切りました。キムは自分の内向的すぎる性質と、人を信頼できない問題について取り組み始めたのです。支援グループに参加し、勇気を出して人に心を開くようになっていきました。たくさんの恐怖も味わいましたが、次第に自分だけで人との関係を築けるようになりました。自分だけの友達もできていきました。キムとピートはもはや「正反対の二人」ではなく、「二人の大人」になっていました。

キムは、ピートが一緒でないことを恐れなくなり、彼が行きたがるイベントやスケジュールに「ノー」と言える自由を味わい始めました。彼と一緒にイベントに行くときもあれば、彼抜きで行くようにもなったのです。するとピートは、キムの依存を苦々しく思っていたはずなのに、今やそれ以上に彼女の自立を苦々しく思うようになりました。こうして、この二人は別れてしまったのです。親子のようだった二人の関係は、相互的な大人同士の関係にはなれなかったのです。

依存と成長

私たちは、これらのことを通して、「お互いを頼ってはいけない」と言おうとしているのではありません。神は私たちを、神と、お互い同士を頼るように造られました。それはよいことだと、神は言っておられます。「倒れても起こしてくれる者のいないひとりぼっちの人はかわいそうだ」(伝道者の書四・一〇)。失敗したり、疲れ果てたりしたときに、助け起こしてくれる人がいなかったら、人生とはなんとむなしいことでしょうか。他者の愛や支えに頼るのは、よいことなのです。けれども、そこには最終的な目的があります。それは、成長することです。私たちは、他者の愛、慰め、指導を、霊的・感情的に成長するために受け取るべきなのです。

問題は、成長につながらない依存を生む関係になってしまうことです。依存とは退行的であり、あなたやあなたの交際相手を感情的に未発達なままの状態に留めてしまいます。これが、正反対の性質の二人がお互いの能力に依存してしまうことの問題です。依存関係にある二人は密接で支え合い、強く結びついていています。でもどちらかが、自分の人格や魂について、なすべき努力をしていません。成長につながらない依存は、最終的には、その人をさらに未熟にしてしまいます。赤ん坊は、いつか乳離れするものです。子どもは、プールに飛び込むように促されます。若者は、善悪の判断や、仕事を決める判断を、自分でするすべを学ばなければなりません。

ヒューとサンディはしばらく前からつき合っていました。ヒューは几帳面なビジネスマンタイプで、サンディは絵を描くことやお芝居や音楽に興味のある芸術家タイプです。彼は彼女の創造性に惹かれました。彼女は彼の、決まりきった左脳型の生活を明るくしてくれました。彼女にとっての彼は、彼女が必要としていた安定感や安心感を与えてくれる人でした。

二人は、最初のうちはお互いの長所を喜んでいましたが、意識しないうちにあっという間に自分の弱点について相手に依存するようになっていました。ヒューはもっと情緒的でのびのびとした人になろうという努力をやめ、そういったことはサンディにまかせることにしました。サンディも、自分の生活面を整理する努力をやめ、ヒューにやってもらうことにしました。

すると、二人の関係が進むにつれ、亀裂が生じ始めたのです。ヒューは、サンディの家計をやりくりしてあげることや、いつも混乱しているスケジュールの調整や、仕事の問題を助けてあげることにうんざりしてきました。まるで、自分が彼女の親をやらされている気分になったのです。一方サンディは、退屈でどこか支配的な人とつき合うことに嫌気がさし、その関係の中で自分ばかりが感情的な盛り上げ役を担っているような気持ちになっていました。

そして二人とも間違ってはいませんでした。どちらも、相手に依存することで、成長ではなく退行していたのですから。

　正反対の性質の二人がお互いを頼り合うのはよくあることです。それは悪いことではありません。ただし、相手を頼ることが各々を成熟と成長へと向かわせているなら、です。

反対であることと成熟度

　私たちの経験からいうと、正反対の二人が惹かれ合う度合いにより、しばしばそのカップルの成熟度がわかります。成熟したカップルでは、正反対の性質はそもそも大きな問題になりません。二人は、自分の弱点を補うために正反対の相手に惹かれたわけではなく、愛、責任、赦し、誠実さ、霊性といったことに関する価値観を分かち合える相手に惹かれたからです。価値観に基づいて惹かれることは、自分が持っていない性質を持っているという理由で相手に惹かれるよりも、ずっと成熟しています。

　一方、成熟していない人たちは、自分の面倒をよくみてくれる人、枠組みを与えてくれる人、能力のある人、自分にない性質を備えている人を探すことに四苦八苦しているように思えます。そして相手を理想化し、親密さを深め、依存心を募らせ、相手を親のような存在にしてしまい、最後には悲惨な破局を迎え、再び自分とは正反対の性質を持つ人を探すという痛々しいサイクルを重ねます。結局のところ、彼らの多くは、自分では面倒をみられない部分をケアしてくれる親を探しているのです。

二人の間の違いというものは、満たし合う豊かで充実したよい関係の助けになり得ます。相手の才能やその人ならではの視点を好ましく思い、もっと深く相手を愛するようになるのです。そういうカップルは、正反対でも深く結び合い、真に一つになるというすばらしい愛を育むことができます。

私の父と母は結婚して五十年になりますが、二人はまったく違うタイプの人間です。父は、母の歌にジャズピアノで伴奏をするのが好きです。父は今でも、母が部屋に入ってくるだけでその場が明るくなる、自分はその背景に収まっているのが好きだ、と言います。父が言ったことの本当の意味は、母は部屋を明るくするだけでなく、父の心も明るくしてくれるということだと思います。

そして、正反対の人たちが互いに惹かれ合うとは、本来こういうことなのです。つまり、反対であることは二人の関係性の土台ではなく、すでにある、愛し合う二人の結びつきを補い、そこにつけ加える素敵な要素だということです。

ですから、正反対であるかどうかは問題ではありません。相手が自分にはないどんな特質を持っているかということより、人格、愛、価値観などにもっと注意を払いましょう。自分は外向的だからという理由だけで、内向的な人と恋に落ちないでください。あなたを愛と成長と神に引き寄せる人と恋をしてください。そのうえで、相手の個性と自分との違いを喜びましょう。

まとめ

最後に、「正反対同士は惹かれ合う」という問題に対処するための注意点をいくつか挙げます。

・交際相手には成長するための努力をしている人を選びましょう。自分の弱点に主体的に取り組んでいる人は、他者の長所に依存するようにはなりにくいものです。
・自分自身も成長する努力を続けましょう。成長を目指す人は、成長を目指す人を引きつけます。あなたは健全な理由で誰かに惹かれるようになっていき、自分にない性質のゆえに惹かれることはなくなっていくでしょう。
・自分の弱さのゆえに相手に惹かれているのか、相手が自分の弱さのゆえにあなたに惹かれているのか、あるいは、お互いの独自性と個性のゆえに惹かれているのか、判別しましょう。
・あなたの交際関係の中に愛と真実があることを確認し、お互いに成長を促し合いましょう。もし、二人の関係に快適さだけを求めるなら、お互いの霊的生活を怠慢なものにしているかもしれません。
・自分の性格上の弱さからお互い助け合おうとする傾向に境界線を引きましょう。あなたがピートのように社交的な人なら、相手の人間関係まで全部引き受けるのはやめましょう。

あなたがアレックスのように自己主張ができる人なら、相手のトラブルのすべてについて代弁してあげるのはやめましょう。励ますのはいいですが、救ってあげてはいけません。

・お互いに弱点があることを認め、それがどんなものかを明らかにしておきましょう。例えば、無関心、無責任、過剰に責任を持とうとする、完璧主義、権威に盾突きたがる、といったような問題について、自分のこととして、あるいはお互いのこととして、二人で話し合えるようにしましょう。

これらの問題については、私たちの著書『Changes That Heal（癒やしをもたらす変化）』と、『Hiding from Love（愛から隠れる）』をお勧めします。特にこれらの問題において、お互いのために、成長、癒やし、変化に主体的に取り組んでいきましょう。

第三部

交際における問題を解決する

あなたが問題の一部であるとき

第十章　今は合わせてあとでツケを払う

ケリーはすっかり夢心地でした。スティーブに出会った時、この人は違うと感じたのです。彼にキャッチフレーズをつけるとしたら、「ハンサム、勝ち組、霊的、子ども好き」でしょうか。彼こそケリーが探し求めていたタイプの男性であり、神様がこんな素敵な人と「出会わせてくださった」ことが信じられませんでした。天にも昇る心地でした。

初めてのデートはスティーブがすべてを仕切り、ケリーはそれを好ましく思いました。彼が計画してくれたその晩の予定は細部に至るまで完璧で、こんなにも頼りになる人と一緒にいると思うだけで、ケリーは安心感を覚えました。この人はほかの人とは違う、彼のことをもっと知りたいと、強く思いました。その夜、スティーブに家まで送り届けてもらったケリーは、二人のこれからのことを思って心が躍りました。

翌朝、スティーブが電話をかけてきたのでケリーは驚きました。「夕べは楽しかったよ。今日の午後、また会おう」。この時も彼には計画があるようで、ケリーは最初の晩と同じくらいそれを好ましく思いました。「もちろんよ、何をするの？」彼女は尋ねました。

「スポーツの試合のチケットがあるんだ。そのあと夕飯を食べに行こう。正午に迎えに行くよ」

ケリーは少しためらったものの、「待ってるわ」と答えました。電話を切ると、自分が即答したことに驚きました。本当は友人と食事に行く予定があったのです。しかし、どうしてスティーブを断ることができるでしょうか？　彼に興味がないと思われたくありません。それに、友人はわかってくれるはずです。友人と出かけたところで、良い男性を見つけるのがいかに難しいかという話に花を咲かすのがおちです。それよりも、実際に良い男性と出かけるほうがはるかにいいに決まっています。そこでケリーは、友人に電話してスティーブと出かける旨を伝えました。

スティーブが迎えに来ると、二人は再び意気投合しました。楽しい午後を過ごし、それから夕食に出かけました。その時です。彼がケリーに聞きました。「中華料理はどうだい？　この近くにいい店があるんだ」

「いいわね！」　そう答えたものの、心の中では身がすくみました。実はケリーは中華料理が大嫌いだったのです。友達が中華を食べるのをばかにするくらい嫌いでしたが、そんなささいなことでスティーブと議論したくありませんでした。夕食後、スティーブは湖の周りを散歩しようと言いました。ケリーはすっかり疲れ、翌朝も早くから予定がありましたが、彼の言うとおりにしました。せっかくの晩をだいなしにしたくなかったし、断る勇気もなかったのです。

これが今後の二人の関係のあり方の兆候だとは、彼女には知るよしもありませんでした。けれども時が経つにつれ、ケリーは自分がいつもスティーブに合わせていると気づき始めたのです。今やすっかり彼の言いなりです。しかし彼にすっかり夢中になっていたケリーは、彼と一緒にいること以外には興味がなくなっていました。彼と一緒にいられるなら、何でも彼の言うとおりでかまわないと思いました。

ところが、二か月ほど経ったある日、ケリーは憂鬱を感じている自分に気づきました。スティーブとつき合い始めた頃は、時間の制約、ほかの約束、好みの違い、その他の二人のあいだの相違など、大した問題ではないと思っていました。彼が自分から離れてしまったり、面倒な女だと思われたりするくらいなら、スティーブに合わせるほうがいいと思ったのです。しかし、ケリーにもほかにすべきことがありましたし、彼女の事情は顧みられることはなかったので、だんだん困った状況になっていきました。

まず、仕事です。フリーランスのライターであるケリーは、スティーブと過ごす時間が増えるにしたがい、仕事に遅れが出始めました。そのため、少しずつ、「記事を書かなくてはならない」「記事のための調査に行かなければならない」といったことを口にするようになりました。また、だんだんほかの友人たちが恋しくなり、スティーブの提案以外のこともしたいと思うようになりました。そこでケリーは、スティーブの要求にノーと言うときも出てきました。

最初は、スティーブはケリーが仕事をしても気にしませんでした。しかしそのうち、彼女が自分以外のことを優先したり、自分の希望とは異なる選択をしたりすると腹を立てるようになりました。ケリーに対していらだったり、短気になったりするので、彼女には彼が大人げなく感じられることもありました。

ある時、ついに事態が頂点に達しました。ケリーは雑誌の取材のため出張しなければならないのに、スティーブがそれを嫌がったのです。「ぼくは納得しないね。仕事を取るか、ぼくを取るか、選んでくれ。いつも仕事の次にされるのは、もうごめんだ」。スティーブはそう言うと、車で走り去っていきました。

ケリーは心を痛め、たちまち自分を責め始めました。後悔の念に駆られつつ、友人のサンディに何が起こったかを話しました。「彼の言うとおりよ。自分のキャリアを持ちつつ、誰かを幸せにできるなんて、思っちゃいけないんだわ。働き方を変えないとだめね。彼が戻ってきてくれるといいのだけれど」

しかしサンディはケリーの話に、またサンディ自身がここ数か月ケリーたちの関係に見てきたことの中に、あるパターンを見出しました。スティーブの願いや欲求に合わせている限り物事は順調でしたが、ケリーが自分自身のニーズや願いを持つ生身の人間として彼に接すると、彼はそれを受け入れなかったのです。自分に従うか、さもなければ出ていけ、という態度でした。

サンディはケリーに、何かがおかしいと正直に言いました。彼女はケリーがスティーブにどれだけ執着しているか知っていましたが、ケリーのことが大切だったので、スティーブと一緒にいるときのケリーは本来の彼女らしくないと、真実を伝えなければなりませんでした。実際、もはやサンディが覚えているかつてのケリーではなくなっていたのです。

サンディは言いました。「キャリアと関係が両立できないだなんておかしいわ。だって、仕事をしないわけにはいかないでしょう？　スティーブがあなたのことを好きなのは、あなたが彼の言うとおりにしているときだけよね。彼のほうがあなたに合わせたことってある？　自分をしっかりと持って、彼が本当はどんな人なのか、ちゃんと見極めなくちゃだめよ」

真実を聞くのはつらいことでしたが、サンディの励ましのもとにケリーは自分をしっかり持つように意識し始めました。しかしスティーブは、それが気に入りませんでした。仕事をしなければならないときもあるし、つき合い始めの頃のようにいつも一緒にはいられないかもしれないとケリーが伝えると、スティーブは納得しませんでした。彼は、それは彼女が二人の関係を大切にしておらず、結局二人の願いが同じではないことの証明だと言いました。

最初はケリーも打ちのめされましたが、サンディのおかげで大きな過ちを防げたと気づきました。交際相手があなたの願いに合わせられない人だと気づくのは、つき合い始めの頃のほうが、あとになってから、ましてや結婚してからよりはずっといいのです。彼女はこれでよかったと思いました。そして、教訓を得ました。「相手の愛を勝ち取るために本当の自分ではない誰かになってはいけない」。もしあなたが本当の自分ではない誰かになってしまうなら、相手が愛しているのはあなたではありません。真実のあなたではなく、あなたが演じている役割を愛しているだけです。

願い、必要、欲求

ケリーが気づいたように、永遠に演じ続けることはできません。ある日、私のクライアントの一人が、自分の妻との関係についてこのように言いました。「ぼくだって失敗することはあるし、ぼくなりの意見もあるんだ」。それが人間というものです。あなたは一人の人間であり、自分の願い、必要《ニーズ》、欲求を追求せずに人生を送ることはできませんし、そうすべきでもありません。あなたのニーズや願いはいずれ表に出てきます。時にはパートナーの願いやニーズに合わせるべき場合もあるという考えを、あなたの交際相手は実際のところどう思っているのか、関係の早い時期に確認しておくべきです。

そうでなければ、あなたもケリーと同じ目に遭うでしょう。彼女はスティーブに合わせてばかりいたことで、本当の自分がどういう人間なのか誤解させてしまいました。彼は、自分がしたいことをしたい時にしたいとおりに何でもさせてくれる従順な女性を手に入れたと思っていたのです。ケリーも、スティーブに合わせ続けることよってその幻想に拍車をかけていました。しかし彼女が本当の自分を表し始めた時、トラブルが生じました。真実が明らかになるのに何年もかかることもありますが、遅かれ早かれ必ず明らかになります。それはきれい事では済みません。

私たちは結婚カウンセラーとして、こういう問題に陥る結婚を数知れず見てきました。交際中は一方の境界線が非常にあいまいで、他方がすべてをコントロールします。そして結婚後、ある程度の時間が経過すると、従順なほうはもう我慢できなくなります。そしてついに立ち上がり、一人の人間になろうとします。多くの場合、もう一方の配偶者（往々にして自己中心的な人）は、それが気に入りません。当初と話が違うと思うのです。しかしその人はこの変化に対処するすべを持っていないため、結婚生活は困難に陥ります。夫婦で成長したり適応したりすることもありますが、そうなるとは限りません。

覚えておくべき重要なことは、そもそもそういう結婚が存在し、そのように続いてきた唯一の理由は、最初に一方が相手に合わせていたからだということです。その人が境界線を持っていたなら、そもそも二人が結婚することはなかったでしょう。たとえ結婚したとしても、問題は初めに解決されていたでしょう。

問題が起こることが予想される関係には入らないようにしましょう。十年後、どこかのカウンセラーに以下のような悩みを打ち明けることになりたくないものです。

・彼女は自分のやり方を通さなくては気がすまないようです。
・自分の本音や願いを相手に知られるのが怖いのです。
・ささいなことでけんかばかりしています。
・私たちは彼の欲しいものばかりにお金を使っています。
・彼女は、私のことも私の欲しいものも気にかけてくれません。

・なぜ彼は私が行きたい場所に行こうとしないのでしょう？

このような問題は、通常、一方がもう一方に長い間合わせてきた末に表出します。本章の教訓は、はじめから自分らしくあることです。そしてつき合う相手には、自分を偽らない人を選びましょう。そのような関係には相互性とパートナーシップがあり、ギブアンドテイクがあり、平等性があります。相手のため、そして二人の関係のために、分かち合いと相互の自己犠牲がありま す。もしあなたが最初から真の自分であれば、相互性のある関係が発展するでしょう。あなたが真の自分でいなければ、将来トラブルになるのは目に見えています。

引き寄せたくない相手

「なぜ私はろくでもない人ばかり引き寄せるのだろう？」そう悩む独身者が大勢います。そういう人は、自分には本質的に何か問題があると考えており、時には、交際や結婚にふさわしい良い人を見つけるチャンスなど、自分には訪れないのではと絶望してしまうこともあります。

利己的で支配的な人が利己的であり続けられるのは、相手が自分に合わせてくれる人だからです。もし自分のニーズや願いを正直に表現できる人がその人に立ちはだかるなら、その人は相手の願いを共有することを学ぶか、不満を覚えて去っていくかのどちらかでしょう。

大きな問題は日々のささいな事柄を通して発見できるものです。あなたのパートナーがあなたの願いに耳を傾けられない自己中心的な人である場合、あなたが小さなことに正直で率直になれば、相手の反応からすぐにそれと気づくでしょう。日々の暮らしとはささやかなことの連続だからです。あなたは互いの願いを共有することができる人と一緒にいるのか、それともいつも自分のやり方を通さなければ気のすまない人と一緒にいるのか、すぐにわかるでしょう。それに気づくことは交際中の関係にも有益ですが、将来のためには必要不可欠です。

まとめ

・行きたいところ、行きたくないところ、やりたいこと、やりたくないことを、正直に相手に伝えましょう。
・自分の好みや願いを正直に伝えましょう。
・相手に嫌われたくないからといって、相手が好きなものを自分も好きであるかのようにふるまうのはやめましょう。ありのままの自分を出さないなら、ありのままのあなたが好かれることはありません！
・ぶつかり合うことを恐れて、自分のニーズや願いを分かち合うことをためらわないようにしましょう。あなたのパートナーが平等に分かち合うことのできる人かどうか、早いうちに確認しましょう。

・あなたが本当の自分になっているか、また、パートナーとの関係を現実的に見ているか、正直な友人からフィードバックをもらいましょう。

・覚えておいてください。自分の生活や二人の関係の中で、あなたが何かを決めるたびに、あなたの好みを相手に印象づけることになるのです。相手はそれを信じてしまうかもしれないので、注意しましょう。

・相手に何かを与えたり、相手のために何かをしたりするときは、正直に、目的を持って行いましょう。

第十一章　あまりにもたくさん、あまりにも早く

私（タウンゼント）の大学時代の親しい友人の一人に、チャックという才能豊かなソングライターがいました。ある時私が彼の部屋を訪ねていくと、チャックはギターを手に取り言いました。「ぼくの新しいラブソングを聴きたい？」聴きたいと言うと、彼はこう歌ってくれました。「愛しているよ。いつも愛していたし、これからもずっと。君の名前は何？」

チャックが自分の交際遍歴について歌っていたのか、それとも一般的な大学生の恋愛事情について歌っていたのか聞かずじまいでしたが、彼の歌の歌詞には私も共感できるものがありました。不滅の愛を必死に告白するものの、相手について実はまったく無知だったと気づく、若者にありがちのパターンです。言い換えるなら、「あまりにもたくさん、あまりにも早く」なのです。

交際を始めて早々にその関係に深入りするというのは、よくある問題です。互いに相手に対して強い想いを持っていると気づくと、短期間のうちに莫大な時間をその関係に投資し始めるのです。彼らはほかの人、興味、活動から離れ、注意を払わなくなります。たちまちほかの人たち抜きで、二人だけで行動するようになります。互いにすっかりのめり込み、離れていると会いたくてたまらなくなります。そのため二人はすぐに結婚するか、あるいは破局して、また別の人と同

様の関係を繰り返すかもしれません。いずれにしても、その関係は早いペースで進みます。通常よりも短期間に、何かに駆り立てられるかのようにして二人の関係に深く身を投じるのです。

では、「通常」の時間とはどれくらいでしょうか？　聖書はどれくらいの交際期間が適切か、はっきり書いていませんが、私たちの考えでは、婚約に至るまでに最低一年くらいがいいのではないかと思います。交際期間が二年や三年というのも非現実的ではないでしょう。神は天の下のあらゆる活動に時と季節を設けておられます（伝道者の書三・一参照）。少なくとも一年はつき合っていれば、休日、決算期、休暇、学校の各学期など、さまざまな時期をある程度経験することができます。二人の関係が双方の生活のリズムにどのように対応できるかを観察できます。これは、二人がどんなふうにお互いに適応できるかを知るうえで非常に貴重な情報です。

それでも、出会ってから交際を始め、結婚するまでの期間が数か月、時には数週間という人たちも大勢います。彼らは、この人だと思える人に出会ったと信じ、自分たちは結婚の用意ができていると考えるのです。または、一～二年の交際期間を経るものの、交際のごく初期の頃にあまりに早く深入りし、時間をかけて徐々に相手を知っていくというプロセスを通らないカップルも少なくありません。いずれにしても問題は同じです。これから説明するように、彼らは時間をかけることに必要以上に抵抗するのです。

なぜ待つのか?

青少年の専門家ジョシュ・マクドウェルは、結婚までセックスをしないことについて大勢の十代の若者に問いかけました。同じ問いは、交際関係をどういうペースで深めていくのかについても当てはまります。つまり、なぜ待つべきなのか、なぜ時間をかけるべきなのか、自分が非常に惹かれている人との関係は、なぜ徐々に深めていくべきなのか、という問いです。これらの問いに対して、助けになる答えを以下に挙げましょう。

人間関係は近道を許さない

まず、私たちは神が設計された人間関係の性質を理解しなければなりません。これは男女交際だけでなく、家族や友人関係にも当てはまります。人間関係は経験を通して初めて健全なかたちで成長していくものであり、経験に近道はありません。言い換えれば、私たちは互いを経験した分だけ互いを「知る」のです。相手の友人や仕事、趣味など、相手についての事実を知識として知ることはできます。しかし、それは人として「知る」という意味ではありません。相手についてのプロフィールを読んだだけでは、人として「知る」ことはできないのです。例えば、アダムが妻のイブを「知った」のは(創世記四・一参照)、健全な性を通して深い親密さを経験する中でのことでした。

経験には時間が必要です。多くの時間をかけずに充分な経験を積むことはそもそも不可能です。ここでは、交際する中で誰かに責任を持って深く関わるようになるために必要な、時間のかかる活動の例をいくつか挙げてみましょう。

・互いに安心して心を開けるようになるために、充分に会話する。
・仕事、趣味、礼拝、奉仕など、互いの世界を体験する。
・互いの友人と会って、一緒に時間を過ごす。
・互いの長所と短所を理解する。
・それぞれが人生で大切だと思っている基本的な価値観について確認し合う。
・互いの家族を知る。
・互いから離れて、一人で、あるいは自分の友人と共に、二人の関係についてじっくり考えるための時間を取る。
・意見の相違や対立があったときにどのように対処するのか、自分たちに合った方法を学ぶ。

数か月でこれをすべて行うなんて想像もつきません。それは無理です。それでも多くの夢見がちなカップルは、次のように言うでしょう。「あなたにはわからないでしょうが、私たちは初めて会った時から、まるで生まれてからずっと互いを知っているかのようだった」と。出会ってすぐに結婚してうまくいっている人たちも確かにいますが、それはふさわしい方法で関係を深めていったからというより、本人たちの性格によるものだったのでしょう。

例えば、私の叔母と叔父は結婚して五十年以上になりますが、叔父が叔母にプロポーズした時の書面が額に入って飾られているのを見たことがあります。それは、二人が幼稚園児の時のものでした。二人とも早い段階で、互いが「運命の人」だとわかったようです。しかし、彼らの結婚がうまくいっているのは、早い時点で結婚を誓った結果だとは思いません。私は二人をずっと見てきたのでわかりますが、自分たちの結婚の成功の秘訣は、愛、正しい価値観、信仰、よい時も悪い時も人生を一緒に経験してきたことにあると、きっと彼らは言うでしょう。

即席の関係ではうまくいきません。神があなたのために意図した人かもしれないと思える人と共に、人生のいろいろな季節を経験してみましょう。

重要性の尺度

第二に、誰かとの交際期間は、その関係の重要性を反映したものであるべきです。簡単に言えば、重要な決断であればあるほど、その決断には時間がかかるということです。当たり前のように聞こえますが、多くのカップルがここで勘違いをしています。私たちは職業に関わる選択をするのに何年も費やします。信仰の決心をするにも長い時間格闘します。金融取引をするときは、何か月も調査します。同じように私たちの最も重要な人間関係にも、それに見合った時間をかけることは理にかなっています。

交際中に互いの問題を考え、質問し、探求し、説明を求めるためにもっと時間を取らなかったことを後悔している夫婦は大勢います。交際中は、二人の関係から得られる、あたたかく、深く、ロマンチックな感情の、その先にあるものを考えるのは確かに難しいでしょう。しかし人生の中で、結婚ほど将来を左右する決断はまずありません。結婚の持つ重要な側面をいくつか見てみましょう。

・一人の人だけを愛するという生涯をかけた決意。
・その人に対する愛情以外には、ほかの一切の恋愛感情を捨て去ること。
・その人の短所や未熟さ、その他すべての不完全な部分も含めてその関係を保つこと。
・自分自身の短所や未熟さや不完全な部分を、相手の前にさらけ出すこと。
・問題が起きたとき、その関係を離れるという選択肢抜きでその問題を解決すること。
・相手が悪いほうに変わったとしても、その関係を続けること。
・二人の関係のために、多くの個人的な好みを犠牲にすること。

このリストは、あなたを落ち込ませるためのものではありません。交際の先にあるものの重たさを理解してもらうためのものです。あせったり、慌てたり、衝動的に決断したりすると、悲惨な結果を生みかねません。悪い結婚生活と悪い独身生活の状態を比べるとき、ほかの条件がすべて同じなら、前者のほうがおそらくもっとつらいでしょう。なぜなら、悪い結婚生活には、親密さのための構造はあってもその中身がないからです。心が宿っていないからです。同じ家に住み、同じ部屋で寝、同じ子どもを育て、その意味では人生を共にしていますが、感情的には一人で生きているのです。結婚していながら一人で生きていると、ますます相手から心が切り離されます。その結果、そういう結婚をしている多くの人が結婚を解消してしまいます。それほどまでに深刻なものがかかっている以上、相手を知ることは時間を充分にかけるに値します。

愛の本質

時間をかけるもう一つの理由は、愛し方を学ぶために必要だからです。恋愛関係は、パートナーを得るためだけでなく、そのパートナーを深く、うまく愛する能力を自分自身の中に発達させるものでなければなりません。聖書に定義されているように、愛とは、他者のために最善を尽くそうとする姿勢です。神の愛は、私たちの最善のために御子をお遣わしになりました（ヨハネ三・一六参照）。私たちがふさわしい方法で交際するしかたを学ぶなら、私たちの中にもそのような愛が生まれ、成長していくでしょう。

例えば、あなたがゆっくりと関係を深めていこうとするなら、後に得られるもっとよいもののために、今欲しいと思うものを諦めることになります。「満足の遅延」を体験することでいらだちも感じるでしょうが、忍耐を学べます。まだ自分のものではない相手を大切にすることを学んでいるのです。ただしこれは、不安があおられる状況でもあります。

基本的に、恋愛関係に時間をかけることで、必要《ニーズ》と愛の区別を明確にすることができます。どちらも関係を求めることであり、どちらも人生のよい側面ですが、混同されがちです。ニーズは、孤独、依存、または無力感といった、自分の中の欠けた部分を埋めるために親密さを求めます。愛は、この関係が相手の益にもなることを知ったうえで、愛するがゆえに親密さを求めます。

もしあなたのつき合っている人が、あなたが望むよりも早く将来を約束《コミット》したがっているなら、なぜ約束を急ぐのかをその人に尋ねてみましょう。あなたがコミットメント恐怖症（訳注・真剣な交際や結婚への恐れを持つこと）だというのでない限り、相手があなたをせかす理由のほとんどは、おそらくその人自身の何らかのニーズが影響しているでしょう。例えば以下のようなことです。

・あなたが将来を考えて本気で自分とつき合っていると知っている安心感がほしい。
・性的欲求不満を解消したい。
・自分の欠けを補いたい。
・自分の人生に関わってくれる人を必要としている。

この中にはよいニーズも含まれているかもしれませんが、物事を早める理由にはなりません。これらはどれも、何らかの依存を含み、あなたに親の役割を負わせるものです。本書でもこのあと詳しく述べますが、あなたにとって最悪のことの一つは、あなたが交際している相手の親代わりになって、世話をしなければならなくなることです。それは通常、双方に混乱と痛みを引き起こします。

愛を求めるだけでなく、愛する人になるためにも、徐々に、良いペースで関係を深めていくことを忘れないようにしましょう。「愛は忍耐強い」のです（Ⅰコリント一三・七参照）。

急ぎすぎ？

自分の進み方が早すぎるかどうかを見極めるのは難しいかもしれません。恋愛には人それぞれのペースがあります。ほかの人よりも安全に早く進むことのできる人もいます。意思決定をするのが上手なのかもしれないし、人間関係において成熟しているのかもしれません。また、進み方が遅すぎるということもあります。コミットメント恐怖症の男性と何年もつき合っている女性の悲惨さを考えてみてください。

ここでは、あなたがあまりにも早く将来を約束したがっていないかどうかを判断する方法をいくつかご紹介します。

・感情面ではよく「知っている」が、相手についての客観的なことはあまり知らない。
・生活におけるほかの重要な分野よりも、その人との関係にずっと時間とエネルギーをかけている。
・ほかの人間関係を突然放棄してしまう。
・友人に、早く進みすぎではないかと言われる。

これらの兆候に気づいたら、気をつけてください。経験則として、慎重に行動するほうがよいといえます。

待てない理由

ゆるやかなペースで交際することにこれだけの利点があるとしたら、なぜ、そんなにも急激に恋愛に深入りするケースが見られるのでしょうか。人が恋愛の浅瀬に飛び込んでしまう理由はたくさんありますが、ここでは主要なものをいくつか取り上げます。

孤独

孤独は人生における最大の苦痛でありながら、人間に必要な経験の一つです。私たちは自分の内側で、不完全さ、空虚さ、あるいは飢餓感すら感じます。食物に飢えたときと同じように、それは強い原動力にもなります。私たちは孤独による心の穴を埋めるためなら、ほぼどんなことでもやりかねません。心惹かれる人を見つけたら、すぐにその人で人生を埋めようとするのは、実にたやすいことです。

孤独は、決意や意志や規律よりも強力です。あまり深入りしないと誓っても、孤独な人がこれはと思う人に出会うと、その誓いはたちまち溶けてしまうのです。突然、毎晩一緒に過ごすようになり、カップルとしてふるまい始めます。

しかし孤独は敵ではありません。孤独を感じるのは私たちが生きているしるしです。神は人間を、他者とつながりたいという強い願いを持つ存在に創造しました。それはよいことです。孤独は究極的に私たちを関係構築へと導き、それこそ神が私たちに求めておられるものなのです。私たちはみな、一つのからだの一員です（エペソ四・二五参照）。人間関係は孤独を癒やしてくれます。

ただし、恋愛関係は孤独を癒やすような種類の関係ではありません。そこが問題なのです。孤独を解決してくれる関係には、安全さ、無条件の愛、深い献身といった要素が必要です。これらの要素は、人が必要としている愛を受け取り、人生を味わい、関係を維持するのに役立ちます。恋愛関係にこれらの要素はありません。少なくともつき合い始めのうちは、相手を知ろうとする期間であり、それゆえに献身《コミットメント》の度合いは低いのです。孤独な人は、往々にして誰かとすぐに深く結びつこうとします。自分の心と魂の深い部分をその関係に投資するので、後に摩擦が生じると、すっかり打ちのめされてしまいます。

もしあなたが、孤独のせいであまりにも早く、あまりにも親しくなりすぎている場合は、それを危険な兆候と受け止めて、いくつかのしっかりとした、良質の、恋愛関係ではない関係につながるようにしてください。孤独のせいで痛い目に遭う前に、孤独に対処しましょう。

家を出ることの難しさ

中には、つき合い始めの頃から、すでにほぼ結婚しているかのようなカップルもいます。彼らは二人だけの行動パターンとスケジュールを急速に打ち立てます。すっかり落ち着いて、安定した関係に見えるかもしれません。それは生涯の「ソウルメイト」とでもいうような、多くの人が夢見る関係に思えるかもしれません。

しかし、いくら理想的に思えても、実は望ましくないものが隠れている可能性があります。交際中の二人がすでに「夫婦」らしく見える背後には、時として、二人ともまだ感情面で実家から独立するという課題を完了していない場合があるのです。彼らは独身生活を自分で舵取りできず、一人暮らしがうまくいきません。そのため、相手を大切にしたいからというより、結婚生活に入りたいがためにいかにも夫婦らしくふるまうのです。

大人であることを示す要素の一つに、経済的・感情的に実家から独立した人、というのがあります。それは、家族への依存から脱却し、自立し、自分のことには自分で責任を持つようになっている、ということです。成人期の初期には誰しも、家庭で学んだことを少しずつ用いて、家族と離れて自分の人生を切り開いていくための移行期が必要です。大学時代と二十代前半が非常に重要な時期であるのはそのためです。この時期は、自力で人生を生きることを学ぶための環境を与えてくれるからです。

自立するということは、経済、キャリアの決定、家庭作りなど、人生の中で「行うこと」の領域だけでなく、「関係を築くこと」の領域にも当てはまります。大人は実家の家族への感情的な依存から卒業します。家族を愛していますが、以前のようには家族を必要としません。これにより、神が私たちのために設計された「親を離れ、伴侶と結ばれる」というプロセス（創世記二・二四参照）に備えることになります。生まれ育った家族から離れて、友人たち、仕事場、教会、近所における関係を築き、自分の家族を作ります。

まだ実家からしっかりと離れていない人にとって、独身でいることは大変です。独身生活を楽しめず、空虚で、寒々とし、安全な生き方ではないとさえ感じるかもしれません。彼らは実家からまだ完全に離れられていないのに、すでに家庭環境を恋しく思っています。そしてそれが、彼らがあっという間に特定の相手に全力で入れ込む理由です。結婚は、「家庭」を経験できる方法ですが、この依存傾向が結婚後に別のかたちで表面化すると問題になります。例えば、一人がもう一方に完全に依存するようになったり、自分の配偶者よりも実家のママとパパを好んだりします。あるいは、配偶者からもっと自由になることを欲します。ようやく家を離れる準備ができたからです。

この葛藤は、結婚したことのない人だけでなく、離婚した人にも当てはまります。離婚した人の多くは、結婚している状態に慣れているために、すぐに誰かに深入りしてしまう傾向がありま す。離婚歴のある独身女性が、ある時私に言いました。「私は十九歳の時に元夫と結婚し、その結婚は三十年間続きました。そのため、私には独身のルールがわからないのです」と。このような場合、自分の暮らし方と交際相手は別の問題として切り離してみるといいでしょう。

友情を維持できない

持続的な深い友情をうまく築けないために、交際相手に過剰に入れ込んでしまう人もいます。そのような人は自分の人生に欠けがあるように感じ、真に人と親しくなることに困難を覚えます。他者を信頼することが難しいのかもしれません。彼らは「愛着障害」とも呼べるもので苦心しています。この問題を持つ人は、孤独を感じないこともあります。実際、彼らは関係を欲することができないため、一人でいるほうが楽かもしれません。

私には非常に才能ある画家の友人がいます。彼の描く絵は息を飲むほどです。しかし彼は、アートの話以外は誰とも何の会話をすることもできませんでした。彼は親密さとはほとんど縁がなかったのです。そんな彼が十九歳の時に出会ったのが、人づき合いが上手で外向的な女性でした。

彼はたちまち恋に落ち、二人は離れていられなくなり、数か月後に結婚しました。私が彼に、彼女のどこに惹かれたのか聞いてみたところ、彼は「彼女は話しやすくて、一緒にいて気が楽だったんだ。ほかの人だとそうはいかないんだよ」と言いました。それはよいことだと思いますが、私は彼の奥さんのことも長い間ずっと見てきました。彼女は、自分が夫を外の世界と結ぶ唯一の窓口になっていることを、疎ましく感じていました。

完璧主義

完璧主義者は細かいことまでこだわるので、そういう人たちは結婚しないだろうと思うかもしれません。失敗を恐れたり、そこそこの人と結婚したあとで完璧な人が現れたらどうしようと永遠に心配したりするからです。確かに完璧主義者は決定を遅らせることもあります。しかし、理想を追っていると逆に結婚を急いでしまうこともあります。これは、人によって完璧主義とのつき合い方が違うからです。

例えば、完璧主義者の中には、自分にはない弱点を持った人にすぐに決めてしまう人もいます。友人たちは、その人が仲間内の誰とも何の共通点もない人と一緒になったのを見て困惑します。自分の弱点、欠点、不完全さを解決できない完璧主義者が、そういった部分を持つ誰かにたちまち恋に落ちるというのは、よくあることなのです。その人は自分の中にあって我慢できないものを、愛する人に投影します。そうすることで、自分の弱点を保ちつつもそれに対して自ら責任を取らずにすみます。

「天使」のような女性が「悪魔」のような男性を選ぶのは、これが理由である可能性が高いでしょう。自分の中にあって対処できていない問題を、自分が選ぶ人の中に見出すことはよくあるのです。

では、どうすべきか?

恋愛において短期間に早く進みすぎる傾向があなたにあるならば、それに対処するための方法がいくつかあります。それらは楽しいものではなく、何らかの努力を伴います。しかしあなたが、激しく燃え上がっては破局することを繰り返すのに疲れているなら、やってみる価値はあるでしょう。

何が自分を駆り立てているのかを見極める

それは孤独感、社会に出ることへの恐れ、友達をうまく作れないこと、あるいは完璧主義などのせいかもしれません。これらの問題には、恋愛関係の問題としてではなく、人生の問題として取り組んでください。これらの分野であなたが成熟すれば、多くの場合、激しい恋愛パターンは自然と落ち着くでしょう。

人生を楽しむ

短期間で深入りしすぎてしまう交際パターンに対するいちばん良い解毒剤は、おそらく満ち足りた人生を送ることでしょう。「自然は空白を嫌う」と言いますが、人も恋愛に夢中になることで空虚さを埋めようとする傾向があります。友人、仕事、趣味、教会、奉仕、そして神との関係など、人生に積極的に関わっていけるよう、神に助けを求めましょう。

意図的に交際のペースを落として関係を吟味する

交際のペースを落とすことができれば、早急に誰かに決めてしまうことの裏に何があるのか、すぐにわかります。例えば、二人の間にある問題に向き合いたくないために、早く将来を約束しようとしているのかもしれません。あるいは先を急ぐことによって、自分の中にある不安や悲しみ、怒りなどの感情から目を逸らそうとしているのかもしれません。もし相手との関係が成熟したものであれば、交際のペースを落としても関係が揺らぐことはないはずです。

どちらが先を急いでいるのか見極める

先を急いでいるのはあなたでしょうか。相手でしょうか。あるいは両方でしょうか。それを探れば、プレッシャーがどこから来ているのかがわかり、それに対して何をすればいいのかもわかるでしょう。

友達にフィードバックを求める

謙虚な気持ちで成熟した安全な友人のところに行き、問題が見えたら教えてくれるよう頼みましょう。あなたが血迷っているように見えたら、そしてあなたが誰かに急いですべてをつぎ込もうとしているのを見たら、「待った！」をかけてくれるよう頼みましょう。

恋愛関係の世界では、相手との関係に簡単に入れ込んでしまうことがあります。しかしその原因を解決することで、よりバランスのとれた健全な交際をすることができます。

まとめ

・関係があまりにも早く進んでいる場合は、立ち止まってその理由を自問自答してみましょう。

・互いの実生活、特に友人関係も考慮に入れることで、関係を急ぎすぎる傾向にストップをかけましょう。

・二人の間の衝突や違いや好みは、無視するのではなく対処しましょう。

・短期間のうちに親密になると、すぐに燃え尽きてしまうか表層的な関係になることが多いものです。本当の愛が育つには時間がかかり、近道はありません。しかしそれだけの価値があります。

・孤独や内なる傷など、自分の痛みを避けるために二人の関係を急いでいないか、確認しましょう。
・愛のプロセスに忍耐を持ち、その成長を日々実感できるよう神に求めましょう。

第十二章　波にさらわれないで

デビーの努力は実を結び始めていました。友人やカウンセラーなどの助けを借りて、これまで抱えていた問題に取り組むようになり、サポートシステムもうまくいっていました。難しい人間関係やセルフイメージの問題に苦しんできた彼女は、自分の人生に新しい景色が見えてきたことを喜んでいました。

デビーは一年前に婚約者とつらい破局を迎えて以来、真剣な交際は控えていました。次の恋人を見つけるよりも、癒やしと安定を求めて友人との関係に力を入れてきたのです。そのおかげで、友人たちとの関係は良好で、人生と将来に希望が持てるようになりました。彼女は自分の霊性のケアや教会での活動にも積極的に参加し、セーリングやアートのクラスを受講するなど、新しい趣味や興味のあることも楽しんでいました。さまざまな人と会ったり、友達と出かけたりなど、交友関係も充実していました。ボランティアとして参加していたいくつかの地域社会のプロジェクトも、彼女に充足感をもたらしていました。人生は再び良い方向に向かっていたのです。

そして、ニックと出会いました。二人はすぐに意気投合し、多くの時間を一緒に過ごすようになり、まもなく二人きりで出かけるようになりました。最初は、友人たちはデビーがそんなに好きになれる人を見つけたことをとても喜びました。彼女の姿をあまり見なくなったので、「デビーは海で波にさらわれた」などとからかっていました。ニックとの新しい関係は、彼女が人生の次のステップに望んでいたものすべてのように思えました。

しかし時間が経つと、友人たちはもはや笑えなくなっていました。デビーとほとんど会うことがなくなり、寂しくなってきたのです。たまに電話で話すことがあっても、彼女はいつもニックと出かけようとしているところか、彼の家にいるか、そんな感じでした。友人たちはデビーが幸せならそれでよかったと思う反面、一緒に時間が過ごせなくなったことを残念に思っていました。ついには、デビーは恋をしているのだからしかたがないと納得し、しばらく彼女の姿を見ることもなくなりました。

デビーの友人たちは、ニックをよく知るようになる機会もなかったことが不満でした。何度か会ったことはありましたが、一緒に何かをしたわけではありませんでしたし、これまでみんなで行っていたグループ活動もなくなってしまったので、デビーの友人の間では、ニックはどこか謎の存在でした。

一方、デビーにすれば、すべてがすばらしいものでした。二人は一緒に活動することを楽しみ、互いをもっと知るようになることを喜んでいました。デビーは自分が恋していることを自覚していました。

デビーが気づかなかったのは、自分が徐々に変化している、あるいは変化させられていることでした。かつては屋外での活動が大好きでしたが、今ではただニックと時間を過ごし、彼がしたがることを一緒にするだけでした。彼は熱心なサーファーで、デビーは浜辺で彼がサーフィンするのを見たり、本を読んだりしてほとんどの時間を過ごすようになりました。これまで多くの時間を投資してきた地域社会のボランティアも、彼女の霊的成長に大きな役割を果たしてきたスモールグループも、もはやすっかりなおざりにされていました。しかし彼女は「幸せだ」と思っていたので、特に寂しいとは感じなかったのです。

霊的には、彼女の神への関心はすべて消えてしまったかのようでした。神に背を向けたわけではないのですが、ニックのことで頭がいっぱいだったのです。彼女は自分が神や霊的成長についてほとんど考えなくなっていることに気がつきました。しかし、それでも彼女はとても「幸せ」でした。

このような状態が続く中、デビーが目を覚ますきっかけとなった二つの出来事が起こりました。一つは、ニックと性的関係を持つようになったことです。ニックと出会う前、彼女は、結婚するまではもう二度と性的関係は持たないと誓っていました。この誓いは、神の御前における彼女の決意であり、以前の恋人と別れたときに学んだ知恵でもありました。「永遠」に続くかのように見えたものは、結局はそうではなかったのです。自分を利用していただけの人に自分自身を与えてしまったことで、彼女は打ちのめされました。今、デビーは自分が再び同じことをしていると気づきましたが、今回こそ、本当に永遠に続くはずだと自分を納得させていました。しかし、時間が経つにつれ、自分の二心に苦しくなってきたのです。また、彼女はニックが自分たちのセックスライフを軽々しく扱っているようすが好きではありませんでした。最初の頃は、彼は霊的にもとてもしっかりしているように見えたのですが、彼の霊性はあまり深くないことがわかってきました。

もう一つは、ある日ニックがデビーに美容整形に興味があるかと尋ねたことでした。最初は冗談だと思い笑い飛ばしたものの、彼はさらに言いました。「整形したら、きみの外見は全体的にもっと良くなると思うんだけどな」

デビーはひどくショックを受けましたが、それ以上に考え始めました。ニックとのこれまでの会話を振り返ってみると、その多くは彼女の容姿や髪型、時には体重（彼女はごく普通の魅力的な体型でした）や、彼女の服装やファッションの好みについてでした。たまには自分が大切にしていることについて話すときもあり、彼女がセーリングに夢中だという話を初めてニックにしたときのことを思い出しました。ニックは、セーリングは退屈でくだらないと批判しました。その後、彼はデビーが見守る中サーフィンばかりするようになりました。彼に言わせればサーフィンは退屈ではなかったのです。しかし、よくよく考えてみると、デビーはサーフィンを見ることを格別楽しんでいたわけではありませんでした。ただ彼の近くにいることがうれしくて、自分の興味を見失っていただけなのです。

ニックはデビーのほかの趣味についてもさりげなく批判しました。彼は決して意地悪ではなかったので、デビーは批判されていると気づきませんでした。ただ、自分が好きなことはそれほど楽しくないと思ったか、ニックがしようということのほうが良いと思ったか、あるいはその両方でした。

彼女の友人についても同じでした。ニックはデビーの友人たちとあまり気が合わず、それだけが理由ではありませんでしたが、デビーは自分の友人たちから離れてしまったのです。ニックはデビーの友人について、「あの人はぼくには少し芸術的すぎるな」などと、必ずしも悪口とは言えない言い方をしながら、興味がないことをはっきり表現したのでした。しかし、デビーにとっては彼と一緒にいることが重要だったので、彼女はそれに気づきませんでした。彼女は彼の好みではないものや人を彼に押しつける気にはなれませんでした。デビーにとって彼と一緒にいることこそが喜びだったのです。そして、これが難しいところなのですが、実際彼は一緒にいて楽しい人だったのです。

ニックは楽しくて、ポジティブで、一緒にいて気持ちがよく、ほかにもたくさんのよい面がありました。彼は意地悪で批判的だったわけではないのです。ただ、彼女にとって重要な人や物事のほとんどをさりげなく否定していたのでした。今やデビーはそのことに気づき始めました。ニックははっきりした性格で、彼女はそこが好きだったのですが、彼のその強さは自分自身の人生を満たすことにばかり向けられ、デビーの人生と願いを追求することには向けられていませんでした。その結果、彼女は自分の価値観や、自分が好きだった多くのものから離れてしまっていたのです。彼のさりげない支配に自分がどれだけ屈していたのか、彼女には驚きでした。

デビーのその後の話は簡単ではありませんでしたが、幸いにも良い結末を迎えることができました。ニックの美容整形発言のおかげで、彼女はこの件について何人かの友人と話をしたのです。外見に関するニックのコメントや美容整形の提案だけでなく、彼とつき合うようになって自分の趣味やほかの楽しみから離れてしまっていたことも打ち明けました。ほかにも、ニックと性的関係を持っていたことなど、重要な話もしました。友人たちはみな、以前から、必要なときにはその分野で互いにサポートしようと誓い合っていたのです。デビーは、もっと早くに友人たちからのサポートを求めなかったことを悲しく思いました。

しかし、今やサポートしてくれる友人たちが目の前にいて、デビーは現実を見るために彼女たちの助けが必要であることを自覚していました。友人たちの出番です。彼女たちははっきりと言うべきことを言いました。そしてニックに対して激怒しました。本人が自分では表現できない怒りを、周囲の人たちが、その人を愛するがゆえに代わりに表現することがあるのは、興味深いことです。

「何ですって？　太りすぎ？　おかしいんじゃないの？　携帯を貸して。『太りすぎ』の意味をあいつに教えてやるわ！」

「美容整形？　ひどい男ね。そんなろくでもないこと、黙って聞いていたらだめよ！」

「セーリングがつまらないってどういうこと？　あなたはセーリングが大好きなのよ。埠頭から落ちたときに、あなたがヨットに乗って通りかかるのを見たくないか、聞いてやればよかったのに！」

「あなたは待ちたいと彼に言ったのに、セックスを迫ってきたの？　本当にわがままな男ね！」

友人たちは怒っていました。デビーは、ニックはいい人だし、意地悪したりひどい仕打ちをしたりすることはないからと言って、最初のうちは彼をかばっていました。しかしデビーの友人たちは、デビーが真実から目を背け続けることを断固として許しませんでした。彼は確かにいい人でしたが、デビーをいわば「さらって」いたのです。デビーは、サポートシステムである友人たちや、彼女にとって大切なものすべて、そして彼女の価値観からさえも切り離されていました。

デビーはゆっくりと理解し始めました。そしてもっと早くすべきだったことに着手しました。友人たちからのサポートを用いて、力を得ることのできる状態に自分を置き、ニックに対してよりはっきりした態度を取り、正直にものを言えるようになっていきました。性的な関係についても、自分が本来設けていた境界線にしっかりと立つようになりました。そしてニックには、彼女と一緒にセーリングに行ったり、彼女の友人たちともつき合ったりしてほしいと伝えました。

ニックは防衛的になることなく、自分の言動が彼女の気持ちを傷つけていることに気づいていなかったと言って謝ったので、二人はそこから先に進むことにしました。しばらくはうまくいくように見えましたが、彼の本当の性格と意図が、再び頭を持ち上げ始めました。彼は相変わらず彼女の外見に不満があり、デビーが提案するものに出かけるときも、嫌々ながらでした。そこには新たな葛藤がありました。

しかし今回は、状況が大きく違いました。デビーは友人や仲間たちとのつながりを保ち続けたのです。ニックだけでなく、仲間たちとも時間を過ごし、また教会や自分の好きな活動を再開しました。友人たちとの交流の中で、彼女はニックとの間で何が起こっているかを説明し、友人たちは彼女にフィードバックを与えることができました。彼らはデビーがニックとの関係の現実の姿を見るのを助け、デビーはついにニックと別れました。

別れたとはいえ、これは「ハッピーエンド」ではないでしょうか？　そのとおりです。もしこのままニックとの関係を続けていたら、デビーはまず間違いなくもっと傷ついていたでしょう。友達からの支援がなければ、このまま結婚していたかもしれません。恋愛関係が現実に基づいたものであるためには、いくつかの重要な要素が必要です。デビーの友人たちはそれを彼女に与えてくれました。では、それらの要素とは何なのか、見ていきましょう。

現実を見るためのフィードバック

つき合い始めの「恋している」という状態は、いわば病気です。治療可能ですが、病気には変わりありません。その病気とは、現実を見られなくなるというものです。そもそも「恋している」とは理想化の状態であり、相手を現実の目で見ていないのです。ほとんどの場合、相手を自分自身の願望や空想の目を通して見ています。自分の願いを投影しているのです。しかしその空想はそれなりに現実に基づいたものでもあり、現実的で永続的なものに移行できることも少なくありません。

問題は、理想化が強力で、それが真実であることを願うその人のニーズも強力だと、恋している相手に関する現実のかなりの部分を見落としてしまう場合もあることです。だからこそ、あなたをよく知っている友人たちとつながりを持つことはとても重要なのです。あなたの友人や家族は、あなたが見つけた新しい愛について、あなたには見えないものを見ることができます。彼らを信頼してください。友人や家族との関係に何か問題があるのでない限り、あるいはその友人や家族が機能不全だというのでない限り、彼らがその人を理想化したり何らかのニーズを通して見ることはなく、その人をよりはっきりと見ることができるでしょう。

あなたはこれまで、あなたの知っている大切な誰かが、どうしてこんな面倒な人、またはひどい人を選んだのだろうと思ったことはありませんか？　王子様がある日突然カエルになったのだと思いますか？　ほとんどの場合、そうではありません。交際中は王子様のような姿をしていても、カエルはいつもカエルだったのです。しかし、プリンセスは理想化や現実否認の目を通してその人を見ていました。あなたにも友人の目を借りることが必要かもしれません。

さらに、友人や家族はあなたを知っており、あなたにとって何が重要であるかを知っています。あなたが選んだ人と一緒にいることで、あなたがより充実した自分になっているのか、それとも自分以外の誰かになっているのかを見ることができます。彼らはあなたがどういう人かを知っているので、神が創造した「本来のあなた」に向かって成長しているかどうかを見ることができます。

この二つのことは、デビーとニックとの関係には大きく欠けていました。ニックたちはデビーの友人や家族と一緒に行動しなかったため、また、デビーは自分の友人と近い関係を保たなかったため、彼女は二つのことが起こっているのに気づけませんでした。支配的な人を理想化していたことと、本当の自分とは違う人間になっていたことです。デビーが友人たちとつながっていれば、誰かがどこかの時点でそのことをデビーに伝えてくれていたことでしょう。

現実に対処するためのサポート

私たちが現実に対処しないのには二つの理由があります。それは、現実が見えていないか、見えているけれどそれに対処できない、あるいは対処する気がないからです。関係の中で何かがうまくいっていないとき、より良い境界線または別の境界線が必要なとき、往々にして私たちにはそれがわかるものです。

時には、その関係がろくでもないものだとか、罪深いものであることもわかります。それでも自力でそこから離れて、なすべき正しいことを行うことができないのです。

そこで必要になるのがサポートシステムの力です。伝道者の書四章九～一二節にあるとおりです。「二人は一人よりもまさっている。二人の労苦には、良い報いがあるからだ。どちらかが倒れるときには、一人がその仲間を起こす。倒れても起こしてくれる者のいないひとりぼっちの人はかわいそうだ。また、二人が一緒に寝ると温かくなる。一人ではどうして温かくなるだろうか。一人なら打ち負かされても、二人なら立ち向かえる。三つ撚《よ》りの糸は簡単には切れない」。私たちをサポートしてくれる人たちを通して、自分一人の力ではできないことをするための力を、ある程度は見出すことができるのです。彼らは困難なときに私たちのそばにいて、次のようなものを与えてくれます。

・心の支え。
・真実と知恵。
・自分の価値観や道徳観の上に固く立つ勇気。
・自分を傷つける人たちに対してはっきりとした態度をとる勇気。
・困難な状況や難しい人たちを手放し、悲しむための力と慰め。
・自分が持っていない知識やスキル。

デビーの状況では、もしサポートしてくれる友人がいなかったら、ニックに対して取るべき態度をしっかり示すことはできなかったでしょう。最初のうちは、デビーは対立を恐れていました。しかし友人たちは、彼女がそれに立ち向かう強さを与えてくれました。デビーはニックをとても愛し、また必要としていたので、友人たちからのサポートがなければ、その後事態が悪化したとき、ニックに屈していたでしょう。最終的に、この関係をこれ以上続けたくない、ニックと別れる必要があるとデビーが悟ったとき、友人たちは彼女の悲しみに寄り添い、助けてくれました。

せっかく別れるべき相手と別れても、孤独感を覚えたり、見捨てられたかのように感じて、すぐにまた元の鞘《さや》に戻ってしまうケースが多々あります。しかし友人やサポートシステムは、あなたが別れを経験するときに必要なサポートを差し出してくれます。ソロモンが伝道者の書三章六節で「求めるのに時があり、あきらめるのに時がある。保つのに時があり、投げ捨てるのに時がある」と言うように、終わらせる必要のある恋愛関係があります。ただ、その時が来ても、本人がなすべき必要なことをするだけの力を持っていないことがあるのです。友人や仲間たちは、そういう状況での命綱になります。

自分のすべてとつながる

デビーは、ニックとつき合っているうちに自分の一部を失っていきました。それは良い関係の中で起こることではありません。良い関係は、私たちが神に造られた本来の姿になるのを助けてくれるものであり、そこから外れさせるものではないのです。デビーは徐々に、友達だけでなく自分自身も失っていきました。奉仕活動やボランティア活動への愛も失いました。セーリングと芸術への情熱も、神への思いや神に近づきたいという気持ちも失いました。

さらに、デビーはほかの部分での自分らしさも失い、全体的にバランスを欠いた一面的な人になっていきました。彼女の深い霊性も豊かな感受性も、ほぼ完全に干上がってしまいました。彼女は自分の人生を生きることから切り離されていたので、ほとんどの情熱や感情を感じる能力も失っていました。怒りや抗議したいという気持ちを感じることもなくなり、感情的に単調になりました。ニックだけが存在し、デビーという人はほとんど薄らいでしまったのです。

彼女の友人たちはそれに気づきました。そこで彼女たちはデビーを映画や美術館やアートの展覧会に連れ出したり、一緒に音楽を聴いたりしました。デビーも友人たちをセーリングに連れて行きました。教会の独身者グループにも戻り、そこで多くの人との交わりや活動を楽しみました。こうしてゆっくりと、彼女は再び自分自身を取り戻していきました。

彼女がずっと友人たちとの関係を保っていたならば、自分の一部をこのように失うことはなかったでしょうし、ニックとの問題にもっと早く気づいていたでしょう。自分という人間のさまざまな側面を失うこともなかったでしょうし、ニックもありのままのデビーと関係を持たざるを得なかったでしょう。少なくとも、彼女が自分の好きなことをする機会から遠ざかることはなかったでしょう。交際を始めても、つき合う前と同じように自分らしく生き続けるのであれば、あなたはあなた自身であり続け、二人は互いがどういう人間であるか、そのすべてを知ることになります。友人はその手助けをしてくれます。友人は、あなたが交際を始める前につながっていたものとつながったままでいるのを助けてくれます。

言い換えると、友人とは、良くも悪くもあなたの性格の変化に気づく存在だということでもあります。誰かが「ああ、彼女は○○とつき合うようになって以来、ずいぶん成長したね。彼は彼女の中の最高のものを引き出しているんだね」というようなことを言うのを、聞いたことがありませんか？　それは素敵なことであり、あなたの友人はそれに気づくのです。一方で、「彼女は○○とつき合い始めてから、すっかり人が変わった。今までの彼女とは違う。もう彼女のそばにいたくない」と言うのも聞いたことがありませんか？　時には恋愛関係は、人を悪いほうに変えることもあります。良い境界線を持っていない人にとって、人間関係はそのような力を持っているのです。性格の変化が起こっているとき、そのフィードバックを得られるかどうかは友人次第です。耳を貸すのは難しいかもしれませんが、「愛する者が傷つけるのは誠実による」（箴言二七・六）ということを覚えておいてください。自分には見えないことについて、友人からのことばを聞く必要があることもあるのです。

人生の枠組みとなる霊的な価値観に根ざす

信仰面における価値観や神との関係は、私たちの土台となって人生を機能させるものです。神はそのように物事を設計されました。私たちの価値観こそ人生の枠組みです。それは人生のあり方を形づくっていきます。誠実、純潔、思いやり、節酒、優しさ、責任感などを大切にしていれば、人生はそれに見合ったかたちをとり、良い結末を迎えることができるでしょう。しかし価値観がずれ始めると、人生は良い終わり方ではない方向に向かっていきます。デビーがニックと性的関係を持つようになったとき、彼女は自分にとって非常に重要な価値観を失いました。この価値観は、彼女が自分の他の側面を失わないよう彼女を守っていたものでもありました。二人が性的関係を持っていたときの擬似的な親密さは、本当の親密さの欠如を見えなくさせていたのです。純潔を保つことは、このような意味でも独身者を守ってくれるのです。

外見に関するニックの完璧主義的な要求にデビーが応じ始めたとき、彼女は正直さと優しさという自分の価値観を見失いました。彼がデビーにしたことは優しくなかったのですから、デビーはニックに、二人の関係の中で優しさを大切にしたいと正直に伝えるべきだったのです。デビーはそのままで何の問題もなかったのに、彼女の外見を批判するのは愛のあることではありません。嘘はよくないので、彼女が本当に問題を抱えていたなら、それを伝えたり、ニックがそれについてどう感じているかを話してもまったくかまわなかったでしょう。しかし彼がデビーの容姿を話題にしたのは、純粋に彼の完璧主義的ナルシシズムによるものでした。彼女は自分の価値を固く保ち、正直に彼にそう言うべきでした。

共同体とは、私たちが自分の価値観と神に根ざした状態でいられるために、神が用いるシステムの一つです。私たちはそのような関係の中で霊的に成長し、そのような関係の中で神は私たちにさまざまなものを与えてくださるのです（エペソ四・一六、Ⅰペテロ四・一〇参照）。デビーの友人たちも、近くにいたならデビーが自分の霊的価値観や神とのつながりを失っていくようすが見えたことでしょう。途中で助けてあげることもできたかもしれません。幸いなことに、最終的には彼らはそうしてくれました。友人たちは、デビーが自分によいものをもたらす道から外れてしまっていることを正面から指摘したのです。それも、決して非難するような方法ではなく、神がするように、彼女の最善を念頭に置いて忠告したのです。

恋愛関係から離れた分離性と発展性

どんな交際関係も、それぞれの時間と関心事を持つ二人の別々の人間によって構成されます。交際相手から離れたところで自分の時間や友人、関心事を持たない人は、一人の完結した人間であるとは言い難いのではないでしょうか。二人はお互いに相手から独立している必要があるのです。神はあなたをそのように造られたからです。デビーはニックと離れて、自分のための時間と空間と友達と趣味を持つべきでした。ニックも同じです。しかし、デビーは自分の空間と個性を捨ててニックと融合しました。デビーにとって友人たちは、ニックから離れた場所と自由を提供してくれる「分離性」の一部になるはずでした。たとえ二人の関係がうまくいっていたとしてもです。

個人の生活や交友関係、時間や空間を完全に取り除いてしまうような関係は、健康的ではありません。むしろ排他的で神経症的な関係である可能性が高いでしょう。友達とは、あなたがより健康的でよりバランスのとれた人になるための自由なスペースを与えてくれるものです。さらに、あなたが交際相手に夢中になって彼らと没交渉になれば、それに気づいてくれます。デビーの友人は、彼女のためにまさにそれをしてくれました。

ですから、交際相手以外の人とも出かけることはとても有益です。特に交際初期の段階では、ほかの人たちとの交流が入る余地を空けておきましょう。それは誰かとの関係を理想化し、そこにすっかりはまってしまうことからあなたを守り、客観的に自分の状況を見られるようにしてくれます。良い悪いの問題とは別に、世の中にはいろいろな人がいると気づくでしょう。そうやって比べてみることは助けになります。また、この人だけが唯一の相手ではないと思えれば、何が何でもこの一つの関係に決めなければ自分は絶望的に孤独になってしまう、という考えに陥らずにすみます。自分がどういう人とつき合っているのかはっきり見極め、この人に決めたと思える時までは、ほかの人との交際の可能性も視野に入れておきましょう。

安全な交際

安全な交際をするためには、友人やサポートシステムとのつながりを維持することが大切だということを忘れないでください。オオカミは群れから離れた孤独な羊を襲います。自分には見えていないものに気をつけましょう。他者の助けがあればはっきりと見ることができます。友人たちとつながり続け、安全で、賢明でいてください。

支配的な人や依存的な人のペースに飲み込まれてしまう人もいますが、誰かと近い関係になりたいという願望のせいで、自分のあり方を見失ってしまう人もいます。その人たちは、自分自身の境界線がないために、大切なものをすべてあきらめてしまうのです。また、そもそも失うような友人、コミュニティーを持たない人もいます。そういった人たちは孤立状態で生きています。あなたもその一人にならないようにしてください。

「サポート・サンドイッチ」の助けを借りて、あなたの恋愛関係を見直しましょう。友人やあなたのコミュニティーはパンで、交際相手はサンドイッチの具、そしてあなたはその両方を味わうのです。恋愛関係に時間とエネルギーを費やしても、そのあとでコミュニティーに戻ってきましょう。これは、あなたが堅持したいと思う強い信念を持っている場合や、交際相手と衝突したり変化を経験したりしているときには特に重要になります。交際相手と難しい話をしなくてはならないときは、その前に友人に電話し、言うべきことをちゃんと言えるように勇気をもらいましょう。そしてそのあとでまた友人に連絡し、どうだったか報告しましょう。サンドイッチは、あなたが境界線を持っていない領域であなたを守ってくれるかもしれません。

まとめ

・良いサポートシステムや自分をよく知っている友人たちとのつながりなしには、真剣な交際を始めないようにしましょう。もしあなたが孤立状態の中で交際しているなら、大きな危険にさらされることになります。

・交際を始めても、それ以前と同じように、個人として友人やコミュニティーと関わりを持ちましょう。あなたに交際相手ができても、友達との友情は続いています。

・交際相手にはあなたの友人の輪の中に入ってもらいましょう。そうしていない場合は、なぜそうしないのかを自問自答してみましょう。その人のどんなところが、あなたの普段の友達の輪には合わないのでしょうか？　二人きりだけでなく、グループやほかのカップルと一緒にいろいろなことをするようにしましょう。

・交際相手との関係がどうなっているか、友人たちに率直に正直に話しましょう。

・友人たちに対して霊的にも説明責任を負い、あなたの成長を助けてくれる霊的なコミュニティーと関わり続けましょう。

・たとえ耳が痛い話だとしても、友人たちからのフィードバックにオープンでありましょう。ただし何でも真に受けるのでなく、あなたをよく知っている別の人にもそれを分かち合い、そのフィードバックが本当に自分の益になるものか確かめましょう。誰か一人のアドバイスやフィードバックだけに完全に依存しないでください。

・友人たちにあなたのサポートシステムになってもらいましょう。

・一人で過ごす時間や、自分が好きなことをする時間を持ち続けましょう。自分の好きな活動を交際相手と一緒にするようになったなら、それは良いことですが、それでも自分一人の時間や、交際相手が関わらないことに対する興味も失わないようにしましょう。

・この人に決めたとはっきり言えるようになるまでは、いろいろな人と広く浅くつき合いましょう。関係を急ぎすぎて流されないようにしてください。

・「サポート・サンドイッチ」を使いましょう。

第十三章　偽りの希望に別れを告げる

ロビーにはこの五年間、ガールフレンドのメリンダについて自分の友人たちにずっと不満を言い続けていた事柄がありました。それは、彼女が支配的でいつも口うるさく彼を批判することでした。彼はメリンダこそ自分の「運命の人」だと確信していましたが、その支配と容赦ない批判のために、彼女との結婚を決められずにいました。そしてそれは正解でした。彼女は本当に支配的で、彼を批判してばかりいたからです。ロビーは、深刻な衝突を避けるために何でも彼女の言うとおりにするか、批判されるのを避けるために彼女に隠し事をしている自分に気づきました。彼の友人たちは、ロビーがメリンダのしたいようにさせていることに耐えられなくなっていました。ロビーの不満を聞くのもうんざりしてきたため、ついにカウンセリングを受けるよう彼に勧めました。そこでロビーは私のところにやってきました。

「でもぼくは彼女を愛しているんです」と、ロビーは言いました。「彼女にはいいところがたくさんあって、すばらしい女性です。彼女に別れを告げるなんて、考えるだけでもいたたまれません。彼女はとても愛情深く、頭が良くて、美人で、いろんな意味でまさにぼくの理想の女性なんです」

「だったら彼女の支配的な性格やきつい批判に文句を言うのはやめて、結婚して幸せになることですね」と、私は言いました。「幸運を祈ります」

「そうはいきません。結婚したりしたら、ぼくはおかしくなるでしょう」。彼は言い返しました。

「それでは、あなたには問題がありますね」

「わかっています。彼女がもう少し批判するのをやめて、おおらかになってくれるよう、何とか彼女を助けなくてはなりません。あるいは、彼女がそうなるまで、ぼくがもっと忍耐するか、そうでなければ彼女のその性格を受け入れるか……。何か手を打たないと。今のままでは彼女と結婚しても幸せになれるとは思えません。でも彼女は結婚の約束を求めてくるのです」

「あなたの問題はそこではないと思いますよ。あなたの問題は、二つの相入れない願いを持っていることです。支配的でもなく、批判的でもない人と一緒にいたいという願いと、メリンダと一緒にいたいという願いですね。この二つの願いは相入れません。この両方の願いを持っている限り、あなたはみじめな人生を送ることになるでしょう。あなたは彼女が変わろうとしていると考えることで、自分のみじめさを正当化しているようですね」と、私は彼に言いました。「私も、人は変われると信じていますよ。人が変わるのを助けるのが私の仕事ですから。しかし、あなたは彼女とつき合って五年になるのですよね。あなたの説明を聞く限りでは、彼女が変化に向かっている気配はみじんもありません。つまり、変化は期待できません。彼女が変化する可能性は忘れてください。私が説明した願いからどちらか一つを選んで、それに取りかかることです」

ロビーは悲しそうな顔で私を見ました。私が言ったことが気に入らず、どうしたらいいかわからないようでした。

希望は最大の美徳の一つです。パウロが言うように、信仰と希望と愛はいつまでも残ります（Ⅰコリント一三・一三参照）。すべてが失われたかのようなときでも、希望によって大いなることを起こせます。希望を持ち続けることができれば、信仰と愛によって、偉大なことが成し遂げられるのです。希望は間違いなくすばらしい美徳です。希望がなければ、私たちはあきらめてしまい、あらゆる種類の悪に屈してしまうでしょう。私たちが耐え忍ぶためには、希望が必要です。

しかし、神が私たちに望んでおられる希望とは、「失望させない」希望（ローマ五・五参照）、神が私たちのために持っておられる愛に基づく希望です。神の私たちに対する愛は、神の行動によって証明されています。私たちは歴史のある時点に戻って、「見てください。神が私たちを愛しておられるのは事実です。ここに十字架と空《から》の墓があります。彼に希望を置くことは理にかなっています。それは偽りの希望ではありません」と言うことができます。

しかし、聖書は別の種類の希望についても語っています。それは「心を病ませる」希望です（箴言一三・一二参照）。「いつまでも先延ばしにされる希望」です。言い換えれば、決して実現しない希望は命を与えません。それは私たちを病ませ、絶望させます。落ち込みやあきらめとはそういう状態のことです。希望を持ち続けているにもかかわらず、何も起こらず、希望そのもの以外には希望を持ち続ける理由がないとき、絶望がやってきます。

ロビーが五年間持ち続けてきた希望はこれです。彼はメリンダが変わることを望んでいましたが、その希望はまったく美徳ではありませんでした。彼の希望は現実に基づいていなかったのです。それは現実否認と希望的観測に過ぎませんでした。それが彼の人生を蝕《むしば》んでいました。ここでの私の仕事は、ロビーにメリンダの変化という希望を捨てさせ、そのままのメリンダを愛せるように助けるか、あるいは別の道を進むのを助けるかでした。この状況の中に、メリンダが変化に向かっている気配はまったく見出せなかったからです。彼の希望には何の根拠もありませんでした。

男女交際における良い希望と悪い希望

男女交際における希望の役割とは何でしょうか。「いつか良い人と巡り会うこと！」だと言う方もいるでしょう。確かにそうかもしれませんが、この本を手に取っている人のほとんどは、おそらくすでに交際相手がいるでしょう。そんなあなたにとっての問題は、どういう状況なら自分の交際相手がいずれ変わると期待できるか、ということではないでしょうか。そのような状況で、希望はどのような役割を担うのでしょうか？

復習しますと、希望は現実に基づいている必要があります。期待を裏切らない希望とは、単なる願望以上のものでなければなりません。それは、単に人や状況が変わったらいいなあという願い以上のものに基づかなければなりません。物事が変わると信じるには、いくつかの理由が必要です。次の二つの真理を覚えておいてください。

1　異なる結果を期待して同じことをし続けることを、「愚か」と言う。

2　未来を予測する最良の予測因子は、（変化をもたらし得る要因がない場合）過去である。

あなたの現在の状況を吟味したとき、あなたの希望は妥当でしょうか？　ロビーの例を見てみましょう。彼は五年間、メリンダを愛してきました。そして彼女に譲歩し続け、彼女に合わせてきました。ある時、合わせるのをやめて、彼女に自分の考えを訴えました。その結果、彼女と別れました。それから、よりを戻しました。彼女と一緒にカウンセリングに行き、できることはすべて試しました。それでも彼はまだ希望を持っています。それとも、それは希望ではなく単なる願望でしょうか？

もしこれを続けるなら、彼は先に述べた「愚か」の定義に当てはまります。同じことを繰り返しつつ、異なる結果を期待しているからです。真理その1です。そして真理その2によれば、メリンダは変わらないでしょう。ロビーの次の五年間を最も正確に予測しうるのは、過去五年間だからです。

読者のみなさんの中にも、自分の交際関係について希望を持ち続けるべきか、それともあきらめるべきか、悩んでいる人がいるかもしれません。この二つの真理を、いくつかのよくあるシナリオに適用してみましょう。

好きな人から、とても耐えられないような扱いを受けている。

好きな人からひどい扱いを受けたり、とても耐えられないような仕打ちをされたりしたら、あなたはどうしますか？　人間関係の中で何かがいい方向に変わる場合、通常は次のような道を通ります。

- 二人の関係のあり方について、率直に話す。相手のどの行動が自分を傷つけているのか、また相手がそれをしたときに自分はどう感じるのかを伝える。
- 相手はあなたの言い分に耳を傾け、防衛的になることなく、自分の行動を認める。
- 相手は、自分の行動があなたをそのような気持ちにさせていたことを申し訳なく思い、悲しみを表す。
- 相手は謝罪し、もう同じことはしないと約束する。
- その悔い改めをもって変化が起こり、相手は同じことをしなくなる。または、同じことをしてしまった場合、相手は自分でそのことに気づき、謝罪し、悪かったと思い、悔い改めの道を続ける。

・時折失敗するかもしれないが、全体的には明らかに変化と成長が見られる。

約束したあとに変化がないのであれば、以下のことが必要になります。

・変われなかった人が変われなかったことを認める。
・自分一人では変われないことを認める。自力で自分を変えようと努力するだけではうまくいかないことを認める。
・変わるために、新たな試みをすると決心する。たとえば、カウンセリングを受ける、経過を報告しながら相談する友達を見つける、自助グループに参加する、支援グループに参加するなど。「もっと頑張ろう」という決意や意志の力に頼る以上の方法を探し、健全になることを求める。問題が二人の関係に関わることであれば、あなたも変わる決意が必要になるかもしれない。
・あなたも変わる必要があるなら、あなたも同じプロセスに参加して、自分自身の問題に取り組む。自分自身の問題をしっかり扱っていないのであれば、他者を責めることはできない。まず、自分の目から梁《はり》を取り除かなくてはならない（マタイ七・三～五参照）。
・何が問題の原因となっているのか、そのパターンについての洞察を得て、違うことをする。「もうしません」という約束だけではなく、その原因と、何がそのパターンを支え、動かしているのか理解する。

・失敗があったときには、それを潔く認め、なぜそうなったかについての洞察を得る。失敗した人は、自分が参加していた支援グループに戻り、グループの助けを得て自分の失敗に立ち向かう。

・罪悪感より、むしろ悲しみを感じるようになる。自己嫌悪に陥るより、むしろ問題解決に向かおうとする。

・あなたがうるさく言わなくても、相手の中に持続的な成長が見えてくる。言い換えれば、その人は人間的に成長したいという願いと、二人の関係を大切にしたいという思いから、成長を求めるようになっている。あなたはもはや相手を後押しする必要はない。

・一時的なものではない変化が起こり始める。失敗はますます少なくなり、失敗したときの対応も以前とは異なってくる。失敗したときには、より悲しみを感じ、自分の問題として対応しようとする姿勢が見られ、支援グループなどを活用し、気づきから学ぼうとする。

・あなたも自分の側の問題に取り組み始めているなら、あなたもまた同様のパターンをたどる。

あなたの愛する人がこの道を歩もうとしない場合、あるいはそれがうまくいかない場合は、ほかの人の同席のもとでその人と対峙《たいじ》し、それでもうまくいかない場合は、さらに数人に同席してもらってより本格的に対峙しましょう（マタイ一八・一五〜一八参照）。気にかけてくれる人たちによるそのような対峙があれば、上記のようなプロセスに入れるのではないかと思います。

　そうでない場合は、何らかの結果《コンセクエンス》が必要です。あなたはその人に、今までと同じことを繰り返すつもりはないことを伝え、相手が問題に直面し、それに対処するまでは、これまでのように一緒にいるつもりはないことも伝えます。そして、相手が上記のプロセスに入るまで、あなたはその人と会うのを控える、あるいは通常のかたちで会うのを控えたりします（例えば、会うのはカウンセラーや牧師からカウンセリングを受ける時だけにするなど）。こういったプロセスをしっかりたどるのであれば、変化が期待できるでしょう。彼らが変化のプロセスをたどろうとしないなら、答えは明らかです。希望はない、ということです。その人があなたに対する接し方を変えるだろうと希望を持つ理由はもはやありません。

　では、あなたが希望を持ってもいいのはどういうときでしょうか。次の二つのテストをしてみてください。一つは、あなたは同じことを何度も繰り返しながら、違う結果を期待していますか？　もしそうなら、前掲の変化のプロセスを参考にしつつ、何か違うことを試してください。

　もう一つは、未来を過去とは異なるものにするかもしれない何らかの要因はありますか？　ないのであれば、相手が変化の道に入れるよう働きかけてみてください。もし相手が応答するなら、希望を持つ理由はあるでしょう。

変化の道をうまく舵取りするためには、愛や、相手への優しい促し以上のものが必要です。私たちも成長への道を歩み始め、本当の変化への希望を持てるようにするために、神のやり方を見てみましょう。

神は愛の共同体に根ざしている。神は、ご自身が変えようとしている人を必要としていません。神の必要は三位一体の中で、また他の関係によって満たされています。神は常に関係の中にいて、決して一人ではないので、誰にもしがみつく必要はないのです。あなたも、この過程において一人ではないことを確認してください。相手が変わってくれなくても自分がひとりぼっちになることはなく、あなたを充分に愛し、支えてくれる人がいることを確認してください。

神は正しくふるまう。神は問題の一部ではありません。神は「悪に悪を返す」ことをせず、ご自分の側はいつも正しく行動なさいます（ローマ一二・一七〜一八参照）。もしあなたが問題の一端を担っているのであれば、あなたも変わって、自分に関する部分は責任を負うようにしてください。自分自身が変わることなしに相手に変わるよう要求することはできません。

神は人を用いて助ける。神が人に変わることを望むとき、その人の周りにその人を助けることのできる人たちを集めます。カウンセラーや各種グループ、牧師、友人などの助けを借りて、問題に向き合うようにしましょう。神が定められた助けを受け取るためのシステムである「ほかの人たち」を用いることなしに、一人でやってはいけません。

神はその人についての現実を受け入れ、ご自分の期待を嘆き、その人を赦す。神は「愚か」ではありません。神はその人がどういう人かという現実を直視し、その人を赦し、その現実に働きかけます。神は現実に反する完璧さを要求したりしません。私たちが完璧でないことについては、イエスの十字架の上で嘆いて手放されました。問題に取り組むときは、あなたもそのような完璧主義的な基準を手放してください。

神は変化を待つ。神は変化のプロセスが起こるのを待ちます。あなたも長い間待っているかもしれませんが、変化が起こるためのプロセスには取り組んでいなかったのではないでしょうか。前掲のプロセスをすべて通った後に、神はじっくりと待ちます。口うるさく催促したりはしません。神は人が助けを得て変わるためのチャンスを与えます。

神は忍耐強い。先に述べたように、神は変化には時間がかかるとご存じで、苦しみつつ待たれます。時には長い間待たれます。ここに、あなたにも関連する二つの要素があります。神がこのようになさるのは、その人を本当に愛しているからです。あなたもこのプロセスに入るからには、相手の人があなたにとって本当にこれだけの苦労をしても共にいたいと思える人であるかどうかを確認しなければなりません。結局のところ、あなたはまだその人と結婚しているわけではないのです。交際しているだけです。あなたは相手のために、このような時間とエネルギーを費やしてもいいと確信していますか？　それは理にかなっていますか？

そして、覚えておいてください。「長い」とは、永遠ではありません。長い間苦しむとは、永遠に苦しむことではありません。相手が自分に与えられているものを成長のために用いていないことが明らかになった時点で、それは終わります。神はその努力を停止なさいます。意地悪だからではなく、待っていても変化は生まれないことが明らかだからです。

神は離れる。神は最終的にはその人をその人自身にゆだね、去っていきます。それによってその人は好転するかもしれませんし、そうはならないかもしれません。しかし、私たちも可能なことをすべて試したなら、同じことをするようにと神は言われます（マタイ一八・一五～一八、Iコリント五・九～一三参照）。あとは、その人と会うのをやめるだけです。もし、後にその人が変わって戻ってきたら、また関係を持つことができるかもしれません。しかし、そういうことは期待せずに、あなたの道を進んでください。現時点でそこにあるのは、「愚かな希望」だけなのですから。

あなたがつき合っている人が、あなたのことを「好き」、「大切に思う」と言うが、あなたに「恋している」わけではなく、この関係がどうなっていくのか、もっと時間をかけて確かめたいと言ってきた。

このような場合、あなたはどうしますか？　希望を持つ理由はあるでしょうか？　これは難しい問題です。なかなか気持ちを決めてくれなかったけれど、最終的には自分のところに来てくれた、という話を多くの人が聞かせてくれるでしょう。ですから、あなたが好きになった人が、いつかあなたのすばらしさに目覚め、あなたと恋に落ちてくれるという期待は捨てないでいいと思います。

まずは、あなたが今までどんなつき合い方をしてきたか、振り返ってみましょう。それは「ただの友達」的なつき合い方でしたか？　もしそうなら、あなたはその関係を別のレベルに持っていき、一定の制限は設けつつ、より「交際」のような関係にしたほうがいいかもしれません。あなたの心や体を与えてしまうのでなく、あなたが友情を超えた関係を築きたいと思っていること、そしてそれ以上の何かがあるのかどうかを知りたいと思っていることを相手に伝えましょう。それをまだ伝えていなければ、相手はあなたが何を感じているのか、何を望んでいるのかを知らないかもしれません。

あるいはすでに自分の気持ちを相手に知らせ、時間が経つのに何も変わっていないという方もいるかもしれません。その場合は、例えば次のようなことをしてみてはいかがでしょうか。

相手にこのように伝えます。「あなたと一緒にいると楽しいけれど、私はあなたが私に感じている以上の気持ちをあなたに対して持っているので、お互いの感情が一致していないのであれば、今の関係を続けられません」と。そして、関係を終わらせます。そうすれば、もし相手がこれまでは気楽につき合っていて、それ以上の決断をする必要を感じていなかっただけなら、その人は選択を迫られることになり、何らかの責任を持ってより真剣な関係に入るか、離れていくかのどちらかになるでしょう。あなたが都合よく使われていただけだったなら、これで終わりです。しかし、もし相手が態度を変え、二人の関係に真剣に向き合うと言うならば、まず少し時間を置き、この関係について考えるための時間を双方が持つようにしましょう。

もう一つの選択肢は、関係を終わらせて、どんな理由があっても元には戻らないことです。たとえば、あなたはあなたのガールフレンドにチャンスを与えたとします。しかし彼女はあなたが彼女に対して持っていたような感情は持たず、あなたに惹かれることもありませんでした。彼女があなたとつき合い続けたかったのであれば、とっくにあなたにそう言っていたはずです。そこであなたは関係を終わらせ、前に進みます。多くの場合、これが最も賢い方法です。相手が変わる可能性は低いからです。時には、待ってみてもいいケースもあるかもしれませんが、その場合も相手がよほど正直で信頼できる人でないかぎり、いい方向に進む可能性は低いでしょう。

もっと時間をかければ気持ちがはっきりしてくると思うと相手が言うのであれば、もう少しこの状態を続けてもいいと相手に伝えるという選択肢もあるでしょう。しかしその場合、なぜもう少し時間が必要なのか、具体的な理由が必要です。二人の間で物事のやり方に違いがあるのでしょうか。あるとしたらそれはどんな違いでしょうか。なぜ相手はもっと時間があれば助けになると感じるのでしょうか？　行き詰まりのようなものを感じているのであれば、それを乗り越えるために相手は何をしようとしているでしょうか？　現状を保ちたいと思っている理由や、その背後にある根拠を聞き出してください。たとえば、「長くつき合っていた人と別れたばかりで、ほかの人とまた信頼関係を築くのに時間がかかりそうだから」というようなことであれば、それはまっとうな理由でしょう。しかし、「今の関係は気楽で楽しいから、このままもうちょっと続けたい」というような理由なら、あなたの心がかかっていることですから、理由としては弱いと言えます。

もしあなたが、ただの友達にはしないようなことを相手にしていたり、決まった関係にある人にのみ与えるようなものを与えたりしているなら、それは止めましょう。他者を排除した二人だけの交際をしていると、何らかの境界線を妥協してしまうことも珍しくありません。夜遅くに電話をかけてきたり、急に会いたいと言ってきたりするのは、二人が特別な関係にあることを前提としています。ある種の身体的な愛情表現は、決まった関係として交際している二人にはふさわしくても、「ただの友達」にはふさわしくないでしょう。しかし、あなたがこのようなかたちで自分を捧《ささ》げていたのに、相手が「ただの友達」だと言うのなら、「友達以上」のことをするのはやめましょう。ほかの友達と同じようにその人に接してください。相手が違う行動をしようとしたら、はっきりとした態度を取りましょう。もし相手が、決まった関係としてつき合うことに伴う責任を持つことなしに、あたかもつき合っているかのようにふるまおうとするなら、それを許してはいけません。そんなことを許したら利用される可能性が高くなるだけです。

そういう相手との関係を続けるなら、しっかり目を見開いて進みましょう。つまり、状況が変わることを願いつつ現在の関係を続けるか、あるいは一方的な関係だということを承知のうえでそれを楽しむかということです。しかしそれは、二人の関係はそういうものだと最初からわかっていて、傷つくかもしれないという大きなリスクを負うことを意味します。これはほとんどの場合、希望的観測に基づくやや無謀な選択肢でしょう。ただし、あなたの立場にある人が、自分の共依存的行動を減らすなど、異なる行動を取るようになれば、時には良い結果に終わることもあります。ですから、それも選択肢の一つとして提示します。しかし、私たちはあらかじめ警告しておきます。これを選ぶなら、あなたの思いが報われないで終わる可能性もあるという大きなリスクを負うことになります。それは忘れないでください。

これらはすべて、異なる結果を期待しつつ同じことを続けないとはどういうことかを示す例です。最後の例でさえ、希望がほとんどないという現実に正面から向き合い、自分の選択に責任を持つ、というケースです。

境界線はすべて、あなたが現実に関して責任を持つことに関係しています。相手がどこに立っているかがわかったら、次は自分をコントロールし、最善だと思うことをするのかどうか、あなたが選択する番です。状況に変化をもたらし得る何らかの要因がない限り、今度こそ違う結果になるだろうと期待して同じことを続けてはいけません。そういう要因がないのであれば、未来を予測する最良の材料は過去です。私たちの経験では、「あなたのことは大好きだけど、あなたに恋はしていない」というようなことを言う人はたいてい、大人の恋愛や性に伴う責任ある立場を取ることなしに、ただ頼ることのできる関係を求める依存的な人です。相手がずっと友達のように振る舞ってきたのであれば問題ありません。しかし、相手が友達以上の行動をしてきたのに、「ただの友達」と言われた場合は、次の行動に移ることをお勧めします。

交際相手が二人の関係の将来を真剣に考えてくれない。

こういう場合、希望はありますか？　あるかもしれないし、ないかもしれません。将来を踏まえた真剣な交際ができない理由には、いろいろなことが考えられます。相手がその種の関係に責任を持って身を投じる準備ができていないと思っているのかもしれません。あなたと関係を続ける意思は確かにあるけれども、今はまだ婚約のタイミングではないのかもしれません。この種のシナリオでは、状況を明確にするための質問をする必要があります。相手はあなたと関係を続けることについては確信を持っていますか？　持っているなら、なぜ今はタイミングが悪いと思うのでしょうか？

私たちは、婚約のタイミングが合わないというカップルをたくさん見てきました。彼らは本当に互いを愛しているものの、結婚に踏み切るための準備ができていないのです。例えば、まだ学生だとか、しばらくは一人で生活する必要があるなどです。その場合、時期が来たら婚約して結婚します。二人の関係には、お互いの愛を確信しているという確固たる基盤があり、これまでの関係の中で互いに対する誠実さは証明済みでした。言い換えれば、二人とも互いを疑ったこともなければ、二人の関係を疑ったこともありませんでした。ただ、タイミングの問題なのです。

別のシナリオでは、相手がコミットメント恐怖症という可能性もあります。彼らは、恋している状態が大好きですが、それは、自由を犠牲にしなくてはならない時がやってくるまでです。こういう人を相手に希望を持つべきでしょうか？　何を根拠に？

あなたの場合は後者だとしましょう。それなりの期間つき合ってきて、「相手が責任を伴う約束《コミットメント》をしたがらない」という以外には先に進めないもっともな理由がなく、もう少し交際を続ければ、相手のことをもっとよく知るようになるだろうと思える理由もないのであれば、あなたの希望は何に基づくのでしょうか？

一方で、相手が自分の中にコミットメントに対する抵抗があると認め、「私には対処すべき問題がある」と言って問題解決のために何らかの助けを求めるのであれば、希望があるかもしれません。相手はこれまでと違うことを始めるので、変化の可能性となる要因があります。例えば、カウンセリングを受けるなど、恐怖や抵抗を克服するために何らかの助けを求める場合、それはあなたとの関係についての強く真剣な思いを示すものであり、あなたはもっと時間を与えることで、相手の努力を尊重したいと思うかもしれません。

実際に、前に進みたくても何らかの理由でそれができないため、謙虚になって時間と助けを求めるというケースはあります。その場合、すばらしい結果が生まれる可能性があります。しかし、約束の伴わない関係のほうが居心地がいいので、変わろうとしない場合もあります。これは、セックスが関係している場合は特にそうです。「牛乳がただで手に入るのに、なぜ牛を買うのか」という古い格言は、不誠実で、犠牲も払わず、責任も負わずにただ関係からの利益を求める無責任な人たちを、とてもうまく言い表しています。もしあなたが、真剣でも誠実でもない相手に、あなたの体、あなたの家、あなたの愛情、または関係におけるほかの「よいもの」を与えてしまっているなら、注意してください。責任の伴う約束を恐れる人や、真剣になるつもりのない人に利用されています。

いずれにせよ、あなたが自分にできるすべてをやってみたなら、どこかの時点で関係から身を引く必要があるでしょう。時間切れです。これ以上時間をかけても、何かが解決すると期待する理由はありません。限界を設定して、それを堅持しましょう。偽りの希望を捨てて、自分の人生を歩んでください。イエスがいちじくの木のたとえ話で言われたように、木に多くの努力と時間を与えても実がならないなら、その木を切り倒しましょう（ルカ一三・八～九参照）。

あなたのことを友達以上として好きになってもらいたいのに、友達としてしか見てくれない。

このシナリオに希望を持つべきでしょうか？　希望はあるかもしれないし、ないかもしれません。その人とは、友達になってどのくらいですか？　先に述べたのと同じテストをしてみてください。何か違うことが起きそうですか？

起こる場合もあります。友達同士の関係でも、新しい経験をすることで互いを別の光の中で見ることが可能だからです。相手とより多くの時間を過ごし、もっと心を開き、より親しくなり、相手に自分のことをもっとよく知ってもらえます。互いのことをより深く知るようになるのは、今までとは異なる新しいことであり、それは変化要因です。

そこで、もっと時間があれば二人の関係は変わりそうか、自問してみてください。あるいは、もっと多く共に時間を過ごせば、何らかのかたちで双方の助けになるか、自問してみてください。私たちは恋愛関係になる前に長い間友人だったカップルを知っています。彼らの場合、二人とも交際や将来を見据えた関係に入ることをとても恐れていましたが、互いの中に見出した安心感が二人を癒やし、成長して、そういう関係になることができました。

また、どちらかが二人の間の「氷」を溶かし、お互いを別の光の中で見ることができるようにした、というケースもあります。今はまだ「友達」の相手に、二人が友達以上の存在になったらどうなるかと考えることがあると伝えて、何が生まれてくるかを見るために交際に発展させるのもいいかもしれません。それはオープンで正直なことであり、時には良い方向に進むこともあります。

問題となるのは、友達に片思いしている人が、希望を捨てたくないがためにその関係にしがみついている場合です。希望を持ち続けるに値する理由はなく、実際には片思いをしている人との友情が、自分の人生を先に進めなくしているのです。もしそれでもその関係に留まるつもりなら、あなたは自分の忍耐が、相手の人生に変化をもたらす要因になってくれることを期待しているのだと理解してください。もしかしたらその人は、誰かが自分に対して忍耐してくれる経験をしたことがなかったかもしれません。あるいは、より長い時間をかけることで、明らかになってくることがあるかもしれません。

同様に、交際の可能性を持ち出して、それについて二人で話すのも今までとは違うことを試すことです。あるいは、二人が交際するとどんな感じだろうかと二人で探求することも変化要因となり得ます。しかし、相手が気持ちを変えてくれることを切望するあまりに、根拠もなしに希望を持ち続けるのは愚かしいことです。

希望を純粋に保つ

神が希望について何と言っているか思い出してください。第一にそれは美徳であり、したがって非常によいことです。第二に、希望は現実に基づいたものでなければなりません。そうでなければ単なる希望的観測です。第三に、ゆがめられた希望は、心の病を招くことがあります。

私たちは、交際することについてあなたに希望を持ってほしいと思っています。しかし、その希望は神に基づく希望であり、あなたが交際している人の現実、そして神の原則の真理に基づいた希望であってほしいと思っています。

もしあなたが優れた人格の人とつき合っていて、その関係が神の導きと、誠実さ、コミュニケーション、弱さを見せ合うこと、謙虚さ、愛、責任といった健全な原則に基づいているのであれば、希望を持つのに充分な理由があるかもしれません。

さらに、もしあなたが自分自身の成長のために神と共に取り組んでいるならば、良い関係になるという希望を持つ理由があると思います。たいていの場合、健全な人は他の健全な人を引き寄せ、出会うことが多いと私たちは考えます（例外もありますので、いい人が見つからないと言って私たちに怒りの手紙を書かないでくださいね！）。あなたが良い出会いを持てるかどうかは、あなた自身が健全で、健全な人に惹かれ、また健全な人を引き寄せられるかにかかっているのです。そしてそれは、あなたが自分自身の成長に責任を持って取り組み、人生を豊かに味わっていることと大いに関係してきます。もしあなたがそれをしていて、神とも関わっているのであれば、あなたが交際に希望を持つ理由は大いにあると思います。

このことを、神の健全な成長の原則の上に立つことと合わせて考えるならば、あなたは希望を抱く理由をより多く持つことができます。正直さ、優しさ、しっかりとした境界線、赦し、責任感、誠実さなどの原則があなたを守ってくれます。これらの原則は時を経て実証されたものです。神の道は私たちの足元を照らす灯火のようなものであり、もしあなたがそれに従うなら、交際がうまくいく可能性ははるかに高くなると私たちは信じています。それは希望を持つ価値のあることです。ダビデ王は次のように述べています。「幸いなことよ　悪しき者のはかりごとに歩まず　罪人の道に立たず　嘲る者の座に着かない人。主のおしえを喜びとし　昼も夜も　そのおしえを口ずさむ人。その人は　流れのほとりに植えられた木。時が来ると実を結び　その葉は枯れず　そのなすことはすべて栄える」（詩篇一・一〜三）。

神への希望、神の原則への希望、信頼に値する人格を持つ人々への希望、そして自分自身の成長への希望。これらは、交際についての希望を持つための本当に良い理由です。しかし、背後に何の現実味もないものに希望を持ってはいけません。そのような希望は心を病ませます。

まとめ

・時には、自分が相入れない複数の願望にしがみついていると気づく必要があります。現実とは違う何かに真実であってほしいと願うのですが、それが現実になるという確証がないのです。
・良い希望は現実に根ざしています。
・成長のような何かしらの変化をもたらす要因がない場合、未来を予測するのにいちばん確かな材料は過去です。
・「二人の関係は変わるという希望を持つために、相手にどういう理由を見出せるだろうか？　その理由は持続可能だろうか？」と自問してみてください。
・真の変化と成長が起こっているという証拠は見えますか？　自分に関することに責任を持つ、成長に向かって進んでいる、変化を渇望する、変化を促してくれるシステムに加わる、悔い改めなど、方向転換を示す何らかの成果はありますか？　変わりたいという動機を相手も持っていますか？　それとも、それらのことはすべてあなたの側だけのことですか？
・関係に変化をもたらすために、これまでとは違う何かをしていますか？　それとも違う結果になることを期待しつつ同じことを続けていますか？　あなたがまだ何か違うことを試していないなら、あなたが変われば、いくばくかの希望はあるかもしれません。

・あなたが関係に持ち込んでいた何らかの機能不全を改善しましたか？

・あなたは、「人々の成長や変化を促す影響力になる」という神の道に従ってきましたか？　それとも、ただ願うだけ、あるいは口うるさく言うだけでしたか？

・これ以上関係を深める気のない人に、もっと深く関わってくれることを期待していますか？　真剣になろうとしない人が真剣になってくれることを期待していますか？

・その関係には、あなたが向き合うべき現実がありますか？

・いちばんの希望は、あなた自身が神の成長過程に関わり、品性を追求することです。あなたが光の人であればあるほど、希望に値する人を見極めることができるようになります。

・価値観と人格に根ざしてください。それらは期待を裏切りません。

第十四章　非難に対する境界線

「なぜきみはいつも……」

「あなたは絶対……しないのね」

「またやったなんて信じられない」

「何で私がこんな扱いを受けなきゃならないの？」

「あなたのせいよ」

「自分を何様だと思っているんだ？」

「あなたっていう人は、本当に……」

「今まであなたのために、こんなにやってあげたのに……」


もしあなたがこういったことを交際相手にいつも言っているなら、二つのことが当てはまるでしょう。一つは、確かにそのとおりかもしれないということ、もう一つは、あなたは状況を悪化させているということです。交際相手をいつも非難しているなら、状況は悪化するでしょう。後ほど言及しますが、非難せざるを得ないときもあります。しかし、それはあなたが思っているほど価値はなく、危険なものです。交際関係の中で、非難する傾向に境界線を設定することについて見てみましょう。

受け継がれたもの

あなたに他者を非難してしまう傾向があるとしても、それはあなただけではありません。この傾向は、多かれ少なかれ人間の性質の一部であり、あなたもそれを受け継いでいるのです。私たちの先祖であるアダムとエバがひな形となり、後代に受け継がれてきた形質です。「私のそばにいるようにとあなたが与えてくださったこの女が、あの木から取って私にくれたので、私は食べたのです」（創世記三・一二）。「蛇が私を惑わしたのです。それで私は食べました」（同一三節）。彼らは、悪魔に、互いに、そして神にさえも、非難の矛先を向けました。しかし、非難しても何の役にも立ちませんでした。彼らは自分の責任から逃れることはできず、神もご自分の正しい立場を放棄することなく、彼らの不従順に対して厳しい結果がもたらされました。

子どもたちがいかにして他者を責めるすべを身につけていくのかを見てください。実に自然に習得します。困ったことがあると、誰かのせいにできないかと周囲を見渡して、こう言うのです。「ぼくが叱られるのはママが意地悪だからだ」、「犬が宿題のプリントを食べちゃったの」、「ぼくが友達を突き飛ばしたのは、ビリーがぼくにそうしろって言ったからだ」などなど。私たちが受け継いだものや性質を考えれば、私たちが非難する種族であることに不思議はありません。

そもそも、非難とは何でしょうか？　それは、過失の責任を誰かに負わせることです。何か問題があるとき、そのことについて誰かを責めることです。非難するとは、それ自体は悪いことではありません。そこには良い機能もあります。問題に関して、誰が何に対して責任を負うのかを整理することです。そうすることで、どうやって解決したらいいのかがわかるようになります。何が自分のせいで、何が他の人のせいなのかを区別するのに役立ちます。

例えば、あなたのガールフレンドが元彼も参加するパーティーにあなたを誘ったとします。彼女はあなたに、元彼も来ることをはっきり言いませんでした。一方あなたは、彼女の元彼が来ても「気にしない」というそぶりを見せていましたが、本音はそうではありませんでした。パーティーに行くと、ガールフレンドの元彼が来ていたので、あなたは嫌な思いをします。そこで彼女を非難するのですが、そうする中で二つのことがわかってきます。彼女にはあなたにはっきり言わなかったという責任があり、あなたには自分の気持ちに正直にならなかったという責任があるのです。それが明確になると、二人とも、こういった問題を解決するためには今後お互いにどうすべきかがわかります。非難することで、解決への道を指し示すことができたのです。

しかし、一方が自分を無罪と見なし、問題のほとんどすべてを交際相手のせいにしてしまうなら、良い交際関係が台なしになります。この種の非難は、問題についての真実を明らかにするために現実を確認したいという思いに駆られたものではありません。それは私たちの心の中のもっと暗い場所から来ており、自分の過失を認めないことに基づいています。自分が過ちを犯したという現実を許容できないとき、または他の人にその現実を知られるかもしれないときに、非難の矛先を別の場所に向けるのです。非難は、霊的にも感情的にも、私たちが直面する最も深刻な問題の一つです。非難は、正直であるよりも自分を「善」にすることを優先させます。

クリスチャンは本来、世界で最も非難と無縁であるべきなのに、皮肉にも実際には、往々にして最も非難する人々です。私たちには赦しと恵みの新しい人生があります。イエスの死のおかげで、私たちの罪は非難されることがありません（ローマ八・一～二参照）。クリスチャンほど、自分の悪の責任を受け入れることを恐れる必要のない人たちはいないのです。それにもかかわらず、独善、言い訳、他人への非難は、あまりにも蔓延しています。霊的な面でも、交際においても、あなたにできる最善のことは、実際に自分の責任である非難は受け入れ、他者のせいではないものについて他者を非難するのをやめることです。以下では、「悪い非難」がいかにあなたの交際関係に悪影響を与えるかを見ていきます。

非難――親密さを妨げるもの

非難することは、交際関係の中で親密さが深まるのを妨げます。カップルがより親しくなろうとして自分の弱さを見せるとき、そこには多くのリスクが伴います。愛は心のリスクなしに育ちません。ところが交際相手から絶え間なく非難されていると感じるとき、その人は裁きの座に座らされています。その人は非難の猛攻から自分を守りたいと思います。そうなると、心を開きたいという願いと、自衛のために身を引きたいという衝動の間で葛藤が生じます。

トラヴィスとモーガンの関係はまさにその例でした。二人は一年近くつき合っていて、親しさが増していました。最近では二人の間の問題や葛藤について話し合えるほど、互いに安全な関係になっていました。問題の一つはトラヴィスの無責任さで、彼は約束の時間に電話をかけてこなかったり、デートに遅刻したりすることが多々あったのです。これは責任や誠実さ、時間厳守をとても大切にしていたモーガンを不快にしていました。彼女には正当な不満があり、この問題について自分がどう感じているかトラヴィスに何度か話しました。

トラヴィスはもっと自分の行動に責任を持とうとしましたが、徹底して努力することはなく、問題は続きました。時間が経つにつれ、モーガンは二人の関係の問題のほとんどを、彼の無責任さという観点から見るようになりました。彼が正当な緊急事態のために電話ができなかったときでも、彼女は「また言い訳してるのね」と言い、トラヴィスに怒りを爆発させるときは、「あなたの無責任さに我慢しなくちゃいけないから腹が立つのよ」と言って、自分を正当化するのでした。

トラヴィスはモーガンを大切に思っていましたが、心が次第に彼女から離れていきました。彼は自分の気持ちや経験についてあまり語らなくなりました。表面的な話だけをし、彼女の話を聞くだけになりました。モーガンの非難から遠ざかりたかったのです。ある時トラヴィスは、デートで彼女を迎えに行くのに憂鬱になっている自分に気づき、二人の関係には深刻な問題があると気づきました。彼は彼女と一緒にいることを楽しみたかったのですが、モーガンと一緒にいると終始砲撃団に囲まれているかのようだったのです。彼はモーガンと会う計画を避けるようになりました。

幸いなことに、二人は事態を解決し、今では無事に結婚生活を送っています。トラヴィスはモーガンに責められることへの恐怖を伝えるようになり、彼女はそれを改める努力を始めたのです。不思議なことに、まだ完璧ではないものの、トラヴィスは以前より責任ある行動を取るようになりました。非難のせいでほとんどだめになりかけていたカップルでしたが、そのように変わったのです。

心の状態の問題

困ったことに、非難はことばにしなくても関係を壊すことができます。あなたが一言も話さなくても、非難は態度によって表されるのです。人を非難するという問題は、相手に何を言うかだけでなく、私たちの心の状態にも関係します。そのため心の中の考えや感情は、行動と同じくらい重要です（マタイ五・二八参照）。ですから、自分が思っていることをそのまま口に出さなければ大丈夫、というものではありません。

　これにはいくつかの理由があります。第一に、非難する心はあなたが交際相手にどう接するかに影響します。もしあなたが絶えず怒ったり、イライラしたり、容赦なかったりするならば、他者とのつながりを必要とするあなたの心の深い部分をその人にさらけ出すことはできないでしょう。第二に、ことばにしなくても、非難は行為を通して相手に伝わるものです。沈黙、冷たさ、距離感、皮肉は、ことばによる非難と同じようなダメージを与えます。ですから、自分の中にある非難する傾向に対処したいのであれば、舌だけでなく心の問題として対処してください。

非難はどう作用するのか

　非難は、それを受け取る側の内側ではどう作用するのでしょうか？　基本的に、それは愛なしに語られる真実として受け取られます。そしてそれは、裁きや罪の宣告のように感じられます。私たちはみな、自分の身勝手さや罪、未熟さについての真実を聞く必要があります。例えば、モーガンがトラヴィスに、彼のいい加減さのために傷つき悩んでいると伝えた最初の数回は、トラヴィスの成長の助けになっていました。しかし、自分が愛されていると知らない限り、真実を受け取ることは困難です。あまりにも苦痛だからです。嫌われていると感じたり、単に自分が悪い人間なのだと感じたりします。

実際、愛に満ちた人から伝えられたとしても、自分の未熟さについての真実を聞くのはつらいものです。私（タウンゼント）の友人が最近手術を受けました。彼は私からのサポートが欲しかったので、手術の日程を事前に知らせてくれていました。後に、彼は私にこう言いました。「ぼくの手術がどうなったか、きみは電話して聞いてくれなかったから、ぼくは傷ついたよ」。彼は長いつき合いの親友なので、ストレートに、しかし愛情を持って伝えてくれました。それでも私は、二つの意味で非常につらい気持ちになりました。まず、誰かを傷つけたと気づいたときに感じる悲しみと悔恨の念です（Ⅱコリント七・一〇〜一一参照）。それと同時に、「ぼくはどうしようもないやつだ」という気持ちになりました。それは、自分自身についての真実を受け取る能力がまだ完成していないことを示すものでした。自分を責める思いは以前に比べれば長く続きませんでしたが、痛みを覚えるのには充分な長さでした。

要するにこういうことです。自分が愛されていて安全なときであっても、自分についての真実とはこのように刺さるものであるなら、そうでないときはどれほど悲惨でしょうか。私たちは自分自身に対して、あるいは相手に対して、深い怒りを経験します。それが恵みなしの律法がもたらすものだからです（ローマ四・一五参照）。真実を聞くための唯一の方法は、愛の中でそれを聞くことです（エペソ四・一五）。そうでなければ、「責められる人」は不義に定められることになり、責める人や自分自身に怒りをぶつけて戦わざるを得なくなります。

交際――非難の温床となり得る関係

交際関係では、その性質上、しばしば相手への非難が湧き上がります。数か月前までは理想的なソウルメイトだった人を、今度は非難の対象にしてしまうのです。これにはいくつかの理由があります。

交際とはその関係を続けられるかを知るためのもの

交際中の関係はまだ永続的なものではありません。その方向に動いているかもしれませんが、まだ決定していません。そのため実際に結婚するまでは、交際相手に不満があるとき、別れることを止めるものはほとんどありません。つまり、交際中は結婚後ほど、相手に我慢する必要がないということです。関係の中によいものがあっても、悪いもののほうが多ければ、別れてもいいのです。一方結婚の契約は、よいことと悪いことの比率によって残るか去るかを決めるより、ずっと深いものです。結婚の契約は生涯のものです。

誰かの欠点と共に生きていく必要がなければ、その欠点は自分にも原因があったかもしれないと、自分を振り返る努力まではあまりしないでしょう。妻は、自分が無言で夫を無視していることが夫の怒りを引き起こしていると気づくかもしれません。そういった夫婦間の駆け引きを何度も繰り返してきて、それを解決する唯一の方法は、自分が何を変えるべきかを考えることだと妻はわかっています。しかし交際中の人は、「私は激しい怒りは許容しない」と言って関係から去ることができます。交際とはそういうものなので、悪いのはすべて相手であり、自分には問題はないと考えることを可能にします。怒りを爆発させる側にも問題はありますが、そうやって関係から去る側も、問題を持たない理想的なパートナーを永遠に探し続けることになりかねません。そうなると、自分自身の問題に対処する機会を失うでしょう。

非難する性格

私たちは誰でも、ある程度は人を非難します。しかし、他の人よりこの傾向が強い人もいます。あなたは交際相手の欠点が気になってしかたがないほうですか？　もしそうなら、すぐに非難してしまうのはあなたの性格的弱点の一部かもしれません。非難する傾向は、利己主義、衝動性、受動性など、他の性格上の欠陥と比べて、より悪いともましだとも言えませんが、決してささいなものではありません。

もしあなたがそういう性格なら、それはデートの場でいっそう顕著に現れるかもしれません。つき合っている人のふるまい方や行動を観察したり評価したりしているので、「すぐ非難する」というあなたの弱点は助長されやすいのです。あなたは資格のない裁判官になってしまいます。あなたにそういう傾向があるなら、それが交際関係を損なわないように、この章の最後にある課題のいくつかに取り組む必要があります。この問題に取り組むまでは、異性と交際することは、アルコール依存症の人がバーテンダーをするのと同じようなものです。あなたの性格の弱点にとって、交際関係は誘惑が多すぎるのです。

恋愛感情がもたらすもの

恋愛感情は、交際を友情から区別する一つの要素です。恋愛感情には相当の情熱と強い感情が伴い、そこには退行的な性質が伴うこともあります。その感情の深さと強さが、子どもの頃からのニーズや願望を引き出すことがあるのです。恋をしているとき、人が時々愚かな行動を取るのはそのためです。子どものような感情的高揚と落ち込みを体験し、再び子どもに返ったかのように感じます。

その感情的アップダウンの「ダウン」のほうにいるとき、非難が噴き出すことがあります。未解決の傷を持っている人が、交際相手に非があるわけではないことについて、無意識のうちにも相手を非難し始めるのです。その人の子どもの部分は、重要な形成的関係（訳注・親との関係など）と交際相手を区別することができません。そして間違ったターゲットに非難を向けるのです。交際中、「なぜ彼女はぼくにそんなに怒っているのだろう。どうしてそこまで責められなくてはならないのだろう」という経験を持つ人が少なくないのはそのためです。それはおそらく、恋に燃える気持ちが、子どもの頃に成長し損なった彼女の魂の一部分を掘り起こしてしまったのでしょう。

あなたにこのような経験があるなら、グループカウンセリングに参加するなどして、幼少期に傷ついた部分を癒やす作業に取り組む必要があります。神が導く成長の過程でこれらの部分を修復し、恋愛関係以外の思いやりのある関係を通してそれらのニーズを満たすうちに、交際相手に対する強烈な非難の思いはだんだんなくなっていくでしょう。

非難の結果

究極的には、非難とはそれ自体が報酬であり、そこで完結しています。他者を責め、裁くことには、非常に不健全な満足感があるのです。それは自分が実際の自分よりも優れていて、人生における最大の問題は他人の罪であるという妄想をもたらします。そして、私たちには神の恵みとあわれみが切実に必要であると気づくことを妨げます。

何かを達成するのに非難はいかに無益かを知ると、それを手放すのに役立ちます。非難が蔓延する交際関係はどういう結果になるのか見てみましょう。

・二人とも、愛することよりも不平不満を言うことに時間とエネルギーを使っている。
・一方が相手を追い詰め、もう一方はその非難の攻撃をかわそうとする。
・一方が交際相手以外の誰かを理想化し、その人なら自分の交際相手ほどひどいことは決してしないだろうと思う。
・二人の間の問題を満足いくかたちで解決することができない。
・一方が悪者のレッテルを貼られ、それにずっとつきまとわれる。
・非難される側にとって、非難ばかりする人は恨みの対象となり、関係を築くのが困難になる。

このリストはまだいくらでも続けられますが、要するに、あなたがどんな幸せ、安全、安心、愛を夢見ていたとしても、相手を非難すればするほど、それから遠ざかっていくだろうということです。

交際と道徳的優越感

相手を非難することが交際関係を破綻させる理由としてもう一つ挙げられるのは、傷ついた側が自分を傷つけた相手に対して、道徳的優越感を持つようになることです。傷つけられた人は相手の行動にショックを受け、悲しみに暮れ、「私にはこの人のようにこんなにひどく誰かを傷つけることなどできない」と考えます。相手が自分を深く傷つけたことは事実かもしれませんが、その人は自分の心にもどれほどの闇があるかわかっていないのです（ローマ二・一〇～一八参照）。

非難する人は、自分を被害者だと思う傾向があります。自分は無力で、力を持つ人に踏みにじられていると感じており、二人の関係において自分の声はあまり聞いてもらえないと思っています。これは子どもの立場であり、そこには自分は悪くないという感覚が伴います。その結果、非難する人（自分を無実の被害者と思っている）は、相手の前に問題を永遠に突きつけることになります。

交際関係がこの問題を乗り切るのは非常に難しいことです。悪者にされた側は、相手の好意を得るために必死で努力しますが、自分は悪くないと思っている被害者（非難する側）には太刀打ちできず、傷ついている交際相手の前に、自分は劣っていると思ってしまいます。その人は自分がしてしまったことについて責任を負わされますが、「自分は断固として悪くなく、相手だけが一方的に悪い」と決めつける人に対しては、自分の非を認めることは非常に困難です。どう頑張っても不可能なので、やがてさじを投げるでしょう。

あなたは道徳的に優位な立場に立つ傾向があるでしょうか。もしそうなら、それはあなたが人生に望むすべてのもの、すなわち、相互に成熟した関係、個人的な成長、そして自由を阻害するものであることを理解してください。私たちはみな、罪を犯したり、人を傷つけたりする可能性があるのです。実際、無実であることを要求されずにすむとはありがたいことです。この現実の中で生きるほうが、自分だけが完全に無実だなどという空想の国で生きるよりもずっと楽です。

非難を手放すために

多くの場合、交際関係の中で相手を責めている人は、相手がしたことは本当にひどいので、自分が不満を持っているのは当然だと感じます。相手のしたことを見過ごしたくありません。そこでジレンマに陥ります。問題などないようなふりをして、物事が悪化していくままにするか、あるいは問題を指摘して、裁判官呼ばわりされるかです。どちらも良い解決策ではありませんし、二人が長期的な良い関係に向かうのに助けになりません。そこで、非難の問題を解決するためのいくつかのガイドラインを提示します。

自分自身をよく吟味する

最も重要な解決策は、自分の欠点や弱点を積極的に観察することです。非難の問題は、まず自分自身を振り返ると軽減される傾向があります。自分は他者を裁きつつ、神のあわれみを受けるわけにはいかないことを思い出しましょう。「あわれみを示したことがない者に対しては、あわれみのないさばきが下されます。あわれみがさばきに対して勝ち誇るのです」（ヤコブ二・一三）。相手の罪よりも自分の罪により注意を払うとき、この戦いの大半を勝ち取っています。

あなたの交際相手は自分自身の失敗について真実を聞く必要があります。しかしその前に、あなたについての真実を聞く必要があります。そうすることで、道徳的な平等性が生まれ、物事を安全な環境に置くことができます。十字架の足元は常に地面が平らであることを忘れないでください。

交際相手の良いところと悪いところの両方を見る

交際相手の悪い部分に目を向けるのと同じくらい、その人の良い部分も心に留めると、責める姿勢を保つことが難しくなります。これは現実否認ではなく、その人全体を考慮するということです。実際、慢性的な非難こそ現実否認に近いと言えるでしょう。なぜなら、それは相手の良い部分への感謝や愛を否定してしまうからです。健全な関係では、互いの良いところも悪いところも受け入れます。互いに愛し、また憎みます。しかし、愛は憎しみを凌駕《りょうが》し、無視できない悪い部分を我慢するのを助ける接着剤です。

非難する代わりに境界線を引く

人が非難するのは、多くの場合、関係の中で無力でなすすべがないと感じるからです。その人にとって、非難することが相手の行為に抗議する唯一の方法なのです。しかし、実はもっと良い方法があります。それは、愛をもって交際相手に対峙し、あなたは何を許容できないのかを知ってもらうことです。そして、それでも相手の行動が続くなら、限界を設定します。そうすることで、あなたは選択肢と、ある程度の自由と力を持つことができます。そして相手に支配されていると感じないですみます。例えば、モーガンはトラヴィスにこう言ってもよかったのです。「あなたが電話してくれないことについて、もう口うるさく言うのはやめるわ。でも、そういう扱いを受けるのは嫌なの。だから、次に電話をすると約束したのに電話してくれなかったときは、その後二週間はあなたと会わないことにします。私はあなたと一緒にいたいのよ。でも、今のような状況ではそれができないわ」。トラヴィスを責める代わりにこのように言っていれば、モーガンはもっと多くの進歩を望めたでしょう。非難しても問題は解決しませんが、限界を設定することは解決につながります。そうすれば、そもそも責める必要もなくなるのです。

赦す

責めるのをやめられないもう一つの理由は、相手をなかなか赦せないことです。赦しとは、誰かがあなたに対して負っている負債を帳消しにすることです。私たちはみな、赦しを必要とするときがあり、お互いに借りがあります。ところが多くの場合、私たちは赦すことをしません。なぜなら、不公平だと思ったり、相手が自分のしたことの責任を負わずにすんでしまうと思ったりするからです。だからこそ私たちには救い主がいるのです。赦さないでいることは、私たちが嫌だと思っている状態よりもっと悪い状態です。赦せないという問題は現実的なものです。それを解決するためには、私たちを最も深いレベルで赦してくださった救い主がいること、そしてその方はご自身が私たちのためにしてくださったように、私たちも復讐や完全な正義を求めることを手放すよう求めておられると思い出すことが大切です（マタイ六・一二〜一五参照）。相手の違反行為や、それに対する復讐や完全な正義を求めることを手放しましょう。変えられるものについては制限を設け、変えられないことは赦しましょう。そして、その関係があなたの望むものであるかどうかを、この二つの側面に基づいて評価してください。

悲しむ

赦しが客観的なものであるのに対し、悲しみは感情的な要素を含んでいます。負債を帳消しにするとき、復讐を要求する権利を手放すことになります。手放すことは喪失と悲しみの感情をもたらします。それが悲しみの本質です。非難する人は怒っていますが、それは何の問題も解決しない種類の怒りです。怒りは最終的には悲しみと嘆きに道を譲らなければなりません。これはあなたが、「私は負けた」と言っていることを意味します。そして、それは真実です。あなたは、相手を変えようとする戦いに負け、あなたの方法で物事を理解してもらおうとする戦いに負け、相手がどれだけあなたを傷つけたかをわからせようとする戦いに負けたかもしれません。勝つ価値のない、あるいは勝つことができない戦いはやめましょう。それこそ、神が毎日なさっていることです。神は私たちの生き方をコントロールすることを手放し、私たちが悪いものを選ぶとき、それを見て悲しんでおられます（マタイ二三・三七参照）。

これらのステップを踏んでいくには努力が必要ですが、それは大切な人との関係の中で相手を非難することによって生じる負の力を、効果的に制限してくれるはずです。

まとめ

・自分の過ちを指摘されたら、謙虚に耳を傾け、相手を責めたくなる衝動を抑えることを学びましょう。
・非難したくなったら、自分が恐れていること、裁かれたと感じていること、または自分の欠点を悲しんでいることを自覚するためのシグナルだと思いましょう。
・交際相手の問題よりも、自分の魂の状態を気にする姿勢を強く持ちましょう。
・抗議や口論、非難することにとらわれるのでなく、あなたの交際相手の好ましくない部分を受け入れ、現実を見て自分のなすべきことをしましょう。
・あなたが非難ぐせを出し始めたら知らせてもらうよう、信頼できる人たちに頼みましょう。
・赦す人になり、互いに赦し合うことを二人の関係にとって当たり前のことにしましょう。

第四部

交際における問題を解決する

あなたの交際相手が問題であるとき

第十五章　相手の無礼を許さない

シンディは二年前に離婚し、ようやく再び誰かと交際してもいいと思えるようになった頃、クレイグと出会いました。彼は頭が良く、気配り上手な人で、二人は意気投合しました。シンディが特に惹かれたのは、彼が彼女の女性的な感性に共感できるところでした。彼女の前夫は非常に男性的な人で、二人の物事の見方には共通点がほとんどありませんでした。しかしクレイグとは違和感がなく、感情や人生の深い問題について、共通理解を持つ者同士として話すことができたのです。それだけでなく、彼はシンディの女友達と一緒にいることも嫌がりませんでした。クレイグには、一部の男性にあるような男性優位主義的な態度はありませんでした。

しかし彼にも問題はありました。彼女がそれに気づいたのは、二人が都会の素敵なレストランでデートをしていた時のことです。とても雰囲気のいいお店で、テーブルに着席する時もクレイグは見事な気配りを見せてくれました。そこに若い金髪のウェイトレスが現れ、ドリンクか前菜はいかがですかと尋ねました。するとクレイグは媚《こ》びるような表情を浮かべ、「結構です。あなたがメニューに載っているなら別ですが」と答えたのです。ウェイトレスは気まずそうにほほえんで去っていきました。シンディはショックを受け、傷つきました。そして「あなたが今言ったことは、私に恥をかかせたわ！」とクレイグに言いました。彼はとぼけたように、「何のことだい？　ちょっと冗談を言っただけじゃないか。大げさだなぁ」と言いました。シンディは納得したわけではありませんでしたが、その場はとりあえず引き下がり、自分を落ち着かせました。そして残りの夜は気持ちよく過ごしました。

シンディはその出来事を忘れることにしましたが、長くは続きませんでした。数週間後、あるパーティーでシンディの友達のリズが別れた彼氏のことで二人に愚痴をこぼしていると、クレイグが、「きみをそんなふうに扱うなんて、その男は頭がおかしいに違いないね。ぼくがきみのような才色兼備とつき合っていたら、幸運の星に感謝するよ」と言ったのです。そのことでシンディが再びクレイグに文句を言うと、彼はこう言いました。「別にいいじゃないか、これがぼくのやり方なんだから。あの場が重くならないようにしただけさ」

それ以外のことでは、二人の関係はとてもうまくいっているように見えたので、シンディはわずかなことのために多くを危険にさらしたくないと思いました。しかし、それ以降シンディは女性といるときのクレイグのようすに注意を払うようになりました。そして、クレイグはそばに女性が来ると媚びを売るような発言を頻繁にすることに気づきました。二人の関係が深まるほど、それはもっと頻繁に起こっているようでした。

クレイグのその行動についてシンディが友人に話すと、その友人はこう言いました。「多分彼は、そういう方法でしか女性との会話のしかたを知らないのよ。それに、少なくとも彼はあなたの前でそうしているわよね。つまり、彼にはあなたが本命で、隠れてそういうことをしているわけではないわ」。友人のことばにシンディはなるほどと思いましたが、だからといって、彼の行動を見過ごすことはできませんでした。

いちばん嫌だったのは、たとえ彼に悪気はなく、シンディの感じ方の問題であるとしても、そのシンディの気持ちを彼が無視していたことでした。それが彼女にとってどれほどつらいことなのかを気にかけるようすも、理解しようとするようすもありませんでした。もしクレイグがシンディの気持ちを気遣ってくれていたなら、シンディもそれほど気にしなくなっていたでしょう。しかしシンディがクレイグのふるまいに注意を払うようになって気づいたのは、彼はほかの女性との話し方だけでなく、別の場面でもシンディの気持ちを無視する傾向があるということでした。時間が経つにつれて、彼はますます自分の意見ややり方を優先させ、シンディのことを気にかけなくなっていきました。そしてシンディが彼のその態度について話そうとすると、大げさだ、自分は悪くないと言い張るのでした。

シンディは以前クレイグとつき合っていた女性たちに会い、彼女たちも同様の経験をしていたと知りました。クレイグは、ほかの女性が周りにいなくて、つき合っている女性とうまくいっている限りは、その女性と心を通い合わせることができました。ところが、二人の間に問題が起こったり、周りにほかの女性がいたりすると、とたんにつき合っている女性の気持ちに無頓着になるのでした。

シンディはクレイグの態度に抗議するだけでなく、行動を起こすようになりました。彼が彼女の前でほかの女性の気を引くような物言いをしたら、彼女はそっとバッグを持ってその場を立ち去り、彼がその女性に理由を説明せざるを得ないようにしました。シンディがクレイグに「あなたがいくら私の考えすぎだと言おうとも、あなたの無神経さとそのおかげで私が被る屈辱を、もう黙って耐えたりしません」と伝えると、ついに二人は別れることになりました。シンディはクレイグのことが本当に好きだったので、心がつぶれる思いでした。しかし、うまくいっているときはすばらしいけれど、そうでないときは自分の心を踏みにじるような人と結婚するなど、シンディにはとても考えられなかったのです。

「ディスる」のはやめよう

最近の若者が使う表現に、「ディスる」というものがあります。ディスリスペクトの略で、「無礼をはたらく、相手を軽視する、侮辱する」という意味です。誰かをディスることは、相手への敬意を欠き、名誉を傷つけているとみなされ、争いになる可能性があります。その人の社会的地位がどうであれ、人をディスることはタブー視されています。それは、相手の権利や性格を無視していることを意味するからです。

交際においても、ディスることは問題視されます。しかし、この場合は悪口を言うことよりも、交際相手を見下していることが、おもな問題になります。無礼は、親しさ、親密さ、そして二人の結婚生活の成功に大きな障害となります。

敬意・尊重は、どんなカップルにとっても愛を育むために必要な要素です。双方とも、交際相手が自分を尊重してくれていると感じる必要があります。これには、相手のあらゆる側面を尊重し、価値あるものと見なすことが含まれます。敬意を払うことは共感とは異なります。もちろん共感も大切ですが、敬意も欠かせません。共感とは、相手の経験、特に相手の痛みを感じる能力です。敬意や尊重とは、他人が経験していることや感じていることを大切にする能力です。必ずしも共感はできないかもしれませんが、尊重することは常にできます。例えば、ある男性が恋人を性的に求めることを自制する場合、その理由は、共感と尊重の両方があり得ます。彼は、自分が彼女を困らせることに深い申し訳なさを感じた（共感した）のかもしれませんし、あるいは、彼女が自分で判断を下す権利を尊重して自制したのかもしれません。人間関係は、共感と尊重の両方があるときに最も発展します。

二人の間に尊重があると、相手は自由に自分らしくあれると感じます。正直でありながら、つながりを失うことなく安全だと感じられます。自分が攻撃されたり、恥をかかされたり、粗末に扱われたりするのではないかと心配する必要がないからです。尊重のない関係では、自分のニーズや感情を大切にしない相手に支配されたり、無視されたり、傷つけられたりすることが多々あります。

尊重されることを望むとは、特別扱いを求めることではありません。尊重するとは崇拝することではなく、イエスが教えた黄金律、つまり自分が扱われたいと思うように他者をも扱う、というようなことです。尊重されるとは、例えば次のようなことです。

・あなたの意見が聞き入れられ、大切にされる。
・二人の間に違いや考えの相違があっても当然のこととされる。
・あなたの選択は、たとえそれが間違ったものであっても尊重される。
・あなたの気持ちが認められる。
・あなたが間違っているときも、敬意を持って指摘される。見下されたり子ども扱いされたりしない。

クレイグには、尊重に関していくつかの問題がありました。まず、ほかの女性が周囲にいるとき、クレイグにとって自分が特別な存在だと示してもらいたいというシンディの気持ちを尊重しませんでした。そしてほかの女性も不快に思っていたにもかかわらず、彼は自分の不適切なふるまいを無害なものとして笑い飛ばしていました。第二に、これはもっと重要なことですが、クレイグがシンディを傷つけたとき、自分の気持ちを考えてほしいというシンディの必要を尊重しませんでした。彼は自分のやり方に固執していて、自分の行動がシンディをどういう気持ちにさせているか、気づかなかったのです。

無礼はどのようにして起こるのか

無礼は、交際相手よりも自分の願望を優先するときに起こります。積極的に相手を傷つけようとしているのではないかもしれません。むしろ、自分の思いどおりにしようとするあまりに、相手の感情、自由、ニーズを踏みにじり、無視してしまうのです。無礼な態度は、悪意というよりも、自己中心の表れです。もちろん悪意による無礼もあります。

交際中の人は、自分の感情、ニーズ、自由が尊重されていることを知っている必要があります。どちらかが性的な状況で不快な思いをしたり、嫌味な発言で傷ついたり、約束が破られて怒ったりした場合、それは二人の間に何か問題があるという合図です。相手はそれらの感情を真剣に受け止める必要があります。何がこれを引き起こしたのかを話し合い、問題を解決しなければなりません。

無礼の種類にはいろいろありますが、何らかのかたちで相手の自由を侵害することが一般的です。

・支配的――一方が他方の「ノー」に耳を貸さない。相手が自分に同意しないと、相手を威嚇したり脅したり、または激怒したりする。交際相手の選択の自由によって気分を害する。〈例〉ボーイフレンドに自分とたくさんの時間を過ごしてほしいと思っている人が、彼がほかのことをしたいと言うとき、怒って「二人の関係が危険にさらされる」と脅すなら、彼の自由を尊重していないことになる。

・引きこもる――一方が何らかの自由を行使したり相手の意見とは違うこと表明したりすると、もう一方が内にこもる。相手を避けたり、すねたり、黙り込んだりし、それによって、暗に相手を罰する。〈例〉一方が交際相手と一緒に過ごしたいと思っている日に、もう一方はむしろ自分の友達と遊びに行きたいと言う。そのとき、文句は言わないものの、その後しばらく、相手に連絡を取るのをやめたり、口をきかなくなったりするなら、その人は相手の自由を尊重していないことになる。

・操る――一方が、相手の心を変えさせるための状況を巧妙に作り出すなら、相手を尊重していないことになる。〈例〉自分の家のペンキ塗りを手伝ってもらいたいと頼んだ時、交際相手が忙しくて手伝えないと言っているのに、泣いたり、口うるさく言ったりしてせがむ。

・直接的な違反――やめてほしいと言われたあとでも、同じように傷つける行為を続けるなら、相手を尊重せず、無礼をはたらいていることになる。〈例〉しょっちゅう土壇場でデートをキャンセルする人に、それは傷つくからやめてほしいといくら伝えても、相手はそれを改めない。

・軽視――一方が、相手の否定的な感情を単なる過剰反応だと言う。

・非難する――二人の間に問題があるとき、その問題の責任を一方に押しつける。〈例〉一方が、公共の場でからかわれると傷つくからやめてほしいと交際相手に言うと、その人は、「あなたが私にもっと注意を払ってくれていたら、私はそういう言い方はしないですんだのに」と言う。

・正当化――問題が起こったとき、言い訳をして責任を逃れようとする。〈例〉相手がいつもデートに遅刻してくるために傷ついている人に、「気持ちはわかるけど、遅れたのは道路が渋滞していたからで、ぼくが悪いわけじゃない」と言う。

誰かを尊重するとは、その人に同意するという意味ではありません。また、相手の望むことに従うという意味でもありません。尊重するとは、相手は大切な人だから、その人の感情も大切にするという意味です。相手の話を聞き、理解して、事態の改善に努めましょう。

マーガレットが交際を始めたマイクは、出張の多い仕事に就いていました。二人の関係は深まっていき、彼女はもっと頻繁にマイクと連絡を取りたいと思うようになりました。それは当然の願いです。マイクの出張中は、毎晩電話してほしいと思いました。しかしそれは、不可能ではないものの、フライトや会議のスケジュールの都合上、マイクにとって容易ではありませんでした。

なるべく電話するようにしましたが、電話をできないと彼女は非常に傷ついて、愛されていないと感じるのでした。彼は電話するように努力しましたが、毎晩というわけにはいきません。ついにマイクは言いました。「きみの気持ちは本当に大切に思っているけれど、ぼくにできることには限りがある。別の方法で解決できないかな？」彼女はそれについて考え、彼に問題があるのではないと気づきました。マーガレットの父親は彼女が小さい時に失踪してしまったため、彼女には見捨てられることに対する不安がずっとあったのです。マーガレットは自分の不安をマイクに押しつけていることに気づき、自分の中で父親を手放すようにしました。彼女は、電話できるときだけしてくれれば、それで充分だと同意しました。マイクは彼女の気持ちを尊重しましたが、言いなりになるのではなく、彼女の気づきによって二人は本当の問題を解決することができました。

相手があなたの感情、時間、意見、価値観を尊重してくれない場合、何らかの行動を取る必要があります。黙っていないでその問題を持ち出す必要があるかもしれません。それも、後回しにできない深刻な問題として持ち出す必要があるかもしれません。同じことが繰り返されるなら、「結果《コンセクエンス》」を設定する必要があるかもしれません。ある女性の交際相手は、友人たちと一緒に出かけると、いつも彼女をダシにしてその場の笑いを取っていました。それが嫌だった彼女は、彼がそういう無礼なことをしたら先に帰宅できるように、出かけるときは別々の車を使うようになりました。彼女が先に帰ることが数回あっただけで、彼は彼女が本気だと気づき、事態は好転しました。

隠されていた無礼

私たちは、他人を尊重する者に生まれついたわけではありません。むしろ子どものころは、自分のことにばかり関心があり、他人のニーズはほとんど意識しません。しかし、成熟するにつれて、他者のこともだんだん考えるようになっていきます。時間をかけて、他者のニーズや感情も重要であると学んでいきます。しかしこれは学習した能力であり、生得的なものではありません。

時には、つき合い始めた相手が最初はとても礼儀正しいように見える場合があります。こちらの話によく耳を傾け、こちらの意見を認め、それに従うこともよくあります。ところがその後、二人が親しくなってくると、当初あった敬意が消え、もはや大切にされているとは思えず、見下されているかのように感じます。そうなると、傷ついた人はしばしば首をかしげます。「この人が私に対して持っていた敬意は、どうしてなくなってしまったのだろう。親しみが軽蔑を生み出したのだろうか？」と。

現実はそういうものではありません。他者を尊重できる人は、時間が経つにつれて相手への敬意を失うのではなく、増し加えるものです。関係が深まるにつれて、相手のより多くの部分とつながり、相手について新たに知るようになった部分についても尊重します。親しくなることで、かしこまった感じはなくなるかもしれませんが、相手の気持ちを大切にすることは変わりません。これは性格的特徴なのです。状況に左右されるものではなく、安定しています。時間が経つにつれてあなたを尊重しなくなるように見える人は、恐らくは、もともと他者のニーズや感情に対する真の敬意を持っていなかったのでしょう。表向きには社交的で、エチケットや社会のルールを知っているかもしれませんが、心の中では自分の思いどおりにすることに固執しているのです。ですから、相手の言動に無礼が増えてきたと気づいた場合、相手が変化したのではなく、隠されていた何かが現れ始めたのだと考えていいでしょう。

言うことと行うこと

無礼に気づくためのもう一つの重要な側面は、実際に何をするかであって、何をすると言うかではないことです。誰でも謝罪して、これからは変わりますと言うことはできます。そのように言うためにもある程度の人格的成長が必要ですが、実際に変化し、約束したことを実行するためには、それ以上の成長が必要です。例えば、いつもギリギリになって約束をキャンセルする人は、自分がしたことがどれだけ交際相手を傷つけたのか気づき、必死になって謝るかもしれません。そして、今後は約束を守ると誓うかもしれません。それでも予定をたくさん入れすぎるというその人の傾向は変わらず、直前になって約束を反故《ほご》にします。失敗することは無礼ではありません。

しかし、他者を傷つけるような分野で失敗し続け、その失敗を解決するための措置を取らないのは失礼なことです。ことばでも行動でも無礼を許容してはいけません。

無礼の解決に役立たないもの

無礼とは、結局のところ性格に関わるものです。無礼な関係は、わがまま、支配、理解不足などが原因で起こることがあります。次に挙げることは、無礼な言動を治すのに役立ちません。

関係をすぐに終わらせること

限界を設定するのが苦手な人の多くは、相手が無礼なことをする人だとわかると、ただ関係から立ち去ってしまいます。突然、これ以上は我慢できないと言って関係を終了するのです。こういう問題解決のしかたは残念で、しかも役に立ちません。あとで述べますが、関係を終わらせることになる前に、あなたにできることはたくさんあります。交際関係とは、問題が発生したらすぐに終わらせるものではなく、そこで問題を解決する場であるべきです。なすべきことをしないままにすぐに関係を終わらせることは、あなたの将来の結婚にとっても、どんな種類の関係にとっても、良い結果を生みません。物事を終わらせる前に、無礼な態度に対処することを学びましょう。

追従

あなたを尊重しようとしない交際相手を喜ばせようとするのは不毛です。相手の言いなりになれば、その時は争いが収まるように見えるかもしれませんが、究極的な問題は解決しません。無礼の根底には自己中心があります。追従すると、無礼な態度を取っても自分が痛い目を見ることはないという幻想を相手に抱かせるので、その人の利己主義は続くか、あるいは一層悪化することさえあるかもしれません。

私たちはみな、他者を愛するように召されています。たとえ相手が無礼な人であってもです。「あなたがたが互いに愛し合うこと、わたしはこれを、あなたがたに命じます」（ヨハネ一五・一七）。しかし、愛とは追従することではありません。誰かを愛するとは、その人のために最善を尽くすことですが、追従とは、その人の罪と未熟さが引き起こす結果を容認することです。例えば、あなたが気性の荒い人とつき合っているとします。彼は怒ると、あなたに対して意地悪で批判的になり、安全と安心を求めるあなたの気持ちを軽視します。あなたは彼を落ち着かせ、彼の怒りのもとを取り除くことで、怒る彼に追従するとします。この場合、一時的に彼をなだめるかもしれませんが、彼の人格的問題を治すことはありません。「激しく憤る者は罰を受ける。たとえ彼を救い出しても、ただ、これを繰り返すことになる」（箴言一九・一九）。無礼に対する追従については、拙著『境界線〜バウンダリーズ』（地引網出版）をご参照ください。

報復

無礼な態度を取られたら、こちらも無礼な態度を返したいと思うのは当然の反応でしょう。彼女があなた以外の男性とも二人きりで出かけるなら、仕返しにあなたも彼女以外の女性と二人きりで出かけ、そうされるとどういう気持ちになるか、彼女に味わわせるというわけです。しかし問題は、こうするのが当然だと思うことが、成熟したやり方だとは限らないことです。私たちは本来、「目には目を、歯には歯を」という復讐に燃える律法主義者です。しかし、報復は最終的には効果がありません。だから神はイエスを遣わされたのです。律法によっては、私たちは義とされないのです。復讐すると、相手は嫌々ながらあなたに従うか、無礼が一層ひどくなるかのどちらかになる場合が多いものです。どちらも相手の心や問題には触れません。ですから、報復したい思いはキリストの十字架に釘づけにしましょう。「自分に関することについては、できる限り、すべての人と平和を保ちなさい」(ローマ一二・一八)

結果を設定せずに不平を言う

私たちは『聖書に学ぶ子育てコーチング』(あめんどう)という子育てにおける境界線の本で、結果《コンセクエンス》を設定せずに境界線を引くことは、小言を言っているだけであると述べました。無礼な人に対して結果を設定せずに境界線を引こうとするなら、相手にとっての最大の問題は、自分の行動があなたを傷つけたことではなく、あなたに文句を言われることになってしまいます。それでは成長して変わろうという意欲はまず持てません。この章の冒頭に登場した、クレイグの女性に対する話し方に苦労していたシンディは、最初は彼の行動について抗議しただけでした。彼が不適切な行動を取ったら自分は先に帰宅するという結果を設定するようになったのは、ずっとあとのことでした。彼らは結局別れましたが、少なくともシンディが結果を設定したことで、何らかの変化をもたらすことにはなりました。結果を設定せずただ抗議するだけだったなら、二人の関係はどれほど長い間行き詰まったままだったでしょうか。相手の無礼に対して制限を設定する場合は、それが侵害されたらあなたはどういう行動を取るつもりかという、結果も準備しておきましょう。

無礼を解決するのに役立つこと

最後に、もしあなたの交際相手が無礼なことをする人であれば、それを解決するのに役立ついくつかのことをご紹介します。

対処するのを先延ばしにしない

前述したように、多くの場合、無礼は性格の問題です。つまり、時間が経てば自然と解決されるものではありません。解決するには恵みと真理の介入が必要です。あなたが無礼を放置する期間が長くなればなるほど、無礼はますますひどくなるでしょう。あなたを尊重することをただちに求めてください。そうすれば無礼にうまく対処できる可能性は高まります。「機会を十分に活かしなさい。悪い時代だからです」（エペソ五・一六）。これは、最初のデートでいきなりルールブックを突きつけなさいという意味ではありません。あなたの交際相手が、自分が楽しんでいるからといって、もう帰宅したいというあなたの願いを無視するのであれば、その時その場でその問題を指摘する、ということです。

交際相手をほかの関係の中でも知る

時には、交際相手の無礼と思われる言動について、自分が大げさに考えすぎたり、敏感になりすぎたりしているのでは、と思うかもしれません。例えば、あなたのガールフレンドが自分の居場所をはっきりさせないため、あなたはいつも彼女と連絡を取るのに苦労しているとします。あなたがそれを指摘すると、彼女は、あなたが細かくて口うるさいと言います。確かにそのとおりかもしれません。その場合、彼女の友人や家族とも知り合いになり、その人たちが彼女の性格についてどう言っているかを確認しましょう。彼らは、「彼女はいいかげんな人ではない」と言うかもしれません。あるいは、「彼女には時間の概念がなく、いつもいらいらさせられる」と言うかもしれません。これは彼女についてこっそり調べるのとは違います。誰かについて知りたかったら、他の人の意見も聞いてみるといい、ということです。交際は、他者との関係から切り離されたところでなされるべきものではないのです。

ノーと言う

相手が無礼な人かどうかは、相手の好みとは違う自分の好みを言ってみて、どう反応するかを見ればすぐにわかります。他者を尊重できる人は、相手に耳を傾け、すり合わせ、互いに妥協できる点にたどり着くでしょう。一方、他者を尊重しない人は、何とかしてあなたの「いいえ」を「はい」に変えようとします。

無礼を問題として対処する

相手が無礼な言動を取っている領域について、支配されている、見下されている、または聞き入れられていないと感じる、と相手に伝えましょう。それがあなたを傷つけ、二人の間に距離ができてしまうのだと知らせましょう。無知ゆえに無礼な態度を取ってしまう人もいます。彼らは充分な制限を設定された経験がないために強く出てしまうのですが、心根は悪くありません。無知ゆえの無礼であれば、あなたが自分の気持ちを知らせれば、ほとんどの場合、相手は変わりたいと思うでしょう。その人はあなたと関係を築きたいから交際しているのであり、あなたを支配するためではないからです。しかし、関係を築くことよりも自分のことばかり考えているために、他者を尊重できない人もいます。そういう人にあなたの気持ちを伝えても、おそらく言い訳をしたり、否定したり、非難したりして、自分を変えようとはしないでしょう。これは大きな危険信号です。

明確にする

問題のいくつかの側面を、明確かつ具体的にしましょう。

・相手のどんな無礼な行動が気になるのか。「私たちが問題について話し合うとき、あなたは私の意見をはねつける」
・それはあなたにどのような感情をもたらすのか。「私は傷ついて、二人の間に距離を感じる」
・あなたは相手にどう扱ってほしいのか。「話し合うときには、一方ばかりが話すのでなく、双方に同じだけ時間と尊重がほしい」
・状況が変わらないとき、あなたはどうするつもりか。「これが深刻な問題であるとあなたが気づいてくれるまで、しばらくの間、あなたと会わない」

ほかの人にも関わってもらう

一人で対処しようとしないでください。信頼できる友人たちからサポート、意見、現実チェックを受けましょう。無礼に扱われると、私たちの中にある、ある種の子どものような部分が呼び覚まされることがあります。この子どものような部分は、自分を傷つける人に愛してもらいたくて、その人を喜ばせようとします。もしあなたに、冷たい親や批判的な親から愛してもらおうと努力した幼少期の傷があるなら、無礼な人との関係から抜け出せなくなる危険性があります。驚くほど無礼な人間関係を我慢してしまう人がいるのはそのためです。健全な人々のそばにいると、無礼に扱われることを問題視していいのだと思えるようになるでしょう。

自分の側の責任を所有する

あなたが相手の無礼を助長している可能性もあることを覚えておいてください。相手の目のちりを取り除こうとする前に、自分の目の梁を取り除きましょう（マタイ七・三～五参照）。例えばあなたは次のようなことをしているかもしれません。

・言うべきことを言わない（そのため相手に同意していると思われる）。
・相手の無礼は大したことではないと思ったり、愛嬌だと考えたりする。
・何も言わずにいたかと思うと、突然怒りを爆発させることを繰り返す（相手に混乱したメッセージを与える）。
・交際相手の問題と見なさず、すべて自分のせいだと思う。

自分が扱うべき問題には責任を持ち、自分が変えるべきことは変える努力をしましょう。ただし、交際相手には、あなたに敬意を持って接してもらうようにします。私たちの経験では、これを実行すると、多くの場合、次の二つのうちのどちらかになります。一、相手が他者を尊重できる人であれば、あなたのことも尊重するようになる。二、他者を尊重できない人であれば、あなたから離れる、です。これはどちらにしろ、あなたにとって良い結果です。

まとめ

・あなたの交際相手の考え、感情、そして選択を尊重し、大切にしましょう。相手にもあなたに対して同じことを要求しましょう。
・無礼に扱われていると感じたら、早い段階で対処しましょう。あなたが見下されていると感じるものの、本当にそうなのかわからない場合は、交際相手に尋ね、対話を開始しましょう。
・互いに敬意を表しつつ、異なる意見を持ったり腹を立てたりすることも可能です。違いがあることと無礼とを区別しましょう。
・時間が経てばよくなると期待して無礼を見過ごすことは避け、それが回復可能かどうか考え始めましょう。

・火に対して火で応戦するのはやめましょう。強気に出るのでなく、素直な気持ちで、二人の関係をもっと良いものにしたいと願っていることを伝えましょう。
・自分で自分を相手よりも下の立場に置いて、相手があなたを軽視することを助長していないか確認しましょう。

第十六章　芽のうちに摘み取る

「何が起こったのか理解できません」。トッドは私（クラウド）に言いました。「私たちはとてもうまくいっていると思っていたのに、ある日突然、彼女が、もう私とは一緒にいたくないと言ったのです。彼女はいろいろなことについてとても怒っていました」

「何か兆候のようなものはなかったのですか？」私は尋ねました。「最近の彼女はどうでしたか？」

「そうですね、時折、怒っているように見えることがありました。確かに彼女の気に入らないようなことをしてしまったときはありましたが、そんなに大げさなことではないと思っていました。遅刻したりとか、彼女に言わずに友達と遊びに行ったりとか。いいバスケの試合があったら彼女との約束をドタキャンしてそっちに行ったりとか。そういう類いのことですね。でも、これくらい大したことじゃないでしょう」

「それはあなたが思っていたより大きな問題だったようですね」。私は答えました。

それから私はメアリーの言い分を聞きました。それは、彼の話とは微妙に違っていました。

「もうこれ以上我慢できなくなったのです。トッドはまったく無神経なんですもの。二人で計画したことも平気ですっぽかすし、事前に知らせてと言っても絶対知らせてくれないし。それも、『試合が面白くなってきた』とか、いつもそういう理由で。彼のせいではないのでしょうが、それでも彼は私よりスポーツを選んだのです」

「トッドと話してみましたか？」私は尋ねました。

「何度か話してみましたが、ろくに聞いてくれませんでした。私が何を言っても彼の行動はちっとも変わらなくて。結局、彼はやりたい放題で、私はそれを受け入れることが当たり前と思われていたのです」

「何らかの境界線を引こうとしたことはありますか？」

「例えばどういう境界線ですか？」彼女は聞き返しました。

「彼が遅刻したらその日のデートはなかったことにするとか、約束した日に現れなかったら、その週はもう会わないことにすると伝えるとか。そういう決まりごとを、あらかじめ決めておくんですよ」

「でも、それはずいぶん意地悪な気がします。私にはとてもできません。それは厳しすぎます」

私は、何も言わずに突然別れを切り出すほうが、よほど厳しいのではないかと思いましたが、それは口にしませんでした。

交際中の二人にとって、メアリーとトッドのような問題は珍しくありません。どちらか一方が、必ずしも悪い人ではなくても、相手の優しさを利用するとか、自分の責任を果たさないといった自分の性格的問題を、取り扱わないままできたのです。こういう人の場合、しばしば思いやりに欠ける行動が見られます。

男女交際では、メアリーが体験したような問題として現れることもあれば、身体的な圧力や態度、そのほか何らかのかたちで一方がもう一方を傷つけるなど、悪行として現れることもあります。メアリーは、「人間関係では、黙認すればそれを甘受することになる」という原則を知りませんでした。なぜそういう構図が生まれるのかは、私たちにはわかりません。一つには、他者の問題を大目に見てしまう人は、思いやりに欠けた行動をしてもその責任を追及されたくないタイプの人を引き寄せてしまうのかもしれません。もう一つの理由は、互いに良い制限を持っていない関係では、未成熟な行動を許容される側の人はますます幼稚な行動を取り始めるものなのかもしれません。

いずれにせよほとんどの場合、特に男女交際においては、あなたが黙認する限り、その行動があなたに対して繰り返されるのは間違いない、と思っていいでしょう。そしてメアリーのように、さんざん我慢した挙句、これ以上我慢できなくなると、もう一度一人に戻ることになるのです。

予防策を取る

しかし、それを防ぐいい方法があります。早い段階で自分の限界を設定し、それを明確にし、自分がすると言ったことは実行に移し、途中で取り下げないようにするのです。要するに、問題が何であれ、その芽を摘み取り、「関係」という庭に雑草が生えないようにすることです。

つき合い始めの段階で、自分が何らかの不当なかたちで扱われることを黙認するなら、その関係の中でそれが繰り返されるのを許すことになり、やがて増幅していくでしょう。これについて二つのことが言えます。一つは、あなたがその人を愛するようになるなら、二人の間にそういった構図ができあがるのは望ましくないということ。もう一つは、あなたがその人を愛するようにならないなら、好ましくない扱われ方に対して設定した限界を用いて速やかに立ち去るべきだということです。「芽の段階で摘み取る」ほうがいいのです。

これは、十章の「今は合わせてあとでツケを払う」で述べた考え方に似ています。そこで話したのは、関係の初期の段階にどんな自分でいるのか、ということでした。その時、限界を設定することについても少しお話ししました。ここでも、自分がどのように扱われたいか、関係の早い時期にはっきりさせておくことが大事です。そうすることで、あなたは自分を大切にしており、粗末に扱われることを許容しないのだと相手は知ることになります。そうすれば利己的な人は淘《とう》汰《た》され、無神経な人は学ぶでしょう。どちらも良いことです。

引き抜くべき雑草

箴言には、罪を見過ごすのはよいことだと書かれています。「人に賢明さがあれば、怒りを遅くする。その人の栄誉は、背きを見過ごすことにある」（箴言一九・一一）。忍耐力といくつかの違反を見過ごすことのできる能力はすばらしい資質です。けんかっ早く、うまくいかないことがあるたびに目くじらを立てるような人には、誰も近づきたくないでしょう。「頭を冷やせ」とはそのような人のためのセリフです。

しかし、ある種の好ましくない性格パターンを長期的に見過ごしていると、本格的な問題につながる可能性があります。以下に、あまり長い間容認されるべきではないことの例をいくつか挙げます。実際にはこれ以外にもあるでしょう。

- 時間や約束事に無頓着。
- 約束や誓いを守らない。
- 人を侮辱するような失礼な発言や人を傷つける発言を、二人だけのとき、あるいは人前でする。
- あなたが許容する以上に身体的関係を求める。
- あなたの忍耐や寛容さにつけこんで、不公平な、または無責任な金銭の扱い方をする。

・批判的な態度を取る。
・あなたの感情を傷つけるような発言（あなたが神経質になっているのではなく、明らかに相手の問題であるもの）を繰り返す。
・支配的な行動を取る。

こういった言動はかなり許容しがたいものですが、中には考慮してもいいものもあるでしょう。しかし、長期にわたって耐え続ける必要はありません。そしてもし、あなたが早い段階でこれらの芽を摘み取ることを学び、あなたの境界線を支える「結果」を設定するなら、そもそもこういう言動に耐え続ける必要がなくなります。口うるさく言うだけなら、物事は変わらないでしょう。自分の限界を決めて、それを貫くのです。あなたには許容できないこともあると相手に知らせ、もし相手のそういう言動が続くならば、それをやめるまではもう会えないと伝えます。関係が深まる前の早い時点であれば、あなたは多くのものを失わずにすみます。これも早い段階で行うことの利点です。

ただし、相手が一回でもあなたが嫌がるようなことをしたら、追い払ってしまいなさいと言っているのではありません。もしあなたがそういう人であれば、あなたの交際相手のほうこそ、あなたに対して何らかの限界を設定すべきでしょう！　ささいなことをいちいち問題にしないことが「栄誉」であることを忘れないでください。しかし、それが重要なことであり、繰り返されている場合は、早期に対処しましょう。そうしてよかったと思うときがきっと来るはずです。

即座に対応する

対応は、早ければ早いほどいいのです。エペソ四章二十五節から二十七節にはこうあります。「ですから、あなたがたは偽りを捨て、それぞれ隣人に対して真実を語りなさい。私たちは互いに、からだの一部分なのです。怒っても、罪を犯してはなりません。憤ったままで日が暮れるようであってはいけません。悪魔に機会を与えないようにしなさい」

嫌な思いをしていることがあるなら、それを正直に伝えるのが最善策です。しかし、あなた自身が罪を犯すことのないよう、愛をもって伝えましょう。悪に悪を返してはいけません。気に入らないことを表現する際には、優しさと愛をもって、しかし正直に、迅速に伝えましょう。問題を取り扱うのを先延ばしにしないでください。言い換えるなら、暗闇の中に押し込めてはいけません。できればその日のうちに対処しましょう。そうしないと、問題が続くか、あなたが相手に恨みや苦々しい思いを抱くなど、悪が二人の関係に影響を与えてしまうかもしれません。愛をもって真実を伝えましょう。

この原則に従うなら、どれだけ多くの残念な状況を防ぐことができるでしょうか。問題の芽は早いうちに摘み取るのです。そうすれば、悪い人を追い払うか、良い人が悪いパターンに陥るのを防ぐかのどちらかになるでしょう。

まとめ

・あなたは自分が黙認するものを甘受することになります。
・何か小さなことが起こるたびにいちいち対決しないでください。そうするなら、あなたはけんかっ早い人となり、周囲に疎まれるでしょう。
・尊厳、配慮、価値観に関わることなど、重要な問題に関しては対決してください。一度や二度なら見逃してもいいでしょうが、無礼な言動がパターンになることを許容してはいけません。
・対峙するときは、愛と正直さをもって、ただちに向き合いましょう。
・このアドバイスに従うなら、あなたは自分を大切にしているのだと相手に示すことになります。自分を大切にする人は、他者からも尊重してもらえるでしょう。
・このアドバイスに従うなら、たちの悪い人との関係に陥らずにすむでしょう。悪い人はあなたから早々に去っていきます。あるいは、良い人がもっと良くなるよう助けることになります。どちらにしても、あなたにとって益となります。

第十七章　適切な身体的限界を設定する

ジェニーとデイブは二人だけで出かけるようになってしばらく経ちます。一緒に過ごす時間は楽しく、会う頻度は増え、より多くの互いの考えや感情を共有し、自然と親しさが増していきました。二人は映画やスポーツ、教会関係の活動など、共通の趣味を楽しんで一緒に過ごし、恋に落ちたように感じていました。

身体的接触も、ハグがキスに変わり、愛情表現は深まっていました。彼らは親密さを楽しんでいましたが、それが問題になるとは考えていませんでした。しかし、キスはより多くを求める思いへと変わっていきました。二人は結婚までは純潔を保つという価値観を固守していたので、熱くなりすぎないよう充分に気をつけていましたが、一緒にいることは二人にとって居心地のよいものだったのです。

二人の関係はしばらくの間はこのように進んでいきました。しかしある夜、ついに行きすぎてしまいました。二人で床に寝そべってビデオを見ていたとき、無邪気な愛情表現から始まり、その先まで進んでしまったのです。

ジェニーは、それがまるで自分のいないところで起こったかのように感じました。結婚までは体の関係は持たないという彼女の考えは強かったのですが、その夜、デイブとの親密さの中で自分を見失い、彼女の価値観はどこか遠くに吹き飛んでしまったかのようでした。それは頭の中を吹き荒れた旋風のようでもあり、どうしてこうなってしまったのだろうと、彼女は本当に不思議に思いました。

その後、彼女は自分を与えてしまったことを後悔しました。そこまで行くつもりはなかったのです。強い罪悪感と同時に混乱も覚えました。デイブに対する自分の気持ちを強く感じる中で、身体的にも彼を愛することがなぜそんなにも悪いことなのかと、疑問に思い始めました。それはとても自然なことのように思えました。たとえ間違っていたとしてもです。混乱と疑いがジェニーの心の中で大きくなっていきました。デイブにますます惹かれながら、同時に自分がデイブから離れていくようにも感じました。もはや以前の自分とは全然違う人になったかのように感じ、これからどうしたらいいのだろうと思いました。

あなたにも覚えがある悩みですか？

ざっくばらんに話しましょう。問題はこれです。あなたは十三歳を過ぎていて、独身で、セックスをすることのできる体を持っています。しかし結婚はしていません。交際している人がいて、あなたの交際相手か、あなた自身か、両方か、あるいはあなたの体が、「やってしまいなさい」と言っているかのような状況に陥ったとき、あなたはどうしますか？　どこまで進んだら行きすぎなのでしょうか？　なぜ待つ必要があるのでしょうか？　理由もなくせっかくのよいものを逃し、楽しみを奪われているのではないでしょうか？　それとも性的欲求を制限する正当な理由があるのでしょうか？　何かが間違っていると知っているだけでなく、それを行使することは何を傷つけるのかを知らなければなりません。

さらに、この問題はあなたの交際相手との関係にも影響を及ぼすでしょう。あなたがノーと言った場合、彼はそれでもあなたを愛するでしょうか？　あるいは、もしあなたが本当に彼を愛しているなら、イエスと言うのではないでしょうか？　あるいは、恋をしているのに、二人の関係を一層近づけるような自然な表現を逃しているのではないでしょうか？

これらはどれも独身者がよく抱く疑問であり、この章ではこのことをテーマとして取り上げます。

大きなルール、そしてさらなるもの

教会に長く通っている方なら、神は私たちに、結婚するまでセックスは待つことを望んでおられると聞いたことがあると思います。初耳でしたら、さぞかし驚き、ショックを受けておられるでしょう。教会の内外を問わず、多くの人にとって、それは理不尽なことです。身体的にも親密になることはとても心地よく、双方が同意しているのであれば、何が問題なのでしょうか？

多くの人にとって、性的禁欲は宗教的なルールに過ぎず、意味がありません。しかし、性的禁欲に、交際や独身生活の経験から得た価値を見出す人たちもいます。彼らは、結婚という関係の外で持つセックスがもたらし得る痛みの結果を刈り取ったのです。彼らは、待つにはそれなりの理由があると感じています。そして、そのような決断をした多くの人々と働いてきた臨床家として、私たちもそれに同意します。では、その理由を見てみましょう。

まず、このルールとはどのようなものでしょうか。聖書にはこうあります。

神のみこころは、あなたがたが聖なる者となることです。あなたがたが淫らな行いを避け、一人ひとりがわきまえて、自分のからだを聖なる尊いものとして保ち、神を知らない異邦人のように情欲におぼれず、また、そのようなことで、兄弟を踏みつけたり欺いたりしないことです。私たちが前もってあなたがたに話し、厳しく警告しておいたように、主はこれらすべてのことについて罰を与える方だからです。神が私たちを召されたのは、汚れたことを行わせるためではなく、聖さにあずからせるためです。ですから、この警告を拒む者は、人を拒むのではなく、あなたがたにご自分の聖霊を与えてくださる神を拒むのです。（Ｉテサロニケ四・三〜八）

この箇所にはルールだけでなく理由も書かれています。一つひとつ見ていきましょう。

聖なる尊いもの

白い衣を着た聖者になど、なりたくない気持ちはわかります。しかし、聖さと尊さにはあなたがイメージする以上のものがあります。基本的に、聖さとは純正であることを意味し、崇高な目的のために取り置かれることです。尊いとは、何かに大きな重みがあることを意味します。ここで使われているギリシャ語の「尊い」ということばを調べてみると、「威厳がある、貴重な、高価な、価値のある、重んじられる」という意味になっています。つまり、神はあなたに、ロマンチックでも性的でも情熱的でもない、砂漠をさまよう変人になれと言っているのではないのです。神はロマンスも性も情熱も愛しています。それらを創造したのは神であり、あなたがそれらを体験することを望んでおられます。神自身もそのようなお方です。

神がここで言っているのは、セックスは気軽なものではないということです。それは聖なるものであり、高い目的のために特別に定められたものであり、大きな価値と尊厳と尊敬を伴います。実際それは、誰かに対するあなたの情熱的な愛を、その人に与えるときの最高の表現のかたちです。それは、あなたが愛する誰かに与えることのできる、あなたの体が持つ最も価値あるものです。だからこそ、他の高価なものと同様に、何気なく使ったり、安易に使ったりするのは愚かなことなのです。そうするなら、最後には裏切られてしまうかもしれません。持っているものを使い果たした挙句、関係が終わったあとには何も残らないかもしれません。

アマンダはモンティと別れた時、まさにそう感じました。彼女は彼こそ「運命の人」だと思っていました。彼女にはそう思えていましたし、二人は生涯一緒にいることについてよく語り合っていました。アマンダはモンティの愛を疑わず、彼もいつか婚約しようと言っていました。ただし、彼の「準備が本当に整ったときに」。つまり、彼のキャリアがもう少し落ち着いてから、という意味でした。彼は、結婚は仕事が安定してからと思っており、それまでは待ちたかったのです。彼女もそれでいいと思っていました。彼のことを愛していたからです。

しかし、彼はセックスすることは待ちたくありませんでした。結婚や生涯の約束は将来のことかもしれませんが、なぜ互いを楽しむことを待つ必要があるでしょうか？　そこで、二人はベッドを共にするようになりました。どうせいずれ結婚するのですから。

しかし、よくある話のように、結婚は当分考えられないとモンティが言い出しました。それどころか、交際していること自体がその時の彼にとって煩わしくなり、結局二人は別れました。

アマンダは深く傷つき、心臓が引きちぎられたように感じられました。彼女にとって、これはただの別れではなく、それ以上のものだったのです。モンティが去った時、彼女は自分の一部を失ったように感じました。アマンダは、二人はずっと一緒にいると思って自分のすべてを彼に捧げていました。そのため、自分の中の多くのものが同時に消えてしまったように感じました。要するに、彼女は自分自身を使い果たし、あとには何も残らなかったのです。アマンダはだまされ、裏切られたと感じ、空虚感を覚えました。

私は最近、同じく「運命の人」を見つけたと思った男性と話をしましたが、彼の場合は対照的でした。彼らはそう遠くない将来に結婚するつもりでしたが、この男性も過去にアマンダと同じような経験をしていたため、セックスは結婚まで待つと決めていました。

ところが、いざ結婚の話が具体的になると、この男性のガールフレンドも自分には結婚は早いと判断し、二人は結局別れました。彼女を愛し、ずっと一緒にいたいと思っていたこの男性は悲嘆に暮れましたが、過去の破局とは違い、今回の彼はボロボロにはなりませんでした。悲しい思いはありましたが、以前とは異なる方法でこの時期を乗り越えることができました。彼が心を病むことなく前進できた理由の一つは、セックスをしないと決意していたことにあります。その決意は、手を放しても安全なところに来るまで、彼を守ってくれていたようなものでした。そして結局、安全なところには来なかったので関係は失いましたが、自分自身は無傷でいることができたのです。彼は自分がより健全で、より誠実であるように感じました。なぜでしょう？　セックスと心はつながっているからです。

ここで学べる第一の教訓は何でしょうか？　「セックスは目的を持って用意されたものであり、非常に価値あるものだ」ということです。そこには生涯添い遂げる決意《コミットメント》が伴い、尊重される必要があります。肉体的にも霊的にも、それはあなたが誰かに与えることのできるすべてです。ですから、軽々しく与えてしまうべきではありません。自分の人生を結婚相手以外の誰にも渡さないのと同じように、あなたの体も結婚相手だけのものでなければなりません。それはあなたの持つすべてなのです。捨ててしまってはいけません。あなたに自らを永遠に捧げてくれる人に捧げましょう。

自制

ジョシュは結婚までセックスを待つと決めていました。そして、彼はマーティとつき合い始めました。楽しいことが大好きで自発的で、頭が良くて生き生きとしていたマーティに、ジョシュは惹かれました。実際、彼女のどこにいちばん惹かれたかと言えば、彼女がいかに命に満ちあふれ、いかに人生を楽しんでいるかというところでした。

ジョシュはマーティの自由奔放な性格が好きでしたが、身体的なことになると、彼女は彼がここまでと思う以上のことを求めました。ジョシュがやめても、彼女は続けようとするのです。彼がノーと言うと、彼女ははにかんだり媚びたりし、それからもっと強く押してくるのでした。ジョシュがそれにもノーと言うと、彼女はうんざりしたようすを見せるか、傷ついて不機嫌になるのでした。

ジョシュはこのことについてマーティと話をしようとしましたが、彼女は「大したことじゃないでしょ？　どうして少しくらい楽しめないの？　お互いに好きならいいじゃない」と言うのでした。彼は彼女に信仰からくる自分の決意やセックスについての考えを話しました。マーティは口ではジョシュに同意するものの、心の中では本当に好きならかまわないと思っていました。ジョシュには彼女の考え方がよく理解できませんでした。

　そのうち、ジョシュはあることに気づき始めました。二人の関係のほかの部分でも、彼女は同じことをするのです。ジョシュは彼が彼女の願いと違うことを願うとき、彼女は彼の気持ちをなかなか尊重できないのでした。彼は自分が何もかもコントロールしたいとは思わず、むしろ相互に与え合い、譲り合うような関係を望んでいました。マーティの望むことをする限りはうまくいっていましたが、マーティが希望しないことをジョシュが望むと、うまくいかなくなるのでした。

　ジョシュは物事に対する彼女の積極的な態度が大好きでしたが、彼女は自分のやりたいことを通さずにはいられない人だということに、彼はついに気づきました。セックスの問題は、欲しいものはすぐに手に入れないと気がすまないという彼女の性格を示す一つのしるしに過ぎなかったのです。ジョシュはマーティが人生を楽しむ姿を愛していましたが、結局は彼女が自分のことしか考えていないだけだとわかってきました。それに気づいたのは悲しいことでしたが、ジョシュは自分に嘘をつけませんでした。彼の選択や彼の「ノー」を尊重できない人とは、これ以上関係を続けることはできなかったのです。

　ジョシュが気づいたように、自制はあなたの人生に重大な意味を持ちます。パウロもこのように言いました。「一人ひとりがわきまえて、自分のからだを聖なる尊いものとして保ち」（Iテサロニケ四・四）。なぜこれが重要なのでしょう？　これは基本的に、欲しいものをすぐに得られなくても我慢でき、自分をコントロールできることを示します。それは、他者を愛するための前提条件です。もし、あなたの交際相手が、性の領域で自分の満足を遅らせることができず、自制を持てないなら、ほかの領域で自分の満足を遅らせ、あなたのために犠牲を払うことができると、どうして思えるでしょうか？　人生のほかの領域で「欲しいものは今すぐ欲しい」と求めるとき、いったい何がそれを抑制するのでしょうか？　もし誰かが、セックスに関するあなたの「ノー」という限界を尊重できるなら、それは他者を愛するために、あるいはより高い目的のために、自分自身の欲求や願望にも「ノー」と言うことのできる人格を持っているしるしだと言えるでしょう。

　あなたはその人と恋に落ち、その人と本当の意味での献身的な関係を作ろうと考えています。当然のことながら、それは遅かれ早かれいくつかの犠牲を意味することになるでしょう。あなたは、二人の関係のために多くの分野で自分自身を制することのできる人と一緒にいたいと思いませんか。二人の関係に必要な犠牲が発生するいくつかの領域を考えてみてください。まず、時間の犠牲があるでしょう。自分は好きな趣味に時間を費やしたくても、家族があなたを必要とする場合です。お金の犠牲もあります。一人が新しい車を買いたくても、家族は家のためのお金を必要とします。自分の願いを通すことを犠牲にしなければならない場合もあるでしょう。あるいはまた、一人はある場所に食事に行きたいのに、もう一方は何か違うものを欲しがっているかもしれません。

そして、最も重要なことは、摩擦を解決するために必要な犠牲があります。一方が傷ついていて、怒りや傷ついた気持ちで反撃したいと思っても、和解するためには関係を優先させ自分の願望を脇に置く能力が必要です。自制心がなく、喜びの中で満足を遅らせることができないなら、摩擦の中で、自分の願いを通すという満足を遅らせることができるのでしょうか？

考えてみてください。相手の「ノー」を尊重できる人と一緒にいるほうがいいと思いませんか。交際中にセックスについての境界線を持つことは、相手があなたを愛しているかどうかを確認するための非常に重要なテストです。私たちはみな、「ぼくを愛しているなら、いいだろう？」というセリフを聞いたことがあるでしょう。そんなときは、このように言い返すべきです。「私を愛しているなら、私が納得できないような要求はしないで」。愛は待ち、尊重します。しかし情欲は今欲しいものを手に入れなければ気がすみません。あなたは愛されているのか、それとも自分勝手な欲望の対象にされているのか、それを知るには「ノー」と言うしかありません。

自分の満足を遅らせることのできる相手を選ぶことの重要性は、いくら強調してもしきれません。欲しいものを欲しい時に手に入れなければ気がすまないような人と一緒になると、この先ずっとみじめな思いをするでしょう。あなた自身のために、そして二人の関係のために、自分の満足を遅らせることのできる人を選びましょう。セックスに対する境界線は、相手があなたを愛しているかどうかを知るための確かなテストです。

情熱的な欲望

また、パウロは、「神を知らない異邦人のように情欲におぼれず」（Iテサロニケ四・五）と、情欲についても教えています。これはどういう意味でしょうか？　神はあなたが強い願いを持った情熱的な人になることを望んでおられないのでしょうか？　そうではありません。実際、神ご自身、あなたに情熱的な願いを持っておられます。ここでいう情欲とは、結婚以外では禁じられている欲望です。なぜそれが重要なのでしょうか？

基本的に健全な人とは、統合されている人です。つまり、その人のすべての側面がつながっていて、共に機能しているということです。セックスは、愛、関係、関係に対する責任を伴う決意《コミットメント》につながっています。体、魂、心は、すべて一緒に働くのです。先に述べたように、体は、ほかのすべてのものを百パーセント与えてくれる人にのみ、百パーセント与えるものです。あなたと結婚していない人は、あなたに百パーセント与えることはできないので、あなたの体も百パーセントは得られません。中には自分の交際相手にろくに自分を与えていない人もいます。そういう人たちは、月に一度でもキスを得られればラッキーでしょう。ましてやカジュアルなセックスを得られないのは当然です！　自分と生涯を共にする決意がない人に、セックスのために利用されたという話をたくさん聞きます。誠実な決意なしに、体を百パーセント取られてしまうのです。

これは非常に破壊的な生き方です。愛してくれる人ではなく情欲に燃える人に自分をゆだねるなら、トラブルにまっしぐらです。情欲に燃える人とは、魂が分裂していて、自分自身の深い部分を成長させていない人のことです。持続的な関係を築くためには、自分の内面を成長させることが必要です。情欲に駆られる人の多くは、自分の深い部分にあるニーズを満たすために性的に依存しています。彼らは自分の深い部分にあるニーズを、健全な方法で表現できないのです。

ジャネットは痛い思いをしてこれを学びました。彼女はスティーブを愛し、彼と一緒にいたいと思っていました。そのため、彼女は自分の価値観と信念に反してスティーブと肉体関係を持ってしまいました。彼がそんなにも彼女を欲しているという事実がうれしかったのです。ところが、彼女は後に、彼はセックス以外の方法では彼女と心を通い合わせることができないことに気づきました。ジャネットが、深い話をしたい、感情を共有したいと思うと、彼は彼女から離れてしまうのです。彼はニーズや感情のレベルで自分を開示することができませんでした。しかしセックスになると、彼はいくらでも自分を開示できるのです。

情欲とはそういうものです。それは、他の領域で親密さを培えない人によく起こります。交際中のセックスは、多くの場合、その人の人間関係のスキル――結婚に必要になるスキル――の欠如を隠します。デートやセックスに伴う熱とロマンスの中では、人間関係のスキルが欠如していても、それに気づくことはまずありません。そのため、真の関係を築けない人と性的に深入りしたり、結婚したりしてしまうのです。情欲に燃える人は、セックスを通して愛を表現するのではなく、愛をセックスに置き換えてしまうのです。

交際関係を、欲望を行動に移して真の関係を避ける場にしてはいけません。また、二人が境界線を持たないでもいい場にしてはいけません。すべての性依存症者の背後には、それを許容している人がいることを忘れないでください。手遅れになる前に、またあなた自身が関係を築けない人になってしまう前に、「ノー」と言いましょう。

あなた自身について言えば、性的禁欲は、自分が人としてどれだけ充実しているかを知るのに最適な方法です。あなたが性的な行動を取りがちなら、あなたの魂の中にある深い切望を満たそうとして、あるいは癒やされていない傷を癒やそうとして、そうしている可能性があります。そこには常に何らかの必要があって、それが情欲を駆り立てているのです。それを放置していてはいけません。

サリーのケースはまさにそれでした。彼女は性的に奔放な行動をする傾向を止められないため、カウンセリングに来ました。彼女は自分の信仰上の価値観の上に立ちたいと思っていましたが、気がつくといろいろな男性と関係を持っているのでした。そしてついに、自分を抑制できなくなっていることに気づいたのです。

カウンセリングで問題を探求し始めるにあたり、サリーには、「緊急事態」の場合に連絡できるいくつかのサポートを得ること、そして何がこの危険な行動に彼女を駆り立てているのかを見つけられるように、本気で禁欲に取り組むことを約束してもらいました。

やがて、サリーは男性に口説かれるとき、相手の関心が自分に向くのが快感なのだとわかりました。自分が求められていると感じさせてくれるので、男性に追いかけられるのが好きだったのです。カウンセリングを続ける中で、彼女は自分の性認識（セクシュアリティ）の背後にある衝動と感情を分析するようになりました。そして、自分が望まれていない、求められていないという心の奥の感情を補おうとしていたことに気づきました。

サリーの父親は幼い頃に家を出て行ってしまったため、サリーは男性からの関心や愛情をあまり受けずに育ってきました。男の人が彼女に近づいてきて、彼女を追いかけ始めると、彼女は自分が求められていると感じました。そうすると、父親から愛情を受けられなかったことによる内側の寂しさが、一時的に満たされたのです。寂しさが戻ってくると、彼女はまた別の男性のもとに駆り立てられるのでした。

サリーに交際中の男性がいるときは、ノーと言うのは一層難しいことでした。かまってくれる男性がそばにいないというのは、彼女にとって耐え難いことだったのです。

これは、人を「好色」へと駆り立てるニーズの一例です。エペソ人への手紙には、好色に加えて、「あらゆる不潔な行いを貪る」と書かれています（四章十九節）。情欲（相手に対する責任を伴う愛がないセックス）は、それを動かしているものが何であれ、あなたの魂の中にある切望を満たすことは決してできません。サリーは、男性から健全なかたちで認められることを必要としていました。それは、彼女が父親から受けることができなかったものでした。良いサポートグループやカウンセリングを通してそれを得られるようになると、彼女の性依存はなくなっていきました。彼女はより健全で、より愛され、より自制できると感じるようになりました。彼女はまた、より良い男性を交際相手に選ぶことができるようになりました。もはや彼女の選択は依存症によって支配されることがなくなったのです。

ある時一緒に仕事をしていた女性から聞いたのですが、彼女は何年もの間、男性に関することは自分の「体」で決めていたそうです。しかし彼女は、自分の根底にあるニーズを突き止めていくうちに、価値観に基づいて意思決定ができるようになりました。

情熱的な欲望を駆り立てるニーズには、例えば次のようなものがあります。

・親密さとつながりがほしい。
・力を持ちたい。
・相手に望まれ、称賛されたい。
・親の支配下から自由になりたい（大人になってもこのニーズを持つ人は少なくない）。
・痛みや喪失感に向き合いたくない。
・自分についての羞恥心や悪感情を克服したい。

もしあなたが情欲に捕らわれていたり、そういう人と一緒にいたりするなら、あなたはこのような問題を抱えている可能性があるでしょう。情欲があなたの魂の統合を妨げているのです。薬物依存者が薬物を使っている限りは成長しないのと同じように、情欲を行動に移している間は、あなたの魂は成長しません。

情欲とはそういうものなのです。それはあなたの本当の心、思考、価値観、そしてあなたが本当に望む人生からあなたを切り離してしまいます。情欲は永続的な益を犠牲にして一瞬の快楽を得させます。情欲に人生や選択をゆだねている限りは、魂が必要とする充足感を得ることはできません。また、ほかの誰かの情欲に屈するなら、あなたが必要とするものを見つけることはありません。セックス依存者（そのように見えないとしても）に屈服することは、成長することに無関心で自分の性格の深い欠陥を無視している人に、自分自身を与えることになります。

私たちは既婚女性たちから数多くの話を聞いてきました。特に、待つことができなかった人に自分自身を与え、結婚はしたものの、相手は真の関係を築くことのできない人だったとあとになってわかったという女性たちの話です。彼女たちの経験から学びましょう。

誰かを不当に扱う

パウロはまた、結婚外でのセックスは誰かを不当に扱うことになると教えています。テサロニケ人への手紙第一にはこうあります。「また、そのようなことで、兄弟を踏みつけたり欺いたりしないことです」(四・六)。結婚していない人と性的関係を持つと、その人を傷つけてしまうのです。

なぜでしょうか？　それは、先ほど話したような理由があるからです。結婚関係の外で性的関係を持つとき、次のようなことが起こります。

・魂と体が分裂する。真の分裂は人の内側で起こり、それは後の関係のために修復することが非常に困難である。性的関係では、肉体は百パーセント与えるのに魂はそれより少ない程度でしか与えない。その結果、その人の中で分裂が余儀なくされる。

・結婚外での性的関係は、それぞれにとって非常に高価で大切にされるべき貴重な側面を奪い取り、それを安っぽくすることになる。それは普通のこととなり、価値が下がる。そして後に自分が本当に大切にしたいと思う人に出会った時、セックスはもはや本来の価値を持っていない。結婚外での性的関係とは、ある意味、自分にとって一時的な関係でしかない人を、生涯の誓いをする人と同等に置いていることになる。

・霊性や人間関係におけるより深い側面を発達させられなくなる。結婚外で関係を持つことで、相手が浅薄なままでいることを助長することになり、相手の魂の一部分が関係から切り離されたままになる。

・結婚外での性的関係は、人と神の間に割って入る行為となる。神はすべての人に自分の性を神にゆだねるように求めている。それは神がその人の性を育て、結婚へと導くためである。しかし結婚前に誰かと関係を持つことは、その人が神に背く原因となり、その人と神との間に障壁を作る。

・結婚外での性的関係は、自分の傷や痛みから目を逸らさせ、その人を依存的なサイクルの中に閉じ込めるので、後々トラブルのもとになりかねない。
・自分の喜びと欲望のためにセックスを使っており、それは愛とはまったく別物である。
・相手を自分のために利用していることになり、その人が本当に自分を大切にしてくれる人を見つけることから妨げる。
・非常に大切なものを相手に与えたうえで、もし別れることになれば、傷つき打撃を受けることになる。

あなたは、愛のある人でしょうか？　もしそうであれば、自分の愛する人を不当に扱うことはないはずです。結婚まで待つでしょう。相手を尊重すればこそ、プレッシャーをかけたり自分の感情のために相手を使ったりしません。そしてその逆もまた然《しか》りですから、ほかの誰かがあなたを不当に扱うことを許さないでください。愛は与えることを待ちますが、情欲は手に入れることを待てないのです。

神を受け入れる

最後に、パウロはテサロニケ人への手紙第一で、性に関する権威がどこから来るのかを教えています。究極的には、それは私たちに属するものではなく、神に属します。ある意味、私たちの体は私たちのものではなく、神のものなのです。ですからこの問題は、誰と性的関係を持つか持たないかということよりも、もっと大きな領域に入ります。それは、誰に従うか、従わないのかという問題になるのです。

人が神に服従した生活を送っているかどうかを測るのに、その人が自分の性をどう扱っているかを見るのが最適な方法です。セックスはとても強力で意味のある願望なので、それを手放して神に従うことは、神に対する真の崇拝のしるしです。それは、「私の願うようにではなく、あなたのみこころのようになりますように」と言うことを喜んでいる真のしるしです。そしてそれが、後に重要なことになってくる大きな理由があります。

長期的な関係では、自分が神ではないと知っている人、常に自分を神に服従する立場に置く人と一緒にいたいものです。例えば、配偶者が怒ってあなたを罰しようとしたり、傷ついたからと仕返しをしてきたらどうしますか？　情欲や依存の誘惑に駆られているとしたらどうでしょうか。あるいは、すべての責任を放り出して、のんきな十代の生活に戻りたがっていたら？　脱税したい誘惑に駆られていたら？　その人の魂を支配しているのがその人自身であるならば、何が彼

（女）を止めるのでしょうか？

相手が、どんな誘惑や肉の欲望があっても「私の願うようにではなく、あなたのみこころのようになりますように」と言える人であれば、あなたは安全な人と一緒にいることになります。その人が神のやり方で物事を行うと信頼できるなら、あなたはいつもその恩恵を受けるでしょう。しかし、神のやり方よりも自分の欲望を優先させる人がパートナーなら、独裁者と一緒にいるも同然で、あなたはいつも負けることになります。神ではなく自分を喜ばせるために生きている人は、いざとなったら自分の意思が絶対になるので、長い目で見れば周りの人は皆、負けるのです。

ですから、先のテサロニケの箇所では、自分の人生を支配するのは誰なのか、つまり、その人なのか、神なのか、というリトマス試験が行われているのです。自分は霊的だと思っている人と一緒にいても、霊性がその人の欲望と対立し、欲望が勝つなら、あなたは神を自分の下に置いている人と一緒にいることになります。彼らはあるがままの神を礼拝しているのではなく、自分の思いどおりになる神を礼拝しています。彼らは神を自分のイメージに再創造し、自分を神に合わせるのでなく、神を自分に合わせているのです。要するに、「同意できる範囲で神に従います」と言っているにすぎず、「従っている」ことにはなりません。

ですから、神の教えを拒絶して自分の欲望に合わせて解釈し直すなら、その人は神を拒絶していることになります。神はあるがままに受け入れられることを望んでおられます。神はご自身のことばを信頼してほしいのです。誰かが神の価値観を書き換えるなら、その人は神を神として受け入れていません。

人間に求められている重要なことの一つは、「へりくだって、あなたの神とともに歩む」（ミカ六・八）ことです。そのように歩む人と一緒にいるほうが、あなたにとってもずっと安全なのです。そのような人こそ、長期的に見れば、あなたの関心事にも目を配ることができる、本当に信頼できる人です。神を信頼している人を信頼してください。そして、その人が本当に神を信頼しているならば、セックスは結婚の中でのものという神の価値基準を大切にできるのです。

なぜノーと言うのか

あまり口うるさくならないうちに、お説教はやめることにしましょう。堅物のように思われたくありませんし、そもそも聖書も、堅物なことを言っているわけではないはずです。性は神のすばらしい創造の一部です。

しかし、あなたが自分の性を受け入れるときは、自制心と聖さと尊重を持ち、愛情深く、情欲におぼれず、誰かを不当に扱うことなく、自分の必要よりも相手の必要を優先させ、何より神に従ってください。そうすれば、あなたの交際関係には、とても良い境界線が組み込まれ、性的な自分を適切に表現できるでしょう。例えば、どこまで行けば行きすぎなのか、自分でわかるはずです。これらのガイドラインがあれば、不適切な行動は取れません。これらは適切な制限を与えるものだからです。

そして、結婚外でのセックスにノーと言えば、つき合っている間にいくつかの重要なことを発見できるでしょう。

1　相手は、あなたという人を求めているのか、それともセックスだけを求めているのか？

2　相手は、性的なこと以外でも親密な関係を育てることができるのか、それともセックスをすることで親密さを育むのを避けてきたのか？　言い換えれば、あなたの相手は性依存者だろうか？

3　その人は、まだ癒やされていない多くの重荷を抱えているのだろうか？

4　その人は、自分の満足を遅らせることができるだろうか？

5　最も重要なことは、その人は神に従うことができるか？

あなたにお願いします。誰かをあなたの心の中に入れる前に、これらのことを見極めてください。私たちは断言できます。あなたを愛しておらず、魂のレベルであなたと関わることができず、解決されていない荷物をたくさん抱えていて、満足を遅らせることができず、神を無視するような人を、あなたの心の中に長期的に住まわせたくはないでしょう。そして、自分の体に侵入してきた人を、心の外に出すのは難しいのです。情欲に従って生きていたり、自分自身が欲望のはけ口とされるのを許したりしているなら、多くのことが間違っているサインです。それらのことを正せば、交際はあなたによいものをもたらすでしょう。

赦しの境界線

アンジーは二十四歳で、交際の中でのセックスに幻滅していました。自分でも考えたくないほど多くの男性と関係を持ってきた彼女は「セックスなんて何の役にも立たない」と感じていました。彼女の話では、それは十五歳の時に始まりました。アンジーいわく、「一度過ちを犯したら、もう取り返しがつかないと思ったのです。自分の人生を捧げる一人の人のために、自分の体を守ることをしませんでした。そのため、次のボーイフレンドとも、その次のボーイフレンドとも関係を持ち、『どうせ失敗してしまったのだから、何度繰り返しても同じこと』と思ったのです」。

それは、神が私たちの失敗をどう見るのか、アンジーが理解する前のことでした。神は私たちを、一度壊れたらそれっきりの陶器のようには見ていません。神は私たちを、壊れたけれども神が再び新しくできる人間、として見ておられます。神の赦しがあれば、あなたはすべてをやり直し、最初と同じようにきれいになることができます。

詩篇記者は言いました。「東が西から遠く離れているように　主は　私たちの背きの罪を私たちから遠く離される」（詩篇一〇三・一二）。また、ヘブル人への手紙には、「わたしは、もはや彼らの罪と不法を思い起こさない」（一〇・一七）、そして「心に血が振りかけられて、邪悪な良心をきよめられ、からだをきよい水で洗われ、全き信仰をもって真心から神に近づこうではありませんか」（一〇・二二）とあります。

あなたがイエスを通して神に赦しを請うならば、神はあなたをまったく新しい人として見てくださいます。あなたはきよく、純粋な水で洗われ、あなたがしてしまったことはすべて忘れ去られ、東が西から離れているように、遠くに片づけられます。そしてパウロが言うように、イエスが与えてくださる赦しを求めた者は、「罪に定められることは決してありません」（ローマ八・一）。

ですから、アンジーのように、過去に失敗したからといって、ますます性的に壊れた状態に自らを追いやる必要はありません。過去の失敗が自分を台なしにしてしまったとか、やり直すことはできないということはないのです。あなたは再びきれいになることができます。再び純粋になることができます。そうすることで、あなたは純粋であり続けると決意し、その状態がもたらす恩恵を楽しむことができます。

あなたは、内なるいのちと愛する力を養うことができます。誰かがあなたを本当に愛しているかどうかを知ることができます。あなたは、満足することを遅らせ、他者に与えることを学べます。自分の心の奥にある分裂やニーズや傷を、癒やし、満たすことができます。もう満足のいかない関係を持たなくていいのです。そして、あなたはついに、自分が神となることをあきらめて、神にあなたの神になっていただくことができます。

自分が赦されていることを知っているならば、そのきよくされた状態は強力な境界線となります。あなたはその確固たる場所に立つことができます。過去の失敗のせいで自分を汚らわしく感じる気持ちや、「今さら何をしても無駄」という気持ちによって、あなたの鎧にひびが入ることを気にする必要はありません。あなたは守るべき新たな「きよさ」を手に入れました。これからは、交際は、一夜限りの経験よりもっと深いものとなります。それは壊れた状態ではなく成長の場になります。

ですから、今すぐその赦しを求めてください。もしあなたがイエスを知らないなら、イエスをあなたの主としてください。信仰のうちにイエスに立ち返れば、イエスはあなたをきよめてくださいます。そうして、罪のない状態で歩みましょう。それは本当に力強い状態です。そうすれば、本物を待つことができるようになります。

まとめ

- 結婚の外でのセックスに対する境界線が必要です。神はあなたを守るためにこの境界線を与えておられるのです。それは実際、さまざまな方法であなたを守ってくれます。
- セックスには非常に高い目的、大きな価値、尊厳、尊重があります。セックスや自分の性を軽く扱ってはいけません。その価値にふさわしく扱いましょう。

・セックスは人がロマンチックな愛情を表現する最高の方法であり、したがって、あなたが持つことになる最高にロマンチックな関係、つまりあなたの将来の配偶者のために取っておく必要があります。

・あなたが性的な境界線を守るなら、相手の自制心、満足の遅延、犠牲的に愛する能力、神に従う意思を知ることができます。

・情欲に突き動かされて行動してはいけません。それは愛、統合、癒やしを妨げます。欲望によって行動するなら、二人の関係に問題が起きるのは確実です。

・相手が何を言おうと、セックスに「ノー」と言うことは、その人が相手の境界線を尊重できる人なのかどうかを知るための方法となります。

・神の赦しは、過去に何をしたとしても、誰でも受けることができます。それによって、あなたは心を新たにして、良い性的境界線を持ってやり直すことができるようになります。

第十八章　境界線はあなたと、あなたの大切な人との関係を守るもの

私は音楽が大好きで、いろんな種類の音楽を聴いています。でも、正直に言うと、ひとつ、どうしても耐えられないタイプの音楽があります。それはある種のラブソングで、自分を大切に扱ってくれない人に恋しているという内容のものです。私が我慢できないのは、二人の関係で不当に扱われている人の立ち位置や、ひどいことをする相手に対する対応のしかたです。彼女は受動的に文句を言い、泣き言を言い、物事が好転することを期待して、次のようなことを言います。

・私は永遠に待つ（あなたはほかのもっと良い人を探しているけれど）。
・時間が物事を癒やす（あなたはいつまで経っても本気になってくれないけれど）。
・どうか帰ってきて（私がお願いしているのだから）。
・なぜ私をそんなふうに扱うの（そう扱ってもいいと思っているから）？
・あなたが私を愛するようにしてみせる（あなたは自分しか愛せない人だけれど）。

こういった歌に表現されている愛、痛み、抗議は確かに存在するものです。誰かを大切に思い

ながらも、その人に傷つけられたときの葛藤に共感できる人は多いでしょう。しかし、これらの歌から伝わってくる対処法は、その痛みを解決するものではありません。実際、それらは最悪の対処法です。

この章のテーマは、交際関係における恋愛、敬意、責任、コミットメントの問題を解決することです。他人を自分の願うように変える力は誰も持っていませんが、問題が発生したとき、交際相手に健全な方法で対応する力は持っています。そしてそのような健全な対応は、多くの場合、注意深く配慮しながら境界線を設定することを含みます。それはより良い関係を育むのに大いに役立つでしょう。

この章では、境界線の侵害が起こっている交際関係に対処する際の原則を説明します。そこでは、一方が自由と愛を失い、もう一方は「料金を払わずに遊んでいる」という状態になっています。ここでは、境界線を無視している人ではなく、自由と愛を失った「境界線を無視されている人」を取り上げます。というのも、交際関係においては、相手の蒔《ま》いた種を刈り取っている側の人のほうが、痛みを感じるがゆえに問題を何とかしようと一生懸命になるものだからです。

ある程度の衝突は当たり前

交際中に問題が起こっても、パニックに陥ったり、あきらめたりしないでください。衝突があっても、それが必ずしも関係の終わりを意味するわけではありません。境界線の対立を含め、関係の中で問題が起こるのは普通のことです。交際関係では、二人の人たちが愛し、慰め、楽しみ、成長し、そしてぶつかり合うのです。こんな謎かけもあるほどです。「二人の人が互いにぶつかり合っているとかけて、何と解く？　『人間関係』！」

人間関係についての最も深淵《しんえん》な聖句の一つが、「愛し合い、真実を伝え、互いに赦し合う」ことを教えているのはこのためです（エペソ四・二五〜三二参照）。神は、人間関係には対立や問題があるという現実を、あらかじめ考慮に入れておられます。そのうえで、この聖句では、それらの問題にどのように対処すべきかを語っておられるのです。それは、自分自身の考えを持ち、自由で、同時に罪人でもあるほかの人とつながっているためには不可欠です。

自分はきっと、口論の必要もない同じ思いを持つ人と出会うだろうと、単純に考えている人が大勢います。互いに思いやりを持てば、簡単に解決できるささいな不一致くらいですむはずだ、と思うのです。ところが、自分たちの関係に責任、支配、自由を巡る長期的な対立があることに気づくと、ショックを受け希望を失います。互いに愛し合っている人たちでも、時間、お金、仕事、敬意、意見の相違などを巡って、議論することはあるのです。それはあなたの交際関係が悪いというサインではありません。しかし、あなたが問題を最善の方法で処理していないというサインかもしれません。ですから、交際することや、あなたの大切な人に対する希望を捨てないようにしましょう。まずは、摩擦のない関係を要求するのをあきらめて、むしろそれを乗り越えて次のステップに進むようにしましょう。

関係の中に境界線を持つ

次に、本書ですでに言及した問題を扱いましょう。それは、二人の間に大きなトラブルや危機が生じるまで境界線を設定しない、という問題です。境界線は、「緊急時にのみガラスを割って使用してください」と書かれた火災報知器のようなものではありません。「問題があると思う」と言い出すのを、これ以上我慢できないというぎりぎりの時まで待たないでください。境界線は、あなたが毎日言ったり行ったりすることとして、日々の生活の中に浸透しているべきです。境界線とは、結局のところ、境界線を設定するとは、あなたが何を許容し、何は許容しないかについて正直になることなのです。真実を語り、自分のことには責任を持ち、正直でいられる人になりましょう。

それ以上に、境界線はあなたの交際関係の一部であることを確認してください。あなたの交際相手は、あなたに対する自分の接し方をあなたがどう思っているか、知っていますか？　あなたは不満があっても、大したことじゃないと過小評価したり、言い訳をしたり、しばらく口をきくのをやめて相手に気づいてもらおうとしたりしていませんか？　それは正直なアプローチではありません。あなたにとっても相手にとっても、はっきりさせずにごまかしたアプローチです。そしてそれこそが、多くの人が後の交際関係で大きな境界線の摩擦に直面する理由です。交際の初期から、自分たちが受け入れられることと受け入れられないことを、はっきりさせなかったのです。

あなたはまさに今、恋人との関係で大きな悩みを抱えているかもしれませんが、まずは全体像を見ることから始めましょう。目の前の危機それ自体が問題だと思わないでください。むしろそれは、あなたたちのどちらか、または両方の人格的な問題の症状である可能性が高いのです。これまで否定され、見過ごされ、または無視されてきた、人格的な問題の症状です。そして今日からは、正直さ、責任、尊重、自由を二人の関係のすべての側面で必須のものとしてください。感情的に、性的に、霊的に、そして他のすべての領域で。

境界線とは、関係を終わらせるためのものではなく、守るためのもの

まず、限界を設定することへのあなたの恐れに対処しましょう。多くの人は、「ノー」と言って境界線や結果を設定し始めたら、そのうち関係が終わるのではないかと恐れます。実際には、境界線はあなたの交際相手の性格や、二人の関係のあり方を診断するのに役立つものです。あなたが相手に合わせないと終わってしまうような関係なら、それは健全ではありません。そのような関係を維持するためには、どちらかが嘘の生活をすることになります。将来のことを考えてみてください。妻の真実の声に耳を傾けることを拒むような人は、キリストが教会のためにしたよ

うに、妻のために真に自分を捧げられるでしょうか？（エペソ五・二五参照）。もし交際相手があなたのノーということばを拒否するのであれば、問題は境界線を引いたことではありません。相手の人格が問題なのです。

実際のところ、境界線は無責任、支配、操作といった問題を解決してくれます。境界線を設定できない人がやりたい放題の人に出会うと、その人は境界線を引かないことの結果と自分の弱さという現実に直面することになります。制限を設定されるのは楽しいことではありませんが、善い心を持つ人なら、相手の境界線を受け入れ、自分自身の境界線の中で成長し始めるでしょう。ですから、境界線を引くことが別れを意味するという思い込みを持ってはいけません。境界線は、あなたがその人と望む愛を保ち、修復するための始まりなのです。

マークとスーザンは一年以上つき合っていて、二人の関係は真剣なものになってきました。スーザンはマークが彼女の家に来ているとき、だらしないことがあるのが不満でしたが、彼女は人を喜ばせる傾向があったので、それが嫌だと彼に言えずにいました。彼女は、他人の言いなりになりやすい人にありがちなように、それを言ったら彼が傷つくか、怒るか、彼女のもとを去るのではないかと思ったのです。しかし、彼女はある時ついに彼のだらしなさを指摘しました。すると驚いたことに、マークは彼女のことばに感謝し、前より片づけをするようになりました。彼は善い人で、自分の習慣のせいで彼女を困らせたくなかったのです。スーザンは、境界線が彼らのつながりを断つのではなく、強くすることを学びました。今、二人は幸せな結婚生活を送っており、マークは靴下を脱ぎっぱなしにしていません。

境界線の問題か、人格の問題か

交際中に起こり得る境界線の問題は非常に多くあります。その可能性のあるものをいくつか挙げてみましょう。

- 恋人の気持ちを尊重しない。
- 問題があるといつも相手のせいにする。
- 約束にいつも遅刻する。
- 恋人からお金を借りたがる。
- 上司への怒りを恋人に向ける。
- 一方がもう一方に性的な関係を迫る。
- 相手に隠れて別の異性たちとつき合っている。
- 二人の将来を前提とした交際をすると言いながら、それを裏づけるような行動を取らない。
- 実家との関係が深すぎて、二人の関係は二の次、三の次になる。
- 怒ると暴力を振るう。

・密かに依存症の問題を抱えている。

あなたの前にある問題が何であれ、その本質はおそらく、問題の種を蒔いた人がその結果を自ら刈り取っていない（境界線を無視する）ことと、問題の種を蒔いたわけではない人のほうが、その結果を刈り取らされている（境界線を無視される）ことでしょう（ガラテヤ六・七参照）。これが人間関係における境界線の問題の本質です。解決策は、種を蒔く人が自分で刈り取るように、物事を再構築することです。

しかし、もっと深い問題があります。境界線を越える人の人格です。尊重と責任と自由の原則を侵し続ける人は、汚染された水が出てくる井戸のように、次から次へと境界を踏み越えていきます。今ある危機を解決したら問題がなくなると思ってはいけません。境界線問題の原因となっている人格の問題に対処するまでは、同じような問題が次々と出てくるでしょう。支配的であったり、無責任であったりする人は、自分の人格を神が導く成長過程にゆだねるまで、人生の多くの分野でその状態のままであり続けるでしょう。ですから、あなたは二つの問題を見る必要があります。境界線の侵害と、あなたがつき合っている人の人格です。この二つの問題は互いに切り離すことができません。

人格にはもう一つの側面があり、それはその人の心です。境界線を無視する人たちの中には、自制心、枠組み、責任を持つことについて、教えられてこなかったためにそうしてしまう人たちがいます。そういう人は、制御不能なラブラドール・レトリバー犬（うちにもいるのでよくわかるのですが）のように、親切で思いやりのある人なのですが、あなたの人生というリビングルームでうっかり陶器をひっくり返してしまうのです。意地悪でも、支配的でも、無責任なのでもありません。単に必要な枠組みを持っていないだけです。このタイプの人は多くの場合、喜んでお金、時間、または行動の問題についてのあなたの気持ちに耳を傾けます。自分の行動があなたを傷つけたことを悪いと感じ、誠実に変わり始めるでしょう。そういう人は将来を共にするのにふさわしい相手です。

境界線を無視するもう一つのタイプの人は、境界線に抵抗がある人です。彼らは何らかの理由で、誰からも「ノー」ということばを聞かずにすむように生きています。そういう人には、次のような特徴があります。

- 自分があなたを傷つけたことを認めない。
- 問題があるとあなたを責める。
- 変わると約束するが、決して変わらない。
- 今起こっている問題について嘘をつく。
- 自分に都合が悪いから変わりたくない。
- 自分の満足を遅らせることができない。

・相手の意見に耳を傾けることがほとんどできず、自己中心的な視点で見る。

こういった傾向が見られる場合、解決は可能ですが、より困難を伴うでしょう。ここで注意してほしいことがあります。その人は、あなたへの愛ゆえに、あるいは自分が成長したいという願いゆえに変わろうとするのでなく、嫌な刈り取りをしたくないからという理由で行動を変えるかもしれません。私たちはみな、そういった自己中心性を持ち、他者よりも自分自身をかわいがり、自ら神になりたがる存在であるということも覚えておきましょう。そのうえで、忍耐を持ち、あなたが限界を設定するときに、神がしてくださることに目を向けましょう。

愛、尊重、相互理解

問題のある交際相手に接するときは、愛、尊敬、相互理解のスタンスを取りましょう。相手を罰したり、過去の恨みを晴らすために復讐しようとしているのではないことを伝えてください。あなたの動機は愛と和解です。あなたが問題を解決したいと思っているのは、それが二人の間の愛の成長の妨げになっているからです。あなたがわざわざ問題を解決しようとしているという現実は、相手があなたにとって重要な存在であることを示していることを忘れないでください。交際とは、突然関係を断ち切ることができる間柄です。にもかかわらず問題に向き合おうとしているのは、相手との関係を大切に思えばこそだということを相手に知らせましょう。

相手の選択と感情も尊重してください。相手には自分で負うべき責任がありますが、その人にも過去や、心の痛み、重荷があることを覚えておいてください。自分の自制が足りないことの解決策として、相手を裁き、コントロールしようとするという罠《わな》にはまらないでください。支配的な男性とつき合っていたある女性は、ある時彼にこう言ったそうです。「今度は私の好きなようにする番よ」。ほかの人を支配することは、決して解決になりません。望ましい答えは「今度は私たちの好きなようにしましょう」です。

また、相互理解を目指して相手に接しましょう。あなたは相手の親でも神でもなく、罪や弱さのない人でもありません。「十字架の足もとでは地面はすべて平らである」ということばがあるとおりです。問題の中で、自分にも責任があった部分を認め、それを自分の問題として受け入れ、あなた自身の人格を成長させるプロセスに入りましょう。そうすれば、相手が子どものようにあなたより下の立場になることを防ぎ、あなたも他人を非難するという危険から遠ざかることができます。多くの場合、境界線を踏みにじられた側は、踏みにじった側に対して、自分の側にも次のような問題があったことを謝罪する必要があります。

・言うべき時にちゃんと言わなかったこと。
・相手の行動を大目に見たり、大したことではないと思ったり、正当化していたこと。

・相手に対する愚痴をほかの人にこぼしていたこと。
・相手に抗議するために、内にこもったり受け身になったりしたこと。
・問題解決をする代わりに口うるさく言ったり非難したりしたこと。
・「今度こういうことがあったら〜〜する」と脅しておいて、そのとおりにしなかったこと。

このようなことについて謝罪するとは、相手の行動を正当化するものではありませんが、自分の側の問題も認めることで双方がそれぞれに問題に向き合うことができます。

線を引く

交際相手との境界線問題に取り組むにあたり、あなたにできる最善の策は、できる限り具体的に考えることです。実際に起こった出来事を取り上げ、それが起こった時に何を感じたか、起こったことの何が問題だったのか、どうなっていたらよかったのかなど、具体的に言えるようにしましょう。あなたの交際相手が成長しつつある人なら、その人はあなたが伝えることに感謝を持って耳を傾け、同じことを繰り返してあなたを傷つけないようにしたいと思うでしょう。交際相手があなたの言うことを聞きたがらない場合は、具体的に指摘することで、相手は言い訳や非難、否定をしにくくなり、問題を特定するのに役立ちます。

境界線の違反がどこで起きたのか、どこで一線を越えたのか、できる限り具体的にすることが重要です。境界線を無視する人の多くは、自分がいつ一線を越えたのか、無自覚なのです。彼らは教えてもらわないとわかりません。少なくとも彼らが何をしたかを知らせることなく関係を離れるなら、それは不親切で不公平です。誰かに理由もわからないまま突き飛ばされ、傷つき、暗闇の中に放置されたらどう感じるか考えてみてください。あなたが望むようなあわれみを相手にも与えましょう（ヤコブ二・一二〜一三参照）。

例えば、「ジム、あなたのユーモアのセンスは好きよ。そこがあなたの魅力の一つだと思ってる。だから、時々あなたが私をネタにしても気にしないわ。でも、人前でからかわれるのは嫌なの。恥ずかしいからやめてと言ったのに、それでも繰り返されるとすごく傷つくわ。私が体重に敏感なのは知ってるでしょ？　それなのに、先週のパーティーでは、みんなの前で私のダイエットのことをからかったわよね。グサッときたし、恥ずかしくて、腹が立ったわ。あなたがそういうことをするのに、私はこれ以上耐えられない」。

ジムは、ガールフレンドの境界線について、つまり、何はすべきではないのか、すでに警告されていました。面白いことを言うのはかまいません。ガールフレンドをネタにして冗談を言うこともできます。しかし体重に触れるのはご法度です。このようにはっきり言われれば、ジムが超えてはならない一線は明確です。

線を引くのは案外簡単ではないかもしれません。あなたは何を許容し、何を許容しないのかを明確にする必要があります。多くの場合、人は他者に漠然とした一般的な要求をするだけで、それが具体的に何を意味するのか、相手に考えさせてしまいます。たとえば、「ジム、ちゃんとしてよ」と言った場合、「ちゃんと」が具体的にどういうことなのか、ジムにわからないのは無理もないことです。

線を引くとは、境界線侵害の根底にある人格の問題に対処することでもあります。意地悪で攻撃的な冗談や皮肉を言う人と結婚したくなければ、相手の境界線侵害行為の背後にあなたが感じたことについて、相手と話してみましょう。相手は自分のその傾向に気づいているでしょうか？その人のその問題を指摘したのは、あなたが初めてでしょうか。例えば、「時々、敵意のようなものを感じるの。まるで私をネタにした冗談の背後に怒りがあるみたいな。そして、私に不満があるとき、あなたはあまりはっきりそのことを私に言わないように思えるのだけど、どうかしら。問題があるなら直接言ってほしいの。私には何も言わないで、そのくせあとからみんなの前でそれをネタにした冗談を言っていることに、自分で気づいてる？　そのことについて、考えてみてほしいの。そうでないと私は悲しくなって、あなたとの間に距離を感じてしまうから」。あなたはジムのカウンセラーではありませんが、ジムを愛しており、ジムの成長と成熟のために神の現実を教える重要な情報源です。二人のために、あなたの立場を活かしてください。

境界線は「結果」ではない！

交際相手との間に境界線を設定すれば万事うまくいくのであれば、この世界はどれほどすばらしいでしょうか。そういう世界であれば、あなたが「痛い！　今のは痛かったよ。もうしないでくれ」と言うと、彼女は「わかったわ、ごめんなさい」と言います。そしてあなたも、相手も、避けるべき悪いことと、なすべきよいことを知り、愛はどんどん深まり、広がっていくことでしょう。しかし残念なことに、この堕落した世界ではそう簡単にはいきません。交際関係の中でどちらかの境界線が侵されるとき、それについての情報を伝えることは必要ですが、ほとんどの場合、それだけでは不充分でしょう。

あなたが子どもと働いた経験のある人なら、制限を設けることは最初の一歩に過ぎないと気づくでしょう。境界線を引かれても、子どもはまだあなたのルールに文句を言ったり、ルールを破ったりする自由を持っています。子どもを支配しないために、子どもにとってその自由は必要です。そして、境界線を越えたときの「結果《コンセクエンス》」をあなたが設定するとき、子どもは自分が境界線を尊重するかしないかの自由を持つことで、境界線を越えたらどうなるかを経験することができます。そこが本当の成長が起こるところであり、種を蒔く人が刈り取るところです。子育てにおいては、母親は息子に宿題をするように言いますが、息子はなまける自由を持っており、宿題をしないかもしれません。その場合、母は冷静にその週の野球の練習をキャンセルし、息子は自分が蒔いたものを刈り取ることになります。

境界線を示すだけでは充分ではありません。それが侵されたときの「結果」も設定し、それを動かさないことです。あなたが何かを我慢しないと言ったからといって、相手は二度とそれをしないだろうと考えないでください。あなたはあなたの心についての真実の一部を伝えただけです。中にはそれを聞くだけで充分な人もいるでしょうが、多くの人は、単に相手を口うるさいと思うだけでそれを無視するでしょう。

そこで「結果」の出番です。結果は、境界線が再度侵害されたときのために設定された現実です。結果は、あなたの交際相手に何らかの痛みをもたらします。その痛みにより、その人は自制心、尊重、他人への共感を培うような体験をしたり、何らかの喪失に直面したりします。結果は、神の学校の規律であり、「すべての訓練は、そのときは喜ばしいものではなく、かえって苦しく思われるものですが、後になると、これによって鍛えられた人々に、義という平安の実を結ばせます」（ヘブル一二・一一）。

交際相手との間で起こった境界線問題が単発の出来事ではないならば、それはおそらく人格的なものであることを覚えておいてください。もしそうだとしたら、相手は他の場面でも習慣的に同じようなことをしているでしょう。例えば、彼女があなたを軽くあしらう場合、彼女はおそらく以前つき合っていた男性たちにも同じことをしたでしょう。交際相手を軽くあしらうのは彼女の習性であり、反射的にしていることと考えられます。ですから、あなたの要求や抗議、警告だけでは充分ではないと思ってください。

昔の彼氏たちと近い関係を保ちたいと思っている女性を好きになった男性がいました。彼は、彼女が友情を求めることについて理不尽なことを言いたくありませんでした。しかし彼女がほかの男性たちとの関係を手放そうとしないので、彼は自分が彼女の複数の男友達の一人でしかないように感じました。彼女はそうではないと言うのですが、そう感じずにはいられなかったのです。結局、彼女が昔のボーイフレンドたちと会うのをやめるまでは、彼もしばらくの間、彼女と一切会わないようにしました。それで彼女は、昔のボーイフレンドたちとの関係のせいで今の彼を失いかけていることに気づきました。彼女が変わるためには、この「結果」が必要だったのです。警告は、それをバックアップするための結果なしではめったに作用しません。

適切な結果とは何か？

あなたは、何度も繰り返される違反行為に対して、適切な「結果」を考える必要があります。罰は犯した悪事に見合ったものであるように、結果もそれぞれの状況に応じて異なってきます。ここでは、何が適切であるかについて考える際に適用すべき原則をいくつか紹介します。

復讐ではなく、愛と真実を動機にする

「結果」とは、自分を守り、相手に変わるチャンスを与えるものだと考えてください。それは誰かを変えるためのものではありませんし、相手の行為によってこちらがどんなふうに傷ついたのかを示すためのものでもありません。復讐はその権利を持つ唯一のお方に任せましょう（ローマ一二・一九参照）。さらに、愛と真実を動機とするなら、親が子をしつけるかのような力関係に陥らずにすみます。

究極の結果を避ける

交際中の人たちは何かと、「究極の結果」、つまり別れることを持ち出しがちです。交際中の相手と別れることは離婚とは違いますし、相手がひどい言動を繰り返すときには、確かに選択肢の一つです。しかし何かにつけて「別れる」と言って相手を脅し、それがあなたの唯一の「結果」であるなら、その脅しは効力を失います。相手はこのように考えてしまいかねません。「私が何をしても、あなたは私と別れるのでしょう。もうあきらめます」。これは律法の背後にある考え方と同じです。何に従わなくても、何をしても、どうせ非難されるので心が折れそうになり、怒りを感じるのです（ローマ四・一五参照）。

別れることも時には必要ですが、それは本当の意味での「結果」ではありません。なぜなら、別れは関係を治すのではなく、終わらせるものだからです。別れるという警告は、欺瞞、浮気、

暴力、精神的な対立、性的な違反、法律上の問題など、深刻な問題のために取っておきましょう。

相手の立場に立つ

相手の立場に自分を置いて考えてみましょう。さまざまな「結果」について、それがあなたに対するものであればどうだろうかと考えてみましょう。公平だと感じるあわれみと厳しさの組み合わせを考えてください。自分自身が罪を犯すまでは、他者の悪い行動を裁くのは簡単なのです。

現実をあなたのガイドにする

「結果」は、できるだけ物事の自然な成り行きに添ったものであるべきです。自分の言動がその結果を引き起こしたのであり、あなたに罰せられているのではないと相手にわかるように、あなたは余計なことをしないようにしてください。深刻度の低い問題は、深刻度の低い結果をもたらすべきです。賢明な友人のアドバイスを参考にして、祈りをもって結果を設定してください。例えば次のようなことを考慮してはどうでしょうか。

- 感情的な距離——相手に対してどこまで心を開くかを制限する。
- 物理的な距離——再び問題が起きたら、その場から去る。
- 時間——問題が解決するまで一緒に過ごす時間を制限する。

・第三者――友人、牧師、カウンセラーなど、誰かに介入してもらう。
・関わりの深さ――二人の関係に対する自分のコミットメントの度合いを減らす。
・二人きりで会わない――問題が解決するまで他の人たちと一緒に会う。

「結果」が何のためのものなのか、よく覚えておいてください。それはあなたや二人の関係を守るためであり、相手が自分の問題行動のパターンの現実を直視するのを助けるためです。

境界線設定の注意点

あなたは、交際相手を大切に思うがゆえに、境界線を設定することに葛藤を感じているかもしれません。実際、あなたにとって大切な人が痛みを感じることになるのですから、無理もないことです。親密さを求めながらも境界線のない人に対して取るべき態度を取らねばならない、という葛藤はあなたに負担をかけてしまうことがあります。ここでは、その過程を経ていく中で、確認しておくといいことをいくつか紹介します。

つながりを保つ

真実を語ることは、人々が分裂し、分離することを余儀なくすることがあります。人々の間に距離と怒りを引き起こすことがあるのです。自分が正しいことをしているのか、制限を守ることの苦痛に耐えられるのか、自分でもわからなくなることさえあるでしょう。こういったことが起こるのは想定内です。孤立した状態で制限を設定するのは難しいものだからです。自分を気にかけてくれる人たちからの愛、サポート、励まし、フィードバックを受け取らずに、愛する人と距離を取ったり、対立したりする強靭な精神は誰も持っていません。交際相手との間に摩擦が起こったとき、あなたに寄り添ってくれる良い人たちとのつながりがあることを確認してください。

極端な反応をする友人を避ける

サポートは、経験豊富で霊的に成熟した人に求めましょう。あなたを無実の被害者だと理想化したり、あなたの交際相手をただの変人だと見なしたりする人は避けましょう。この種の友人はあなたの自信を高めてくれますが、あなたが客観的で中立的でいられるように助けることはほとんどありません。こういう人は人間関係を分断する傾向があり、傲慢な態度を取るよう、あなたをあおることもあります。そういう傲慢さがあると、双方向的な関係を持つことは困難になります。同様に、あなたに対して批判的で何でも決めつける傾向のある人も避けましょう。そういう人は、人間関係における問題を何でもあなたのせいにします。あなたとあなたの交際相手の両方のために、問題の両側を見ることができる人々を見つけてください。拙著『Safe People（安全な人たち）』は、あなたにそういう助けを与えてくれる人を見つけるための良い情報源になるでしょう。

ネガティブな反応を予期する

あなたの交際相手が人格的な問題からあなたの境界線に抵抗している場合、その人は自分自身ではなく、むしろあなたを問題視しているかもしれません。だとすると、相手はあなたの正直さに感謝するよりも、むしろあなたに腹を立てる可能性があります。相手が怒りや防御的な反応を見せても驚かないようにしましょう。あなたの交際相手は、自分が利己的で、支配的で、無責任であるという現実からずっと逃げてきた可能性があることを覚えておくとよいでしょう。そういう人に境界線を引くとは、その人の前に真実の鏡を置くことです。相手は反発するかもしれません。その人は、最終的に自分が何をしているのかを直視して悔い改めるか、神と現実に反抗するかのどちらかを選択しなければならないので、かつてなかったようなかんしゃくを起こすかもしれません。相手の怒りの爆発から身を守ってください。相手が怒りたいなら怒らせておきましょう。しかし、あなたに対する敬意は要求してください。無礼な態度や暴言を我慢してはいけません。

相手の葛藤に共感する

未熟な人を愛することも、その人に同情することも、罪ではありません。子どもに対してするのと同じように、あなたが相手に要求していることは難しいことだと共感してあげてください。しかし、それは要求する必要がないという意味ではありません。例えば、こんな言い方ができるといいかもしれません。「きみが怒りを爆発させると、ぼくは傷つくんだ。きみが怒りの問題に対処できるようになるまで、会う頻度を減らすというのは、ぼくたち二人にとってつらいことなのは、よくわかっているよ。ぼくはきみに会いたくなると思う。でも、きみがこの問題に取り組み始めたと聞くまでは、きみと会うのを控えるつもりだ。どうするか決めたら連絡してくれ」

忍耐する

このプロセスがどんな変化をもたらすことになるか、時間をかけて待ちましょう。一度やってみただけで学習できる人はほとんどいません。普通は、何度か失敗し、痛い思いをし、そしてサポートを必要とするものです。最初は相手も、抵抗したり、失敗したり、否定したりするかもしれませんが、その人に愛想を尽かさないでください。また、相手がこのプロセスにどういう態度で取り組むかによって、その人がどういう人かわかるものです。神の現実に従おうとする気配も、自分の言動に対する責任も、変わろうとする努力も見られないようなら、その関係は実のあるものではないとわかるかもしれません。あなたが境界線を引いたことで、それがはっきりしたのです。忍耐にも終わりはあります。それなりの理由がなければ、いつまでも待つことはありません。

相手の動機を問う

相手があなたの境界線に応答しているのであれば、それは良いことです。しかし、その理由を確認してください。神との関係のため、それが正しいことだから、そしてあなたを傷つけたくないから、という理由で変わることが重要です。あなたを取り戻すのに必要だから言動を変えることは、それほど評価できることではありません。虐待を受けた妻たちが、夫の心は本当は変化していないのに、夫に操られて早々に元の鞘に収まってしまったという悲しい話はたくさんあります。

平常に戻る道を提供する

「結果」は永続的なものではない（身の安全や敬意に関わる問題の場合を除いて）ことを、相手に伝えましょう。以前のように会ったり、親しく心を開いたりすることはあなたの願いであること、そしてそうなるためにはどうなってほしいのかを、正確に相手に知らせましょう。相手が行動を起こし、変化していることを示したら、その過程を見守りながら、信頼と愛をもって心から歓迎してあげてください。ただし、親のような役割を担わないように気をつけてください。相手と対等な立場でいましょう。

相手が成長過程に入ることを求めるべきか？

これは重要な問題です。あなたがつき合っている誰かとの間で境界線の問題がある場合、それに対処するために結果を設定することは理にかなっています。しかし、さらに進んで、あなたの交際相手に、何らかの霊的・感情的成長のプロセスに入ってもらうことを求めるべきでしょうか？　それとも、それは行きすぎで、あなたは道徳的な警官のようになっているのでしょうか？

ブレントとティナの例を見てみましょう。彼らはつき合い始めて一年以上になります。個人的にも精神的にも似たような価値観を持っていて、基本的には人生で同じものを求めていました。二人は一緒にいることをとても楽しんでいました。グループでの交際から二人だけの交際になってかなり経ったころ、ティナはそろそろ結婚について話し合ってもいいのではないかと感じました。彼女がその話をした時、ブレントは態度を変えました。彼は身構え、不安そうになり、この話題を避けるようになったのです。「ぼくたちは今のままで完璧じゃないか。どうしてそれを変える必要があるんだい？」と言うのでした。ティナにはそれが何を意味するのかわかりませんでした。しかし、それから数週間の間に、彼女がこの問いを追求する中で、ブレントは結婚に向けて進むつもりはないことがわかりました。彼女はすっかり悩んでしまいました。二人の関係は申し分ないように思えましたが、彼と永遠に交際関係のままでいたいとは思わなかったのです。

しばらく祈りとカウンセリングを重ねたあと、ティナはブレントとの間にいくつかの制限を設定しました。そしてブレントに言いました。彼が結婚を念頭においたつき合いに進むつもりがないのであれば、これからは彼とのつき合い方を変え、ほかの人たちとも会うようにする、と。ブレントは、最初はとても動揺しましたが、しばらくして、ティナの言うことはもっともだと気づきました。しばらくの後、ブレントはついに、彼女との結婚の可能性を模索することに合意しました。

ティナの境界線は、彼女が正直であることを可能にし、ブレントが彼女との結婚に向けて動き出すことにも影響を与えました。ここで質問です。彼女はこれらの結果に満足すべきでしょうか。それとも、このあと彼が霊的にも成長することを求めるべきでしょうか?

私たちの意見では、ティナはブレントに霊的な成長も期待すべきだと思います。それにはいくつかの理由があります。

霊的成長はオプションではない

第一に、私たちは、すべての人が霊的成長のプロセスに参画する必要があると信じています。それは、その人が自分の葛藤や弱さ、傷つきやすさを神や安全な人たちに持っていく継続的なプロセスに入ることを意味します。サポートグループや聖書の学び会などを通して、あるいはカウンセラーや牧師と一緒に、そのプロセスに入ることができるかもしれません。その人が自分の罪や失敗を告白し、赦しと慰めと真理を得て、時間をかけて問題を解決していくとき、神がその人を成長させてくださいます（エペソ四・一六参照）。言い換えれば、境界線を無視する交際相手に、成長のためのプロセスに入ることを求めるべきかどうかという問題は議論の余地のないもので、私たちは全員、そうすべきなのです。あなたは、自分の魂からも神からも本質的に切り離された人と残りの人生を共にするリスクを冒したいと思いますか。相手が何よりも神、成長、変化を渇望していないなら、むなしさや悲惨な思いを何度となく体験することになるリスクが高まります。

人格的成長は問題を解決する

第二に、あなたの交際相手の境界線侵害が、一度だけの特定の出来事ではなく繰り返される場合、それは人格の問題と結びついている可能性があり、その人は信頼、愛着、誠実さ、正直さ、完璧主義といった領域で課題を抱えているのかもしれません。具体的な問題は何であれ、境界線のトラブルは、おそらく今、目の前にある問題より根の深い問題の症状であることを認識してください。単に悪いことをしなくなったり、良いことをし始めた、というだけで満足しないほうがいいでしょう。問題が起こるのは、何かが対処され、癒やされる必要があることを示すシグナルでもあります。あなたがそれを無視するなら、ほかの痛みを伴うことが起こるかもしれません。

飲酒の問題を抱える人たちの自助グループに通っている誰かに「空酔い」（訳注・アルコール依存症者が、断酒中でありながら、怒りや不安などあたかも酔っ払っているときのような心理症状が出ること）について聞いてみてください。成長過程に入ろうとしないアルコール依存症者は、断酒中であっても酔っ払っているかのようです。彼らは酔っ払っている人が人生を見るように人生を見ています。飲酒は止めても、人格的な欠陥はそのままで、修復されていません。私たちは神の真の成長の過程に入ることを求め、霊的にも成長する必要があります。

関係をテストするために境界線を用いる

最後に、世界中にいるティナのような人たちが、愛すべき人だけれど境界線を意に介しないブレントのようなパートナーに、霊的成長のプロセスに入ることを求めたほうがいい非常に現実的な理由があります。それは、二人は本当に交際を続けるべきかどうかをテストできるからです。交際関係では、離婚の影響やダメージを受けることなしにその関係から離れられる自由が双方にあります。ブレントが霊的に成長したくないのであれば、二人は彼らの生活を法的にも、経済的にも、感情的にもひっくり返すことなく、袂《たもと》を分かつことができます。しかし、いったん結婚したらそうはいきません。ティナがブレントに神を求めることを要求するのは困難になるでしょう。神は結婚した二人が引き裂かれることを望みません。ですから、一時的な関係であるという交際独特の状況を利用して、自分の境界線を設定し、その結果を分析するのは良いことです。

個人としても、またカップルとしても、それぞれの霊的な健康と成長は、二人の関係にとって非常に重要です。何より神ご自身が私たちに霊的に成長することを求めておられるのですから、この分野での境界線は絶対に必要なはずです。神を愛し、一緒に成長できる人を見つけてくださ

い。そして、一緒に旅路を楽しみましょう

もしあなたが交際相手との間で境界線問題に直面しているなら、本書を通して学んだことが役に立つよう、心から願っています。神はあなたたち二人のことを深く心にかけておられ、あなたたちが直面するどんな問題に対しても解決策を持っておられることを忘れないでください。

まとめ

・交際相手があなたの境界線を無視しているなら、今日から問題解決に取りかかりましょう。

・関係を終わらせるためではなく（あなたが危険にさらされている状況でない限り）、関係を救うために境界線を用いましょう。

・境界線を無視する人が単に自分のしていることに無自覚なのか、あるいは人格的問題を抱えていて、責任を持つことや他者の「ノー」を受け入れることが苦手なのかを見極めてください。

・あなたが抱えている問題について安全な人々の意見を聞いて、それが本当に問題であることを確認してください。

・何があなたを傷つけたり悩ませたりしているのかを明確にして、具体的な変化を求めましょう。

・あなた自身の問題については、自分で責任を持ちましょう。

・交際相手があなたの境界線を無視した場合の結果《コンセクエンス》をはっきり相手に伝え、言ったとおりにしましょう。

・一方が聖人で一方が罪人扱いされてしまわないようにしましょう。二人とも、それぞれに良い部分と悪い部分があることを忘れないでください。

・制限を設定したあとに何が起こるかをよく見ましょう。あなたの交際相手は謙虚に悔い改めるでしょうか。それとも、怒ってあなたを責めるでしょうか。

・双方ともに霊的成長の過程に深く入っていくことを求めましょう。

最後に

この本を書きながら、私（タウンゼント）は自分自身が交際していた頃に思いを巡らせました。それは貴重な時期でした。当時、私の人生を豊かにし、神に近づき、自分自身の人格を成長させる助けとなった交際関係がいくつかありました。何度か二人きりで出かけたものの、友人のままで終わった人たちもいます。友人のままで終わったとしても、その女性たちは私が後に結婚して夫になるための良い準備をしてくれたのです。

あなたが本書を読んで落胆していないことを願っています。交際関係の中で良い境界線を持つことを学ぶのは楽ではなく、時間がかかります。しかしこのプロセスは、あなたの人生の多くの分野で益となると信じています。どのように交際関係を築いていけば、あなたとあなたが交際している人の両方に愛、自由、責任を培うことができるか、あなたが理解する助けになったことを願います。

本書を通してあなたにお伝えしたかったのは、次のようなことです。交際関係における境界線とは、あなたを誠実で、思いやりがあり、責任感があり、自由な人間にしてくれるものであり、自分や交際相手の成長を促すものだということです。

このプロセスにおいて神が計画なさったよいことが実現しているかどうかを確認するために、交際する際に常に気をつけるべき点がいくつかあります。良い交際関係を築くための六つの重要な指標を以下に挙げてみました。

交際することで私は成長しているか?

交際とは、あなたの成長を助けるものである必要があります。あなたは、安全な環境で心を開き、取るべきリスクを取り、交際相手と一緒に意思決定を行う方法を学びつつ、友人たちとのつながりを保っているでしょうか。また、自分自身の問題を認識し、それが他人にどのような影響を与え得るか、それについて自分は何をすべきかについて学んでいるでしょうか。それが私たちの成長を助けてくれるのです。

例えば、私の友人のダイアンは他人の言いなりになる傾向があり、迎合的で平和を守りたいタイプの人でした。この問題は彼女の人生のすべての分野で見られましたが、特に交際の分野で顕著でした。彼女は他人の問題を自分のものにしてしまうのです。ついに、彼女が交際していた男性の一人がその問題について彼女に話しました。「きみは、ぼくをわがまま放題にさせているね。ぼくが嫌なことをしても何も言わないのかい?」と。ダイアンはそのことばにハッとし、自分が納得できないことにはもっと正直になるように努力し始めました。やがて彼女の正直さは成熟し、交際も満足のいくものになっていきました。

交際することは私を神に近づけているか？

あなたの交際関係と日常の習慣には、あなたの心、思い、魂のすべての部分が関係しています。神はあなたという人が人間関係の中で統合されるよう願っています。実際、もしあなたの霊的な部分が交際に関与していないのであれば、それは問題です。あなたの霊的な生活が、誰とどのように交際した結果、より深く、より意味のあるものになっているのか確認してください。例えば、交際関係においてあなたが霊的な側面ですべての主導権を握っているなら、何かが間違っています。二人の信仰の基本的な部分が共通していなければ、何かが間違っています。しかし、あなたの交際相手が神との歩みを通して、あなたに取り組むべき課題を提示し、励まし、神に近づけることができるなら、きっとよいことが起こるでしょう。

私はより良い関係を築くことができるか？

あなたの人間関係全般について吟味してみてください。あなたはいろいろな人と交際しながら多くの時間を過ごすことでしょう。その結果として、異性とだけでなく、人間関係全般においてより深い満足感を見つけられるようになってほしいものです。人と関わるとき、次のような力が育まれていきます。

・他者と健全な親密さを深める力。
・自分の感情的な必要をケアするために、他者を信頼し、頼る力。
・交際関係の中でも、それ以外の人間関係においても、より愛に満ち、誠実でいられる力。
・交際関係に喜びや充実感を見出す力。
・他者の成長を促す能力。
・なしうる限りの親切さと正直さを持って交際関係を始め、また終えることのできる力。

交際することで、あなたが引きこもったり、無気力になったり、よくない人たちとつき合うようになっているのであれば、あなたの交際のあり方を見直してみてください。おそらく何かを変え、修復する必要があるでしょう。

私は時間の経過とともにより良い交際相手を選ぶようになっているか？

交際の中で境界線を上手に設定することで得られるメリットの一つは、あなたがつき合う人のタイプを調整できるようになることです。自分自身と人をよく知るようになることで、より自分に合った人を見つけ、より親密な関係を築きたいと思うようになるはずです。また、より成熟した人格の人を見つけるようになっているはずです。

逆に、あなたが毎回違うタイプの交際相手の間で揺れ動いているなら、問題があります。例えば、あるときは交際相手の「親」になってしまい、その反動で次は自分の親のような支配的な人とつき合ったりしているなら、それは進歩ではありません。

私は結婚の可能性のある相手として望ましい人間だろうか？

交際のプロセス全体の大きな焦点は、あなた自身の結婚適性にある必要があります。あなたが誰とどのように交際するかは、あなたをしかるべき人間へと形成するのに役立つはずです。あなたが結婚したら、あなたの配偶者は、宝くじに当たったたように感じるはずです。

自分の側には問題はない、ただ自分に「ぴったりの人」を見つければいいだけだという考えを捨てましょう。あなたがどのように相手をみじめにする可能性があるのか、交際する中で情報を得てください。あなたは利己的ではありませんか？　無責任ではありませんか？　冷たくないですか？　近寄りがたい人ではないでしょうか？　パートナーを深く愛することを妨げるこのような傾向があれば、その課題に取り組みましょう。多くの場合、人が自分自身の成長を意識し始めると、「ふさわしい人」が現れるようです。もしかしたら、神はあなたが成長し始めるまで、その人を守っていてくださったのかもしれません。

私は交際を楽しんでいるか?

最後に、成長のための重要な作業であるにもかかわらず、交際は楽しいものであるべきです。交際相手としてあなたが親しくなりつつある人と、楽しくて新しい経験をしてください。交際中に良い境界線を作っていくことで、良い人と素敵な時間を過ごすことができます。良い時よりも悪い時のほうが多い場合は、多少距離を置き、何が起こっているのかを評価してみましょう。あなたや相手が何かを変える必要があると気づくかもしれません。あるいは、楽しさの欠如は、単にあなたがたが適切なカップルではないことを意味しているのかもしれません。そうであれば、結婚する前に気づくほうがいいのです。今うまく交際することは、神があなたがたを結婚の絆の中に連れてきてくださった時に、その関係が愛に満ちた満足のいく豊かなものとなるのに役立つでしょう。

あなたのすべての交際関係と活動に父なる神の御手が及ぶことを祈ります。あなたの境界線と交際の上に神の祝福がありますように。

二〇〇〇年　カリフォルニア州、ニューポートビーチ

ヘンリー・クラウド博士

ジョン・タウンゼント博士

訳者あとがき

本書は、『*Boundaries in Dating: How Healthy Choices Grow Healthy Relationships*』の全訳です。同じ著者による境界線に関する本は、日本でも二〇〇四年に出版された『境界線〜バウンダリーズ』(地引網出版)をはじめ、夫婦間の境界線や、子育てにおける境界線、職場での境界線などがこれまでにも紹介され、多くの方たちの助けとなってきました。今回は、恋愛関係や交際における境界線を扱う本書を邦訳出版する運びとなったことを、大変うれしく思っています。

本書の邦訳の発端となったのは、訳者の息子たちでした。私たち(中村&結城)には年の近い息子が一人ずついて、彼らが小学生の頃に中村が翻訳者として、結城が編集者として子育てにおける境界線の本を手がけたことがあるのですが、このたびはそれぞれ大学生になった息子たちにガールフレンドができたことが、この本を訳したいという動機になりました。それくらい、この境界線シリーズの有益性に、私たちが信頼を置いていると思っていただいて差支えありません。

これまで、クリスチャンの立場から男女交際について書かれた本は数多くありましたが、そのほとんどは、いかにして結婚まで純潔を保つかということに焦点が置かれていたように思います。それももちろん大切なことですが、本書はそこにとどまらず、人格的成長を促す豊かな実を結ぶための交際の可能性を読者に示しているという点で、これまでの男女交際に関する書籍とは一線を画しています。実際、『聖書が教える恋愛講座』（ホームスクーリングビジョン）の著者ジョシュア・ハリスや、『結婚する君に贈る本』（ベストセラーズ）の著者レスとレスリー・パロット夫妻（クリスチャンの心理学者、カウンセラー）からも、男女交際についての近年最善の書として絶賛されています。

著者は、男女交際とは本来、結婚のパートナーを見つけようとしている大人のためのものであり、将来について真剣に考える準備の整っていない子どもがするものではないと言います。そして、パートナーを見つけようとしているからこそ、この人は違うと思えば関係を終わらせるという選択肢が男女交際にはつきものであり、交際することを通して、相手を知るだけではなく、自分自身を知り、成長していくことを求めるよう読者を励まします。

清い交際をして結婚するに至ったものの、いざ結婚してみると、配偶者と心の通いあった関係を深めることができない、うまく意思の疎通をとることができない、自分自身の人格的未熟さにより、愛しているのに相手を傷つけてしまう、という夫婦は、残念ながら少なくないのではないでしょうか。著者は、交際関係とは、結婚前にそれらのことについて学ぶためのよい機会であることを繰り返し述べます。そして、交際とは当事者二人だけの問題ではなく、二人を愛し、支えてくれる共同体の中でなされるべきものであることも強調しています。

本書は大学生くらいの年代から、三〇代、四〇代、あるいはそれ以上の年齢の、結婚を考えている人たちや、そういう人たちを支援している方々にぜひ読んでいただきたいと思います。交際とは、神様が私たちに教えてくださる境界線を念頭に置きつつ進めるならば、誘惑に抗する我慢だけに終わらず、たとえ結果として結婚に至らなかったとしても、自分や相手をより豊かにするものとなることが可能なのです。祝福をお祈りいたします。

二〇二二年十月

中村佐知
結城絵美子

ヘンリー・クラウド＆ジョン・タウンゼント

臨床心理学者、カウンセラー、ビジネスコンサルタント、リーダーシップコーチであり、ニューヨーク・タイムズのベストセラー・ランキングに名を連ねる著作家でもある。共著に『境界線～聖書が語る人間関係の大原則』(中村佐知、中村昇共訳　地引網出版)、『二人がひとつとなるために　夫婦をつなぐ境界線』、『聖書に学ぶ子育てコーチング　境界線～自分と他人を大切にできる子に』(ともに、中村佐知訳　あめんどう) タウンゼントの著書に『避けられない、無視できない(身近な困った人たちへの対処法)』(小川由佳訳　きこ書房)、クラウドの著書に『厄介な上司・同僚に振り回されない仕事術』(中村佐知訳　NTT 出版)、ほか多数。

恋愛で成長する人、傷つく人
愛を育てる「境界線」

2022年12月25日発行

著者　ヘンリー・クラウド＆ジョン・タウンゼント

訳者　中村佐知＆結城絵美子

発行 いのちのことば社
〒164-0001 東京都中野区中野2-1-5
編集 Tel.03-5341-6924 Fax. 03-5341-6932
営業 Tel.03-5341-6920 Fax. 03-5341-6921

新刊情報はこちら

装丁　Yoshida grafica 吉田ようこ

印刷・製本　モリモト印刷株式会社

聖書 新改訳2017©2017 新日本聖書刊行会

落丁・乱丁はお取り替えいたします。　Printed in Japan

ISBN978-4-264-04389-8